Katharina Ehret

Und das Hirn wirbelt immer weiter wie im Hamsterrad

Impressum
Bibliografische Informationen der Deutschen Nationalbibliothek: Die Deutsche Nationalbibliothek verzeichnet diese Publikation in der deutschen Nationalbibliografie; detaillierte bibliografische Informationen sind im Internet über dnb.dnb.de abrufbar.
Die automatisierte Analyse des Werkes, um daraus Informationen insbesondere über Muster, Trends und Korrelationen gemäß §44b UrhG („Text und Data Mining") zu gewinnen, ist untersagt.
© 2024 Katharina Ehret
Herstellung und Verlag: BoD – Books on Demand, Norderstedt
ISBN: 978-3-7583-6408-2

Katharina Ehret

Und das Hirn wirbelt immer weiter wie im Hamsterrad

Wie man als Mutter eines ADHS-Kindes feststellt,
dass man keinen Burn-out hat, sondern ebenfalls ADHS
und welche Infos und Tipps rund um ADHS nützlich sind!

Dieses Buch widme ich allen Eltern,
die ein Kind mit ADHS haben.

Wir sind viele!

Inhaltsverzeichnis

Teil IV: Diagnose und Behandlungsmöglichkeiten bei ADHS

Zur Einführung

Im letzten Jahr erst habe ich das Ergebnis bekommen: eine Konzentrations- und Aufmerksamkeitsstörung ist bei mir ganz deutlich sichtbar. Später zeigt sich: meine Hirnströme sind wie auf den Kopf gestellt. Die eine Linie, die normalerweise unten auf der Skala entlang läuft, ist ganz weit oben: Ich stehe also unter ständiger Anspannung. Die andere Linie, die oben entlanglaufen sollte, ist nach unten abgesackt und dümpelt dort vor sich hin: Die Konzentration ist bei mir buchstäblich im Keller.

Meine geistige Leistungsfähigkeit ist seit einiger Zeit weg! Dabei war ich früher einmal geistig hochgradig leistungsfähig, mit Uni-Abschluss und gelungener Selbständigkeit. Wie konnte es soweit kommen, dass mein Hirn durch eine jahrelang nicht entdeckte ADHS jetzt wie auf den Kopf gestellt ist? Wie kam es, dass mein Leben als selbständige und alleinerziehende Mutter eines ADHS-Kinds völlig aus den Fugen geraten ist? Dieser Frage will ich in diesem Buch nachgehen. Dazu noch viele Erkenntnisse und Einsichten aus der Wissenschaft ergänzen. Und schließlich noch Tipps geben und Lösungsmöglichkeiten aufzeigen.

Kurz zu meiner Person bzw. meinem Pseudonym: Der Name Katharina Ehret ist der Mädchenname meiner Lieblings-Urgroßmutter (die ich sogar noch kennengelernt habe, die anderen Urgroßmütter waren alle vorher schon verstorben). Auch wenn es in den letzten Jahren ein Trend geworden ist, die eigene Person öffentlich einem Seelen-Striptease zu unterziehen – bitte sehen Sie mir nach, dass ich diesem Trend nicht folgen möchte und unter einem Pseudonym veröffentliche, zumal es in meiner Geschichte ja auch um weitere Familienangehörige geht und diese ebenfalls ein Recht auf Privatsphäre haben. In diesem Sinne hoffe ich auf Ihr Verständnis und wünsche Ihnen unbekannterweise viel Spaß beim Lesen, beim Stöbern und beim Entdecken neuer Einsichten und vielleicht auch Ansichten rund um das Thema ADHS ...

„Katharina"

Über das Buch und wie es aufgebaut ist

Das Ziel des Buches ist, möglichst umfassend über ADHS im Erwachsenenalter zu informieren und vor allem darüber zu informieren, dass man als Kind völlig unauffällig sein kann, um erst in einer späteren Lebensphase konfrontiert zu sein mit Unaufmerksamkeit, Konzentrationsstörungen, Vergesslichkeit, innerer Unruhe, Reizbarkeit und ähnlichen Symptomen.

In der Einführung erzähle ich zunächst meine eigene Geschichte, um einen solchen Werdegang exemplarisch aufzuzeigen, bevor es dann an die informativen Inhalte geht. Diese Geschichte zu lesen, ist kein Muss; wer möchte, kann direkt an die Kerninhalte gehen. Diese bestehen aus folgenden Teilen:

Teil I: Was man im Vorfeld über ADHS wissen sollte
Angefangen mit der Erläuterung von Fachbegriffen, mit falschen Mythen und mit der Geschichte hinter ADHS.

Teil II: Woher kommt ADHS überhaupt und was passiert im Gehirn?
Mit der Erklärung, wie das Gehirn eigentlich so tickt und mit den Erkenntnissen und Theorien, warum es Menschen mit ADHS gibt.

Teil III: Was bedeutet es, ADHS zu haben?
Hier werden die wichtigsten Symptome aufgezeigt, nämlich Unaufmerksamkeit, Impulsivität und Hyperaktivität, dazu noch die Auswirkung auf die sogenannten Exekutiven Funktionen.

Danach geht es zu den weiteren Symptomen und Begleiterscheinungen (auch komorbide Störungen genannt). Es geht auch um die Verbreitung von ADHS bei Frauen und älteren Menschen, wie die Gesellschaft auf ADHS sieht und welche prominente Personen vermutlich ADHS hatten bzw. welche es haben.

Und schließlich geht es um die Schwächen, aber auch um die Stärken von Menschen mit ADHS.

Teil IV: Diagnose und Behandlungsmöglichkeiten
In diesem Teil geht es zunächst darum, wie die Diagnose gestellt wird, danach werden die verschiedenen Behandlungsmöglichkeiten vorgestellt: Zunächst gängigere Methoden, danach noch kurze Hinweise auf die eher weniger erforschten oder weniger anerkannten Methoden.

Teil V: Das Leben mit ADHS besser bewältigen: Die Coping-Strategien
Im letzten Teil werden zunächst die Herausforderungen von Menschen mit ADHS im beruflichen und im privaten Bereich beleuchtet. Danach folgen zahlreiche Tipps für ein individuelles Coping-Strategie-Paket: Was sind eigentlich Coping-Strategien, welche Tipps gibt es für die Organisation im Lebensalltag, welche Tipps gibt es für die Konzentration und fürs Zeitmanagement, dazu noch Tipps für Finanzen und Haushalt, Tipps für Beziehungen und – ganz wichtig! – Tipps für die eigenen Ressourcen und wie man sich selbst stärken kann.

Ergänzend gibt es noch Tipps, wie das Umfeld besser verstehen kann, welche Schwierigkeiten ein Mensch mit ADHS oft mit sich schleppt, und wie man einen besseren Umgang miteinander entwickeln kann.

Generell noch als Hinweis: Wichtige Inhalte können an mehreren Stellen auftauchen, das ist durchaus gewollt, denn wer das Buch anfängt zu lesen, legt es vermutlich zwischendurch wieder zur Seite und so ist bis zum Teil IV oder V womöglich nicht mehr so gut im Gedächtnis, was in Teil II erklärt worden ist. Natürlich wird nicht die komplette Erklärung geliefert, aber es kann durchaus vorkommen, dass wichtige Inhalte an mehreren Stellen zumindest kurz erwähnt werden.

Und zum Schluss noch der Hinweis zu grammatischen Geschlechtern:
Während es in der Biologie zwei Geschlechter gibt (die einen bilden Eizellen und die anderen die Spermien), hat sich in der deutschen Sprache eine Grammatik mit drei Geschlechtern gebildet (männlich/maskulin, weiblich/feminin und sächlich/neutral). Diese Einteilung ist nicht umfassend, es gibt auch Sprachen ganz ohne Geschlechtsunterschiede.

In den letzten Jahren entwickelte sich bei einigen Menschen die Vorstellung, es gäbe noch das sogenannte soziale Geschlecht. Das grammatische Geschlecht und auch das häufig auftauchende generische Maskulinum (bei der die männliche Form für alle Geschlechter steht, ebenso wie die weibliche Form des generischen Femininums für alle steht) hat jedoch nichts zu tun mit dem biologischen Geschlecht und auch nichts mit dem sozialen Geschlecht. Daher werden in diesem Buch auch keine den Lesefluss störenden Unterstriche, Schrägstriche oder Gendersterne zu finden sein.

In der Regel werden die jeweils generischen Formen verwendet und stehen dabei für alle Geschlechter. An einigen Stellen werden Männer und Frauen gleichermaßen angesprochen, wobei auch das umfassend generisch gemeint ist und ebenfalls die anderen siebzig (oder so) neuerdings entwickelten Geschlechter inkludiert (auch wenn das einige nicht wahrhaben wollen, aber genau so verhält es sich nun einmal mit diesen generischen Begriffen: sie sind nicht spezifisch, sondern umfassend).

Um es nochmals zu betonen: Mit dieser Schreibweise soll niemand ausgeschlossen werden! Dieses Buch richtet sich an Menschen mit ADHS und auch an ihr Umfeld oder andere interessierte Menschen, und zwar ganz unabhängig von Rasse, Geschlecht, Alter, Haarfarbe oder Frisur, politischer Präferenz, Hobby oder Schuhgröße – ich orientiere mich hier nicht an postmodernen Identitätsfragen, sondern immer noch an dem Postulat der Aufklärung, demzufolge alle Menschen gleich sind. Aus diesem Grund will ich den Text des Buches auch nicht nach möglichen Geschlechtsvarianten zerstückeln. Das schadet am Ende nur der Lesbarkeit.

Für Menschen mit einer Konzentrationsschwäche dürfte es sowieso leichter sein, ein Buch zu lesen, in dem es nicht so von typografischen Zeichen wimmelt. Ich persönlich merke jedenfalls, dass ich ein Schriftbild mit zu vielen zusätzlichen Zeichen in den Zeilen als irritierend wahrnehme. Vielleicht liegt es auch an der schlechteren Konzentrationsfähigkeit. Als Mensch mit einer Konzentrationsschwäche empfinde ich einen Text voller Gendersterne oder ähnlicher Zeichen als Zumutung, daher soll es mit diesem Buch oder in diesem Buch auch niemandem zugemutet werden.

Meine eigene Geschichte

Ich möchte das Buch beginnen mit meiner eigenen Geschichte. Nicht weil ich mich persönlich für so wichtig halte (denn dann hätte ich nicht auf ein Pseudonym zurückgegriffen). Stattdessen möchte ich anhand meiner Geschichte aufzeigen, wie ein scheinbar ganz normales Mädchen als erwachsene Frau durch besondere Lebensumstände und besonders viel Stress immer mehr in einen Zustand von Verzetteltheit und Vergesslichkeit hineingeraten kann, der zunächst als Burn-out betrachtet wird, bis einige Jahre später die Diagnose ADHS kommt. In meinem Fall war der Auslöser bzw. diese besonderen Lebensumstände eine Selbständigkeit, dazu noch sehr viele weitere Interessen und Ideen für Projekte und schließlich noch das Da-Sein und die Fürsorge für andere Menschen (was jetzt neuerdings als Care-Arbeit bezeichnet wird).

Wenn ich also die ersten Seiten relativ ausführlich mein Leben und meine Entwicklung erzähle, dann aus einem einzigen Grund: Meine Geschichte soll als ein Beispiel dienen für viele weitere Entwicklungen in dieser Art. Ich schätze, es gibt noch ganz viele andere Menschen, die ähnlich wie ich in ihrer Kindheit nie auffällig waren, die aber dennoch im Lauf ihres Lebens in eine ADHS hineingeraten sind – weil sich bei ihnen irgendwelche Lebensumstände ergeben haben, durch die sich eine vorhandene Veranlagung zu ADHS stärker ausgeprägt hat, möglicherweise bis hin zu so massiven Problemen wie bei mir.

Aus meiner Geschichte weiß ich jetzt, dass eine frühzeitigere Diagnose und eine frühzeitigere Behandlung möglicherweise geholfen hätten, früher eine Lösung zu finden. Mit meiner Geschichte möchte ich vor allem Eltern ansprechen, bei deren Kind(ern) eine ADHS diagnostiziert worden ist, denn möglicherweise könnte auch bei ihnen diese Diagnose zutreffen und dann wäre es hilfreich, sich frühzeitig um eine Lösung zu kümmern (welche Möglichkeiten es gibt, wird später im Buch aufgezeigt).

Über meine Familie und mich

Wenn ich mir anschaue, wo ich heute stehe, so schaue ich vor allem mit sehr viel Verwunderung auf mein Leben zurück, denn als Kind oder auch als junger Erwachsener war ADHS bei mir nie deutlich geworden.

In der Mitte der 1960er Jahre wurde ich in eine normale bürgerliche Familie hineingeboren. Der Opa väterlicherseits war Gärtner, der Opa mütterlicherseits arbeitete bei der Bundesbahn in der Verwaltung, beide Omas waren Hausfrauen. Mein Vater hatte durch gute Noten ein Hochschul-Stipendium erhalten und war Ingenieur geworden, meine Mutter hatte eine Ausbildung zur Sekretärin gemacht. Als wir Kinder klein waren, war sie zu Hause, als wir halbwüchsig waren, ist sie halbtags arbeiten gegangen. In meiner Familie war also niemand hinsichtlich seiner Aufmerksamkeit oder Leistungsfähigkeit auffällig, alles schien völlig normal zu sein.

Nun ja, im Nachhinein ist mir etwas in den Sinn gekommen: Mein Opa väterlicherseits ist leider schon früh verstorben, aber von den Großeltern mütterlicherseits ist mir später erzählt worden, dass er ein sehr angenehmer und charmanter Mensch war, allerdings konnte er bei einer Kaffeetafel nicht lange stillsitzen. Kaum hatte er Kaffee getrunken und etwas gegessen, wurde er unruhig und stand auf. Statt mit den anderen am Tisch zu sitzen, beschäftigte er sich lieber uns Kindern. Er konnte einfach nicht so lange stillsitzen bleiben. Möglicherweise würde man meinen Opa heute als hyperaktiv bezeichnen, aber damals war das kein Thema und da dieser Opa als Gärtner ja körperlich aktiv war, dazu in seiner Freizeit in seinem Schrebergarten ackerte und dann noch laufen ging und Handball spielte, hatte er ja sehr viel Bewegung zum Ausgleich.

Ob mein Vater als Kind hyperaktiv war? Er sagt, er wäre völlig normal gewesen, aber in der Zeit, als er aufgewachsen ist, waren Kinder auch viel mehr draußen, sie waren körperlich viel aktiver und in der Schule waren die Lehrer auch noch viel strenger und ließen Unaufmerksamkeiten nicht durchgehen. Möglicherweise ist er aus diesem Grund nach den heutigen Kriterien für ADHS nicht auffallend gewesen. Jedenfalls tut sich mein Vater schwer mit der Diagnose ADHS bei seiner Tochter und der Enkelin und ist fest davon überzeugt, das hätte nichts mit ihm oder seinem Vater zu tun. In gewisser Hinsicht mag es tatsächlich so aussehen, der Opa hatte seinen Beruf und nach dem Krieg sein geregeltes Leben mit viel körperlicher Aktivität, mein Vater hat eine Ausbildung und ein Studium geschafft, er war jahrelang im Beruf, er hatte einen Job, der ihm viel Abwechslung, viele Herausforderungen und viele Geschäftsreisen bescherte – ihm war nie langweilig, er war auch privat viel unterwegs und unter den passenden Umständen (das habe ich inzwischen gelernt) lässt sich ADHS auch gut kompensieren. Jedenfalls ist das Thema ADHS und von wem es kommt ein recht strittiger Punkt zwischen uns und auch ein Grund, warum ich das Buch unter dem Namen einer Urgroßmutter veröffentliche.

Meine frühen Jahre

Die Kindheit meines Vaters habe ich natürlich nicht miterlebt, aber dafür die meines jüngeren Bruders. In den 1970er Jahren war ADHS noch weitgehend unbekannt, aber im Nachhinein betrachtet, war das Erscheinungsbild des Zappelphilipps bei meinem Bruder sehr ausgeprägt. Ich empfand ihn als Störenfried, weil ich oft etwas aufgebaut hatte, das er mir dann umgeworfen hat. Das führte natürlich zu viel Geschrei und von meiner Mutter hörte ich immer nur, als Ältere sollte ich doch vernünftig sein. Ich fand das sehr ungerecht und habe mir vorgenommen, später einmal für mehr Fairness und Gerechtigkeit in der Welt zu sorgen. Am liebsten habe mich zu meinen Großeltern verkrümelt, die im selben Haus wohnten. Dort konnte ich in Ruhe lesen und spielen; gerne Quiz- und Memory-Spiele, weil ich darin gut war.

Mein Vater hat mich schon früh in die Welt der Buchstaben eingeführt. Mit vier Jahren konnte ich die ersten Buchstaben entziffern und mit fünf lesen. Als ich in die Schule kam und die Lehrerin merkte, dass ich flüssig lesen konnte, durfte ich mir aus der Schulbücherei immer wieder neue Bücher holen und lesen, während die anderen um mich herum das Lesen erst noch lernen mussten. Durch dieses Privileg, nämlich sich aus dem Unterricht ausklinken zu dürfen, weil man so viel weiß und kann, hatte Wissen für mich früh einen hohen Stellenwert bekommen. Zu Hause war Lesen zudem ein Mittel gegen Langeweile, vor allem an Regentagen, wenn man nicht rausgehen konnte. Ich liebte Geschichten über vergangene Zeiten, über Entdecker und Erfinder. Wenn meine Mutter zum Essen rief, überhörte ich das oft. Dann rief sie ein zweites oder drittes Mal, irgendwann stand sie in der Tür zum Zimmer und es gab Ärger, weil ich sie nicht gehört hatte – so vertieft war ich in meine Lektüre.

Bei meinen Großeltern durfte ich auch Dokumentarfilme schauen. Ich fand es unglaublich spannend, viel von den Dingen in der Welt zu hören und zu sehen. Wenn dann Erwachsene zu Besuch kamen und ich zeigen konnte, was ich schon alles wusste, und wenn ich dann dafür ein Lob bekam, dann hat mich das angespornt, noch mehr wissen zu wollen. So war ich zumindest in den ersten Jahren eine gute Schülerin, einfach weil mich alles interessiert hat. Abgesehen von dieser Wissbegier scheint mir, dass ich ein ganz normales Mädchen war, so wie viele andere auch.

Intelligent, aber nur mittelmäßige Noten

Das mit der guten Schülerin änderte sich im Gymnasium. Dort gab es plötzlich Fächer, die ich weniger mochte, und auch in Deutsch wurden die Noten schlechter, weil ich beim Aufsatzschreiben noch zu viele weniger wichtige Gedanken reinpacken wollte und mir am Ende die Zeit davonlief. In anderen Fächern hing meine Aufmerksamkeit vom Thema ab. In Erdkunde fehlte mir beispielsweise das Interesse an Themen wie der Landwirtschaft in Indien oder dem Bergbau in Südamerika. Hier war ich zwar körperlich anwesend, aber geistig eher abwesend.

Wenn mich ein Thema interessierte, war ich gut, wenn nicht, gab es nur mittelmäßige Noten und ingesamt war ich ein eher mittelmäßiger Schüler. In dieser Art ging es in der Oberstufe weiter: Hier hatte ich meine Lieblingsfächer, darunter Deutsch und Geschichte, als Leistungsfächer gewählt und relativ gute Noten. Der Rest war weiterhin nur mittelmäßig. Irgendwelche Höhenflüge habe ich mir nicht zugetraut und mich daher auch nicht besonders angestrengt. Eigentlich war ich zufrieden damit, irgendwo im Normalbereich zu liegen.

Intelligent, aber viel in Schwierigkeiten: mein Bruder

Mein Bruder hingegen hatte von Anfang viel mehr Schwierigkeiten in der Schule. Das ging schon in der Grundschule los, weil er viel zu lebhaft war und nie stillsitzen konnte: Oft plapperte er mit dem Banknachbarn, kippelte mit dem Stuhl oder zappelte in anderer Weise herum, aber das wurde damals in den 1970er Jahren einfach als Lebhaftigkeit erklärt. Von seinen Leistungen her konnte er aufs Gymnasium. Dort ging es jedoch nicht lange gut, ich weiß zwar nicht, wie er im Unterricht war, aber ich kann mich noch erinnern, wie es mit den Hausaufgaben zu Hause war: Er konnte nicht ruhig sitzenbleiben, stand oft auf, um etwas zu holen, unsere Mutter musste ihn ständig ermahnen, doch an den Aufgaben zu bleiben, es war nervend für alle. Viele Hausaufgaben hat er auch vergessen oder übersehen, dafür gab es dann schlechte Noten. Am Ende musste mein Bruder (trotz eines hohen IQ) auf die Realschule wechseln – und dort wurde es auch nicht viel besser, weil die unruhige und zappelige Art ja geblieben ist. Dann ist er in eine Clique geraten ist, die nicht unbedingt gute Gesellschaft für ihn war.

Nach der Schule hat er eine Lehre angefangen, die er mit Ach und Krach geschafft hat. Danach hat er den Beruf gewechselt und sich selbständig gemacht. Sorgfältige Buchhaltung war jedoch gar nicht sein Ding, es gab immer wieder Schwierigkeiten mit Fristen beim Finanzamt bis hin zu Bußgeldern, was dann wieder zu weiteren Schwierigkeiten führte. Es gab Probleme aller Art, aber ich will nicht negativ über meinen Bruder berichten, im Grunde genommen mag ich ihn, seitdem wir keine Kinder mehr sind und er mir nicht mehr meine Spielsachen über den Haufen wirft.

Im Nachhinein betrachtet lässt sich viel von diesem gar nicht glatt verlaufenen Lebensweg auf eine ADHS-Symptomatik zurückführen, allerdings ist mein Bruder nie getestet worden, früher war ADHS ja völlig unbekannt. Mittlerweile hat mein Bruder einen Job, in dem er viel unterwegs ist, viel Abwechslung hat, gleichzeitig hat er auch seine geregelten Strukturen, so dass er sein Leben von außen betrachtet ganz gut im Griff hat – vielleicht ist er immer noch ein klein wenig zu leichtsinnig bei finanziellen oder anderen vertraglichen Entscheidungen, aber ich hoffe, dass er sich nicht mehr so leichtfertig in Schwierigkeiten bringt wie als junger Mensch.

Mein Weg ins Studium

Aber zurück zu meinem weiteren Werdegang: Mit dem mittelprächtigen Abi in der Tasche wusste ich nicht recht, wohin ich steuern soll. Ich hatte mich für zwei Lehrberufe interessiert und auch bei Betrieben nachgefragt, aber im Gespräch hat sich gezeigt, dass es nicht richtig passte. Aber auch Jura oder BWL hätte nicht gepasst, also habe ich ein Allerweltsstudium mit Germanistik begonnen. Das lief nicht besonders geradlinig, weil es an der Uni über das „Studium generale" auch noch Kurse und Vorlesungen zu ganz anderen Themen gab. So habe ich mich einmal spontan eingetragen zu einem Polnischkurs, weil ein Uropa im 19. Jahrhundert von dort gekommen ist. Später habe ich noch zwei Semester in einer anderen Sprache gemacht, einfach weil ich mal „reinschnuppern" wollte.

Ansonsten war ich eine ordentliche Studentin und habe mich ziemlich ins Zeug gelegt. Im Sommer an den Baggersee wäre gar nicht mein Ding gewesen. Ich bin ein paar Mal mit Freundinnen an den See, aber während sich die anderen stundenlang zum Bräunen in die Sonne legen konnten, bin ich nach fünf Minuten unruhig geworden. Einfach nur herumliegen war langweilig. Insofern habe ich nicht dem Klischee des faulen Studenten entsprochen, im Gegenteil, ich war eine Bücherratte, mein Lieblingsplatz war die Bibliothek mit ihren altehrwürdigen Beständen. Wenn ich für eine Seminararbeit recherchiert und Quellen oder Sekundärliteratur gelesen habe, bin ich schnell vom Hundertsten ins Tausendste gekommen. Hier noch ein Buch aus der Bibliothek holen, da noch einen Artikel kopieren und mit nach Hause nehmen. Zu Hause haben sich immer Papierstapel gebildet, weil ich so viel wie möglich an Wissen mitnehmen wollte. Den manchmal nötigen „Mut zur Lücke" hatte ich nie.

Während des Studiums lief das Arbeiten perfekt, es gab so viele Themen, die mich interessierten und ich konnte mich stundenlang in etwas hineinvertiefen, oft bin ich in diesen Hyperfokus oder „Flow" gekommen, in dieses Gefühl höchster Konzentration, bei dem man Raum und Zeit hinter sich lässt, um sich ganz intensiv mit etwas zu beschäftigen und auf diese Weise enorm produktiv zu arbeiten.

Im Nachhinein betrachtet, war ich damals auch perfekt organisiert, sogar inmitten der vielen Papierberge. Damals hatte immer zwei oder drei Papierstapel mit einer Höhe von rund 40 bis 50 Zentimeter am Rand des Schreibtischs sowie weitere Unterlagen auf weiteren Ablageflächen. Und kurioserweise wusste ich genau, wie viel Zentimeter von oben oder von unten dieser oder jener kopierte Artikel lag. Mein Gedächtnis für Dinge und ihre Aufbewahrungsorte war damals erstklassig – umso extremer empfinde ich den Vergleich mit heute, nachdem mein Arbeitsgedächtnis nicht mehr so gut abspeichert, was wo abgelegt ist.

Der Einstieg ins Berufsleben

Jedenfalls habe ich mein Magisterstudium mit Erfolg beendet, auch wenn ich über die Regelstudienzeit weit hinaus gekommen bin. Ich fand so vieles interessant, habe mich in so viele Themen hineingestürzt. Am Ende stand ich allerdings etwas planlos da, was die Jobsuche anging; ich wusste gar nicht genau, was ich mit meinem Abschluss anfangen sollte. Durch eine Empfehlung bin ich auf eine befristete Stelle ins Projektmanagement eines Unternehmens gekommen. Der Job war in Ordnung, die Kollegen waren in Ordnung, eigentlich war alles in Ordnung, alles lief wunderbar, in der Firma wurde eine unbefristete Festanstellung in Aussicht gestellt … aber mir stellte sich die Frage, ob das dann alles im Leben wäre. Ich hatte Zweifel, ob die stets sehr ähnlichen Aufgaben nicht eines Tages zu langweilig wären.

Also habe ich beschlossen, mich noch einmal umzuorientieren und habe nach Stellenanzeigen geschaut. Ein Zeitungsverlag hatte ein Volontariat angeboten, das hat dann auch geklappt. Aus finanziellen Gründen habe ich mein Apartment aufgegeben und bin wieder zurück zur Familie gezogen, in mein Zimmer von früher. Das Volontariat hat Spaß gemacht, aber es war auch stressig, wenn man abends an einer Gemeinderatssitzung teilnimmt, die erst um 20 Uhr beginnt und der fertige Text bis 22 Uhr geliefert sein musste. Aber es hat geklappt, ich habe gemerkt, dass ich enorm belastbar bin und dass ich unter Zeitdruck sogar zu Höchstform auflaufe.

Mit der Zeit habe ich auch Kontakte zu Unternehmen bekommen und angefangen, neben normalen journalistischen Texten auch PR-Texte zu verfassen. Das war auch spannender als Berichte aus einer Gemeinderatssitzung oder von einem Vereinsjubiläum. Bei der Zeitung ist nach dem Volontariat auch eine Festanstellung im Gespräch, aber ich stelle fest, von zu Hause aus arbeiten passt bei mir besser, zumal meine Großeltern mit ihren über 80 Jahren allmählich in eine Hilfs- und Pflegebedürftigkeit rutschen. Ihre Tochter (also meine Mutter) war ja Vollzeit außer Haus, mein Stiefvater ebenso (meine Eltern hatten sich während meiner Studienzeit getrennt und beide neu geheiratet), da war es einfach gut, wenn jemand im Haus bleiben konnte und sich um Mittagessen und andere Erledigungen kümmert, die Oma zu einem Arzttermin bringt und so weiter. Auch zu diesem Zeitpunkt noch hatte ich den Eindruck, dass ich perfekt funktioniere und meine ganzen Aufgaben gut im Griff habe. Es schien alles bestens zu laufen.

Selbständig mit Familie – der „Flow" fällt weg

Also habe ich kurz vor der Jahrtausendwende den Sprung in die Selbständigkeit gewagt. Erste Kontakte und Aufträge waren bereits vorhanden, es lief gut an. Allerdings wurde die Situation mit den Großeltern immer schwieriger, weil sie immer weniger tun konnten. Jeden Morgen bin ich um sechs Uhr aufgestanden, hatte bereits die ersten Ideen im Kopf und habe mich hingesetzt und gearbeitet. Aber mitten im Gedankenfluss musste ich gegen acht Uhr aufhören, um den Großeltern zu helfen und dann auch mit dem Hund rauszugehen. Gegen neun Uhr saß ich wieder am Schreibtisch, aber spätestens um elf musste ich dort weg und Mittagessen kochen. Dann ging es wieder an die Arbeit, aber kaum war ich wieder im Thema drin, musste ich unterbrechen, damit die Großeltern am Nachmittag noch einmal versorgt waren; später kam dann meine Mutter mit den Einkäufen von der Arbeit und hat sich dann den Rest des Tages gekümmert.

Ich will mich nicht beklagen, sondern nur die Situation aufzeigen, in die ich plötzlich gekommen war. Es war überhaupt keine Frage, dass ich für meine Großeltern da sein wollte – immerhin waren sie ja auch immer für mich da gewesen, wenn ich Unterstützung gebraucht habe. Mein Problem war nur, dass ich immer nur höchstens zweieinhalb Stunden hatte, um dann wieder aus meinem Gedankengang herausgerissen zu werden. Während ich im Studium und im Volontariat auch unter Zeitdruck Höchstleistungen wie aus dem Ärmel schütteln konnte, fiel mir die Arbeit mit den ständigen Unterbrechungen sehr viel schwerer: Kaum war ich in einem branchenspezifischen Thema drin, kaum hatte ich Ideen und Formulierungen im Kopf, musste ich unterbrechen und viel ging wieder verloren. Die Lockerheit war weg und ich fing an, mich zu verkrampfen.

Im Ergebnis führte diese Situation dazu, dass ich zwar beispielsweise acht Stunden an einem Projekt saß, aber durch das Unterbrechen und Wieder-Hineinfinden ein Arbeitsergebnis hatte, das in nur drei oder vier Stunden hätte erreicht werden können. So habe ich angefangen, nicht die tatsächliche Arbeitszeit zu berechnen, sondern die Zeit, die ich eigentlich hätte brauchen sollen. Dass ich nicht effizient war, wollte ich nicht meinen Auftraggebern anlasten. Es wäre aber auch nicht denkbar gewesen, die Großeltern in ein Pflegeheim zu geben. Also habe ich die Zähne zusammengebissen, um das irgendwie zu schaffen. Glücklicherweise haben nach zwei Jahren mein Bruder und seine Frau einen Sohn bekommen, meine Schwägerin blieb dann zu Hause und konnte bei den Großeltern einspringen. Als ich nicht mehr so dringend gebraucht wurde, bin ich auch wieder ausgezogen, in ein kleines Haus ganz in der Nähe, wo ich wieder ungestört am Schreibtisch arbeiten konnte. Mein Hirn schien wieder voll leistungsfähig zu sein und ich bin in meiner Arbeit wieder aufgeblüht: Ich war wieder in der Lage, 12 oder 14 Stunden hochkonzentriert zu arbeiten und es hat mir unglaublich viel Spaß gemacht. In dieser Phase hatte ich zwar auch viel Stress, aber damals war es dieser beflügelnde Eustress (im Gegensatz zu diesem kräftezehrenden Distress).

Das kostet auch Kraft: Eine komplizierte Beziehung

Damals hatte ich einen Mann kennengelernt, in den ich richtig verliebt war, der mir auch sehr imponiert hat, weil er geschieden und Teilzeitvater von zwei Kindern war und das mit einer selbstständigen Tätigkeit unter einen Hut bringen musste. In seinem Job war er sehr viel unterwegs, oft mehrere Tage am Stück und daher oft nur am Wochenende zu Hause. Und an den Kinder-Wochenenden wollte er sich Zeit für seine größere Tochter und den kleineren Sohn nehmen. In der Beziehung vorher hatte er schlechte Erfahrungen gemacht mit Kindern und Freundin, weil die damalige Freundin eifersüchtig war, wenn er mit den Kindern spielte. Daher war er zögerlich, die Kinder mit mir zusammenzubringen. Ich hatte Verständnis dafür, zudem hatte ich selbst genug zu tun. Also haben wir uns nur alle zwei Wochen gesehen und manchmal auch nur mit einem Abstand von vier Wochen, beispielsweise wenn er am kinderfreien Wochenende krank war oder wenn er mit einem Freund eine längere Motorradtour unternommen hat.

So verging zunächst Monat um Monat und irgendwann war es Jahr um Jahr. Alles blieb so, wie es war und irgendwann wurde mir deutlich, das reicht mir auf Dauer nicht. Und immer wenn ich das Thema angesprochen habe, bekam ich von ihm zustimmende Worte zu hören: Ja, ich hätte recht, wir müssten bald mal etwas ändern. Aber gerade jetzt hatte er so viel zu tun, musste sich noch um den Bruder kümmern, dessen Krebserkrankung zurückgekehrt war, und dazu noch um die Eltern. Von diesem Familiensinn war ich wiederum sehr beeindruckt und hatte daher Verständnis, dass ich in dieser Situation nicht an erster Stelle stand.

Und dann kam ein Betrug heraus! Mein erster Impuls war gewesen, laut schreiend davonzurennen. Aber ich wollte nicht so aus dem hohlen Bauch reagieren, sondern wollte das stattdessen auf rationaler Ebene verarbeiten. Allerdings war mein Gehirn so am Gedankenkreiseln, dass ich ständig unkonzentriert war und abends nicht einschlafen konnte. Ich war zum Nervenbündel geworden und vermutlich hat die ganze Aufregung meinem sonst so stabilen Monatszyklus geschadet, jedenfalls bin ich schwanger geworden, habe das aber zunächst nicht bemerkt und erst einmal Schluss gemacht. Und als ich die Schwangerschaft bemerkt habe, habe ich das Kind kurz danach verloren! Die nächsten Monate waren die Hölle, doch ich habe so gut es ging meinen Job erledigt und war auch weiterhin für meine Familie da. Ich habe versucht, diesen Mann zu vergessen.

In dieser Zeit wurde mir schmerzhaft bewusst, wie viele Jahre so nutzlos für diese komplizierte Beziehung verloren gegangen waren. Es würde nicht mehr lange dauern und mein 40. Geburtstag wäre da. Und zugleich wurde mir bewusst, wie wichtig es für mich wäre, ein Kind zu bekommen und es ins Leben begleiten zu können. In meiner Umgebung gab es durchaus andere Männer, die sich für mich interessierten. Ich mochte sie auch und der eine oder andere wäre auch das gewesen, was man „eine gute Partie" nennt. Das Problem war jedoch: Es gab keinen Mann, in den ich ernsthaft verliebt war und ich konnte mir nicht vorstellen, eine Beziehung einzugehen, wenn es kein richtiges Gefühl des Verliebtseins oder der Liebe gibt. Ich hatte gehofft, mir würde jemand begegnen, in den ich mich verlieben würde, aber dem war leider nicht so. Stattdessen ist mir durch einen Zufall der wieder begegnet, für den ich so lange Zeit diese starken Gefühle hatte. Ich war dann einfach zu schwach, um die Trennung weiter durchzuziehen, also kamen wir wieder zusammen.

Um es abzukürzen: Es hat nochmal eine Weile gedauert, aber dann war es soweit, dass wir uns auf ein gemeinsames Leben mit einem gemeinsamen Kind einlassen wollten – und kaum war das beschlossen, bin ich schwanger geworden! Mit knapp 40! Ich war glücklich! Es war nur schade, dass meine Großeltern das nicht mehr miterlebt haben, sie waren beide einige Jahre vorher im hohen Alter verstorben.

Eine nicht geglückte Familiengründung

Die erste Zeit war ich selig und auch der Umzug in sein Haus ging gut über die Bühne. Natürlich bin ich davon ausgegangen, dass (wie bisher) seine Kinder an den Wochenenden besuchsweise da wären und wir die restliche Zeit für uns und das gemeinsame Kind hätten.

Aber es kam ganz anders als gedacht, denn die große Tochter hatte sich mit ihrer Mutter zerstritten und ist mit ihren knapp 19 Jahren zu ihrem Vater gezogen. Dann lernte sie den ersten Freund kennen, dessen Eltern in ihrer Trennungsphase waren und Stress machten, also wohnte auch er mehr oder weniger bei uns. Ihr Vater war glücklich, sein Lieblingskind jetzt ganz bei sich zu haben, alle ihre Wünsche wurden erfüllt. Leider war sie (wie so viele Teenager) nicht soweit, die einfachsten Ordnungsregeln zu befolgen oder bereit, sich an der Hausarbeit zu beteiligen und so wurde ich gebeten, „mal mit ihr zu reden". Ich ahnte schon, worauf das hinauslaufen sollte: Er wollte die Rolle des lieben und verständnisvollen Vaters behalten (in einem Krimi wäre das quasi der „good cop") und ich sollte die Rolle der strengen, nörgelnden Stiefmutter übernehmen (also der „bad cop"). Bei einem Besuch seines zweiten Kindes habe ich dann noch mitbekommen, wie gegenüber der leiblichen Mutter ein falsches Spiel gespielt wurde: Sein Sohn hatte eine schlechte Note, die unterschrieben werden musste, das hat der Vater dann übernommen mit einem Spruch à la „aber deiner Mutter sagen wir nichts, sonst regt die sich wieder so auf". Aha, dachte ich mir, käme es bei uns zu einer Trennung, müsste ich also davon ausgehen, dass er nicht ehrlich wäre, sondern mich ebenso hintergehen würde, um bei dem gemeinsamen Kind der liebe Papa sein zu können. Diese Unehrlichkeit, diese Verlogenheit hat sicherlich dazu beigetragen, dass ich angefangen habe, innerlich auf Distanz zu gehen.

Nach einigen Wochen hatte ich das Gefühl, ich wäre in den falschen Film geraten: Ein paar Monate zuvor hatte ich mich noch auf ein Zusammenleben zu zweit mit dem gemeinsamen Kind gefreut. Und plötzlich finde ich mich in einer Situation wieder, wo ich mit zwei halbwüchsigen Teenagern unter einem Dach lebe. So hatte ich mir das nicht vorgestellt. Am schlimmsten war, wenn ich mit den beiden allein war, weil der Vater beruflich bedingt tagelang weg war. Ich fragte mich wirklich, was ich in diesem Haus soll, ich fühlte mich in diesem Leben wie fremd.

Um die Geschichte abzukürzen: Die gemeinsame Tochter kam auf die Welt, der Vater war beschäftigt mit seinem Beruf und mit den Problemen durch die große Tochter, davon habe ich mich ferngehalten, ich wollte nicht den ‚bad cop' spielen, sondern habe mich stattdessen um die Kleine gekümmert und zwischendurch habe ich versucht, wieder ein paar Aufträge abzuarbeiten. Das war schwierig, denn ganz oft war das Kind frisch versorgt worden, es war frisch eingeschlafen, aber bis ich im Thema drin war, musste ich schon wieder aufhören, weil sich die Kleine zu Wort meldete, damit sie gefüttert oder die Windel gewechselt wird. Danach fiel es mir schwer, wieder ins Thema reinzukommen und so hatte ich das Gefühl, ich komme mit der Arbeit überhaupt nicht voran, ich trete nur auf der Stelle.

Als das Baby etwa drei Monate alt war, kam für den Vater eine längere berufliche Abwesenheit im Ausland, gleich zwei Wochen sollten es sein, eventuell auch länger. Meine Mutter (die inzwischen in Rente gegangen war) hatte mir daraufhin angeboten, ich könne doch in dieser Zeit zu ihnen ins Gästezimmer, sie könne mich dann mit dem Kind entlasten, damit ich mal ein paar Stunden am Stück arbeiten kann. Das schien mir ein guter Vorschlag zu sein und so bin ich besuchsweise wieder zu ihr zurück.

Alleinerziehend, selbständig und im Dauerstress

Als die Auslandsreise zu Ende ging, habe ich gemerkt, dass sich mein Herz verkrampft. Wenn ich an den Mann dachte, an dem ich so viele Jahre so stark gehangen hatte, wurde mir bewusst, dass die ehemals große Liebe vertrocknet und verschrumpelt war. Mir war inzwischen schmerzhaft deutlich geworden, dass es ihm gar nicht so sehr um mich gegangen war. Er wollte eigentlich nur irgendein weibliches Wesen im Haus haben, das gut funktioniert, das ihn und seine Kinder versorgt, das nebenbei noch eigenes Geld verdient und ansonsten keine Ansprüche an ihn stellt.

Er schien aber auch gemerkt zu haben, dass die Beziehung nicht so lief wie gedacht und so kam von ihm bei einem Anruf der Vorschlag, bevor ich ins Haus zurückkehre, sollten wir uns erst einmal treffen und miteinander reden. Aber leider musste er direkt schon wieder für mehrere Tage weg. Es dauerte mehrere Wochen, bis es zu einem Treffen kam. Das, was ich ihm sagte, fand er interessant und wollte nachdenken. Und dann war er wieder unterwegs. Und dann habe ich kurz danach über seine Eltern mitbekommen, dass er schon eine neue kennengelernt hatte und mir ihr mehrere Tage in Urlaub fuhr. Er hat sich auch gar nicht mehr bemüht, irgendetwas mit mir zu klären.

Mein Leben als alleinerziehende Mutter hat sich von Anfang an sehr schwierig gestaltet. Ich lebte mit meiner Mutter und ihrem zweiten Mann zusammen, mein Hab und Gut sowie meine geliebten Bücher habe ich dann bei einer Freundin im Keller untergestellt. Vom Kindsvater habe ich kärgliche 200 Euro im Monat an Unterhalt bekommen. Hätte ich einen Anwalt eingeschaltet, hätte ich sicherlich mehr erhalten können, aber ich hatte keine Lust, mich mit diesem Mann zu streiten. Ich wartete ab, ob er sich wegen seines jüngsten Kindes melden würde, aber da kam: nichts. Erst nach zwei Jahren kam ein Anruf, dass jetzt jemand bei ihm einziehe und er wolle nun seine Tochter alle zwei Wochen holen. Mir kam in den Sinn, wie er bei seinem Sohn eine schlechte Note unterschreibt und ihm sagt, er solle aber der Mutter nichts davon erzählen, sonst rege diese sich so auf. Solche Lügereien wollte ich nicht, also habe ich Widerworte geäußert, daraufhin hat er wütend aufgelegt und sich nie wieder gemeldet.

Das Thema mit dieser Beziehung war damit beendet. Finanziell ging es mir allerdings miserabel. Der Unterhalt plus das Kindergeld reichten natürlich nicht aus, ich wollte zwar wieder richtig arbeiten, aber ich konnte nicht. Die Kleine entwickelte sich zwar wunderbar, aber sie hatte ein Problem damit nachts durchzuschlafen. In den ersten Jahren wurde ich vier- bis fünfmal in der Nacht aus dem Schlaf gerissen. Morgens fühlte ich mich wie gerädert. Mein Hirn war wie lahmgelegt. Tagsüber war ich nicht mehr in der Lage, kreativ zu denken oder Inhalte in Worte zu fassen. Ich hatte zwar Aufträge, aber ich habe es kaum geschafft, diese halbwegs zeitnah abzuarbeiten. Es war eine Katastrophe! Mit meinem müden Hirn bin ich buchstäblich wie neben der Spur gelaufen.

Zu müde um kreativ zu arbeiten, was hilft dann?

Vor lauter Müdigkeit war ich kaum mehr in der Lage, gute Arbeit zu leisten, also habe ich überlegt, wie ich das Problem lösen könnte und wollte meine selbständige Tätigkeit erweitern um einen Online-Handel. Um Bestellungen zu bearbeiten und Päckchen zu verschicken, braucht es keine Kreativität, dachte ich, da braucht es nur Fleiß und gewissenhaftes Arbeiten, das würde ich noch hinbekommen. Ich habe dann in England ein ungewöhnliches und markenrechtlich geschütztes Produkt mit mehreren Varianten gefunden, das hier in Deutschland (noch) völlig unbekannt war. Mit einem Alleinvertretungsvertrag wäre das ideal gewesen. Also habe ich angefangen mit den Designern zu verhandeln, ich habe recherchiert, wie ein Handelsvertrag aussehen müsste, einen deutschsprachigen Mustervertrag mühsam (juristische Sprache ist echt ein Ding für sich) ins Englische übersetzt und als Vorschlag verschickt. Parallel dazu habe ich die ersten Produkte eingekauft und in meinem Umfeld herumgezeigt, habe das Konzept weiterentwickelt, habe ungefähr tausend Ideen gehabt, wie die Produkte im Internet präsentiert werden könnten. Ich hatte auch nach Shop-Systemen recherchiert und Vergleiche gemacht, hatte mich mit Suchmaschinen beschäftigt, hatte mich um rechtliche Fragen gekümmert wie Widerrufserklärung, Verpackungsverordnung und Haste-nicht-gesehen, was die Regierungen bis Ende der 2000er Jahre alles an bürokratischen Hindernissen aufgetürmt hatten, an die sich auch schon Start-ups ohne Geld für Anwälte halten mussten.

Jedenfalls habe ich jede Menge an Zeit und Herzblut in das Projekt gesteckt – aber weil ich nicht in dem Tempo durcharbeiten konnte, das früher möglich gewesen wäre, hat sich alles zäh wie Kaugummi hingezogen. Ich konnte immer nur arbeiten, wenn jemand von den Großeltern mit der Kleinen im Kinderwagen unterwegs war oder wenn sie mittags schlief. Insgesamt waren auf diese Weise mehrere Monate verstrichen. Und dann die Ernüchterung: die Designer in England waren nicht bereit, mir einen Alleinvertretungsvertrag zu geben. Sie hätten mir überlassen, das Produkt hier bekannt zu machen, aber hätte sich dann ein anderes Unternehmen bei ihnen gemeldet, hätte das andere Unternehmen die Produkte ebenso vertreiben können. Das habe ich wiederum nicht eingesehen, dass ich deren Produkt hier bekannt mache und dann habe ich nicht viel davon. Und so habe ich das Projekt sang- und klanglos beerdigt und keine weitere Mühe darauf verschwendet.

Das war jetzt nur ein Beispiel von mehreren, was ich unternommen habe, um trotz permanentem Schlafmangel, trotz verloren gegangener Kreativität wieder mehr Geld zu verdienen. Ich hatte auch überlegt, ob ich nach einem Job als Angestellte schauen sollte, aber welches Unternehmen will schon eine Angestellte haben, die ständig müde ist, die keine Leistung erbringen kann und die oft genug vom Kindergarten angerufen wird, um das Kind abzuholen, weil es gerade den nächsten Infekt ausbrütet.

Natürlich habe ich in der Zeit auch alles mögliche ausprobiert, was meinem müden Hirn guttun könnte. Eine Freundin hatte mir ein Buch zu Power-Napping gegeben, eine andere hat mich zu einem Meditationswochenende verfrachtet. Das mit dem Power-Napping hat mir tatsächlich ein wenig geholfen, aber das Meditieren mit Stillsitzen und sich aufs Atmen konzentrieren hatte ich nicht geschafft, dazu war ich innerlich zu angespannt und unruhig. Es kamen auch ständig neue Schwierigkeiten obendrauf, plötzlich starb der Partner meiner Mutter und nun musste ich sie stützen, mit ihr viele Erledigungen angehen und ihr zur Seite stehen.

Wenigstens kam etwas Entlastung durch die Kindergartenzeit und im vierten Jahr wurde es mit dem Durchschlafen auch besser, so dass ich morgens nicht mehr ganz so gerädert war. Und dann hatte ich das Glück, über eine Empfehlung einen fest-freien Halbtagsvertrag bei einem Unternehmen zu bekommen. Endlich hatte ich etwas finanzielle Planungssicherheit – das war ein Geschenk des Himmels für mich! So bin ich an drei Tagen die Woche eine ziemliche Strecke gependelt, an zwei Tagen pro Woche habe ich mich um andere Aufträge gekümmert, aber es kam auch immer wieder etwas zwischenrein wie Arzttermine oder Kuchen backen für einen Tag der offenen Tür, dazu noch die Fahrten zum Sport und dann ging es auch los mit dem Musikunterricht … oft genug waren es also nur zwei Vormittage am Schreibtisch zu Hause, weil ich nachmittags unterwegs war, also habe ich häufig noch das Wochenende fürs Arbeiten gebraucht.

Natürlich hatte ich bei meiner Wochenendarbeit immer ein schlechtes Gewissen gegenüber meiner Tochter. Ich habe sie zwar als Mama-Taxi unter der Woche zu allen möglichen Terminen gefahren, aber ich hatte stets das Gefühl, dass gemeinsame Spiele, Ausflüge und die gemeinsame Zeit ohne Alltagsstress zu kurz kommen. Wie oft wollte sie nach dem Kindergarten oder später nach der Schule mit mir spielen, aber ich war innerlich viel zu angetrieben, um mich ruhig hinzusetzen und zu spielen. Und selbst an einem freien Tag fiel es mir schwer, entspannt daran zu gehen, ich war nur noch unter Dauerstress. Wenn wir uns beispielsweise zum Picknick mit einer anderen Familie verabredet hatten, nagte ständig in mir das Gefühl, ich hätte irgendwas vergessen. Während des Picknicks ist mir oft eingefallen, was ich für ein Projekt noch zur Branche recherchieren könnte, dann war ich hibbelig und unruhig, um nach Hause zu kommen und weiterzumachen. Seitdem ich alleinerziehend war, kaum arbeiten konnte und ständig auf der Lauer lag, welche Probleme denn nun als Nächstes kommen könnten, stand ich permanent unter einer Anspannung. Mir ist in dieser Zeit bewusst geworden, dass ich gar nicht mehr in der Lage war zu entspannen und den Tag zu genießen. Diese permanente Anspannung war anstrengend und so bin ich abends immer in einem Zustand der Erschöpfung gewesen.

Natürlich wollte ich aber auch für meine Tochter da sein und ihr außer Spielplatzbesuchen etwas anderes bieten. Ein paar Mal habe ich versucht, mit ihr in ein kindgerechtes Museum zu gehen. Aber das war meistens auch eher stressig, sie ist da nur oberflächlich schauend im Sauseschritt durch, weil sie viele Sachen eher langweilig fand. Wenn sie jedoch etwas sah, das sie interessierte, war sie nicht zu bewegen weiterzugehen und noch andere Bereiche anzuschauen. Wenn ich versuchte, sie auf andere Sachen aufmerksam zu machen, war es völlig unnütz. Dies, das, jenes wollte sie nicht. Die Erziehungsmethode meiner Eltern wäre gewesen, es zu erzwingen, meine Mutter war ja damals auch nicht berufstätig, sie hätte für diese Auseinandersetzungen die nötige innere Kraft gehabt. Aber ich hatte keine Kraft mehr für solche Kämpfe und Krämpfe, also habe ich es hingenommen, dass ich mich in dieser Hinsicht nicht durchsetzen konnte. Im Nachhinein würde ich sagen, ich habe viel zu viel laufen lassen, weil ich selbst zu abgekämpft war, um Dinge in eine ordentlichere Bahn zu lenken.

Meine Tochter hat ADHS – und ich habe Stress

Ähnlich wie im Museum zeigte sich das Verhalten meiner Tochter auch in der Grundschule. Wenn sie sich für etwas interessierte, war sie mit einem Feuereifer dabei. Wenn es sie nicht interessierte, schaute sie verträumt zum Fenster hinaus oder hörte nur mit halbem Ohr hin. Von Lehrern kamen immer häufiger Rückmeldungen dieser Art. Ich habe den Kinderarzt auf die Verträumtheit angesprochen und bekam zunächst eine Überweisung zu einem Ergotherapeuten, der am jedoch Ende meinte, keine Konzentrationsstörung entdecken zu können, denn in den Therapiestunden wäre sie jedes Mal voll konzentriert dabei gewesen.

Als sich die Leistungen in der Schule nicht besserten, bekamen wir eine Überweisung zu einem Kinderpsychologen. Dann hieß es, Hinweise auf ADHS wären da, ich solle sie in der psychiatrischen Ambulanz nochmals gründlicher testen lassen. Bevor hier jedoch ADHS diagnostiziert wurde, sollten erst andere Ursachen ausgeschlossen werden. Also erst Termine beim Kinderarzt, danach bei einem HNO, der bescheinigen sollte, dass das Gehör in Ordnung ist. Dann noch ein Termin beim Augenarzt, der bestätigen sollte, dass das Kind gut sehen kann. Ständig gab es irgendwelche Termine. So war es kein Wunder, dass auch weiterhin bei mir unter der Woche vieles liegenblieb, was ich dann am Wochenende aufholen musste, so dass meine Tochter sehr oft bei Oma oder bei Opa war, wo sie dann weniger streng erzogen wurde, als es vielleicht hilfreich gewesen wäre. Ich hatte sehr oft das Gefühl, in meiner Erziehungsrolle nicht präsent genug zu sein, ich wusste aber auch nicht, was ich hätte ändern können.

So war ich von Montag bis Sonntag ständig „in Action" und wenn es mal Luft gab, dann habe ich an meiner Buchhaltung oder an meiner Kundengewinnung gesessen – und das mit der Kundengewinnung war lebenswichtig geworden, denn der fest-freie Halbtagsvertrag war nach drei Jahren gekündigt worden, weil das Unternehmen ins Ausland gegangen ist. Das war für mich die nächste Katastrophe, dass ich diesen regelmäßigen Umsatz so schnell wieder verlieren würde. Es kamen zwar immer wieder neue Aufträge, aber es war kein dauerhafter Auftrag mehr dabei und so war für mich nie eine Sicherheit da, dass auch in ein paar Wochen noch genug in die Kasse kommt.

Ständig in einer Unsicherheit leben wie es weitergeht, ist natürlich Stress pur und so ist mein vegetatives Nervensystem mitsamt dem Herz-Kreislauf-System mit der Zeit recht anfällig geworden. Mehrere Male habe ich mich stressbedingt richtig schlimm gefühlt, wie kurz vor einem Herzinfarkt, so dass ich zum Arzt bin. Ergebnis dann: EKG ist prima, Herz hört sich gut an, es ist nur Stress. Weil diese Stressattacken bald häufiger vorkamen, hat mir mein Hausarzt eine Überweisung zu einer Psychiaterin gegeben. Ich habe ihr beim ersten Gespräch natürlich auch erzählt, dass ich ein Kind mit ADHS habe, und natürlich hat sie mich gefragt, ob ich selbst jemals darauf getestet worden wäre, was ich verneint habe. Als Kind hatte ich ja ganz ‚normal' funktioniert, hatte die Schule einigermaßen gut und mein Studium sehr gut geschafft und wäre daher nie auf den Gedanken gekommen, dass ich ADHS haben könnte.

Also wurde ich auf Burn-out behandelt und mehrere Wochen lang krankgeschrieben. Dazu bekam ich ein Medikament. Das hat mir insofern geholfen, als ich plötzlich ganz viel geschlafen habe. Das tat mir gut. Irgendwann nach ein paar Wochen, zur x-ten Verlängerung der Krankmeldung, meinte die Ärztin, wie es denn aussähe, wann ich wieder fit wäre zu arbeiten. Als ich dann sagte, wie viel ich schlafe, meinte sie, das wäre nicht richtig, wir sollten das Medikament wechseln.

Danach bekam ich etwas, was mir nicht guttat, ich war wie unter Daueranspannung mit erhöhter Pulsfrequenz, das fühlte sich nicht gut an. Auch das nächste Medikament wirkte ähnlich ungünstig. Und das, obwohl es die allergeringste Dosierung war. Wir haben alles ausprobiert, was hätte passen können, aber ich habe (bis auf das erste Medikament, bei dem ich dauernd schlafen konnte) auf jeden anderen Wirkstoff sehr empfindlich reagiert. Die Ärztin hat es dann aufgegeben, sie meinte, sie könne mir jetzt nicht weiterhelfen. Also bin ich ohne richtige Therapie zurück an die Arbeit (neue Aufträge haben sich in der Zwischenzeit fast schon gestapelt).

Diese extreme Empfindlichkeit auf Medikamente war dann auch bei meiner Tochter festzustellen: Bei ihr war zwischenzeitlich ADHS ganz offiziell diagnostiziert, auch sie bekam Medikamente. Das ging am Anfang eine Weile gut, dann sind Nebenwirkungen aufgetreten. Bei ihr war es auch im Verhalten spürbar: Sie kam von der Schule, hatte keinen Hunger, wollte nicht reden, hat sich in ihr Zimmer verkrümelt und wollte nur ihre Ruhe haben. Also das Medikament gewechselt. Das schien anfangs zu klappen, aber nach einiger Zeit wurden die Nebenwirkungen auch hier wieder spürbar. Als die Ärztin nicht weiterwusste, kam sie tagesstationär in eine Klinik, wo sie ausgiebig getestet wurde. Man hat sie dann auf ein Medikament eingestellt, bei dem erst ein gewisser Spiegel aufgebaut werden muss. Mit diesem Medikament kam sie dann besser über die Runden, aber auch hier war nach einiger Zeit das Unbehagen so groß geworden, dass sie die Einnahme immer häufiger „vergessen" hatte, bevor sie schnell aus dem Haus musste, um noch den Schulbus zu erwischen. Der Spiegel des Wirkstoffs dürfte jedenfalls nicht konstant genug gewesen sein und so blieben dann auch die Probleme in der Schule. Hier war ich sehr aktiv mit Gesprächsterminen bei Lehrern, um die Situation zu erklären und an ein Verständnis zu appellieren, dazu dann noch die ganzen Termine mit Therapeuten und natürlich noch die Termine für Sport oder Musikunterricht, was mich als Mama-Taxi auf Trab hielten – sehr viele Eltern (und vor allem alleinerziehende!) werden eine solche Situation zur Genüge kennen und wissen, wie müde und erschöpft man am Ende des Tages dann ist.

Und dann noch der Impuls allen helfen zu wollen

Das Leben ging in den letzten Jahren viel zu hektisch weiter, irgendwie war ständig etwas zu erledigen, irgendwas ist immer dazwischengekommen, so dass ich ständig improvisieren musste. Was bei mir oft noch hinzukam: Als ob ich nicht genug mit mir selbst zu tun gehabt hätte, bin ich noch voller Einfühlungsvermögen für andere Menschen und ihre Probleme oder auch für Tiere in Not. Sobald jemand Hilfe braucht, kommt bei mir der Impuls, mich auch dieser Herausforderung stellen zu wollen und dann tue ich, was ich kann, um zu helfen. Das kann eine ältere Nachbarin sein, deren einziges Kind weit entfernt lebt, und die zum Arzt muss oder die sonstwie Hilfe braucht, das kann der lokale Tierschutzverein sein, der kein Geld hat und eine Website benötigt, das kann sonst was sein: Ständig fühle ich mich zuständig, weil ich ja fähig bin, mich um dies und das zu kümmern, also tue ich es, auch weil es mir Spaß macht, weil ich es gern mache.

Käme jemand, der eine Elektroleitung installiert haben wollte, könnte ich mich guten Gewissens zurücklehnen, denn das kann ich einfach nicht. Aber andere Aufgaben? Ach, das kann ich doch. Und schwupps – schon habe ich noch eine Erledigung auf der To-do-Liste. Ich weiß nicht, ob es so ein Helfersyndrom oder ob es ein überstarkes Verantwortungsgefühl ist oder ob das einfach nur eine (wie ich inzwischen weiß) ADHS-typische Reizoffenheit für Neues ist, eigentlich ist es egal, jedenfalls verausgabe ich mich auch mit solchen Erledigungen.

Was dabei in meinem Fall so schlimm ist: Während ich für andere als Helfer unterwegs bin, stapeln sich in meinem Haushalt dann die unerledigten Arbeiten. Und was für mich persönlich dabei schlimm ist: In den Lebensphasen, in denen ich allein in meinem eigenen Haushalt gelebt hatte, war ich immer perfekt organisiert gewesen, mein Haushalt war immer picobello sauber und aufgeräumt. Seitdem ich alleinerziehend war und dazu noch selbständig, ist es mit meiner peniblen Ordnung vorbei gewesen. Und das macht mir wirklich zu schaffen.

Die Struktur ist verloren gegangen

Das Ordnungsproblem liegt sicherlich auch daran, dass ich früher normal hohe und größere Zimmer hatte, mit genug Platz für Schränke, Regale und meine Bücher. Da, wo ich jetzt wohne, sind die Räume eher klein und teilweise mit Dachschräge. Mir fehlt es an Stauraum, ich habe in die Raumaufteilung noch kein System reinbekommen und stelle auch öfter mal die Möbel um, in der Hoffnung, damit eine bessere Struktur zu finden.

Irgendwie ist immer alles im Weg, weil sich noch kein richtiger Platz gefunden hat. Im Frühjahr suche ich einen Platz für Winterklamotten, im Herbst weiß ich nicht, wo ich die Sommerblusen verstauen soll. Es ist mir auch schon passiert, dass ich sommerliche T-Shirts im Herbst in einen Beutel gepackt und irgendwo reingequetscht habe – und im nächsten Frühjahr war ich erstaunt, wieso ich so wenige sommerliche T-Shirts habe und habe neue gekauft. So unglaublich es klingt, aber im Alltagstrubel hatte ich tatsächlich vergessen, dass da irgendwo noch T-Shirts sein mussten. Auch so etwas ist typisch für mich: Wenn ich Dinge noch im Blickfeld habe, sind sie präsent, aber sie werden oft übersehen, wenn ich im Stress bin, und bleiben dann unerledigt liegen. Wenn ich Dinge wegräume, dann ist es, als ob es sie nicht mehr gäbe, dann kann es sogar sein, dass ich vergesse, dass ein solches Ding existiert – bei einem Kleinkind würde man von Objektpermanenz sprechen, aber im Fall von ADHS trifft das nicht richtig zu. Wenn ich also noch etwas erledigen muss, darf ich diesen Gegenstand nicht wegräumen, sonst ist das aus meinem Arbeitsgedächtnis spurlos verschwunden, als wäre es nicht existent.

Mein rationales Denken sagt mir, dass ich eigentlich ganz viele Sachen wegwerfen sollte, um dann weniger Dinge und mehr Platz zu haben, aber meine Bücher, Bilder und Unterlagen sind gleichzeitig voller Erinnerungen, daher hängt mein Herz daran und ich kriege das mit dem Wegwerfen nicht hin. Es ist chaotisch, weil ich in die Räumlichkeiten, so wie sie sind, keine Struktur hineinkriege. Ich räume hin und räume her und am Ende ist alles ganz ungeordnet. Kurios, nicht wahr? Das sind dann Momente, in denen ich denke, so wird das auch nichts mit Freunden einladen oder mit einer neuen Beziehung – ich muss erst einmal schauen, dass ich in meinen Alltag eine ordentliche Struktur zurückbekomme. Nein, ich funktioniere seit geraumer Zeit nicht so, wie ich es von mir erwarten würde. Das macht mir sogar sehr zu schaffen. Und dann kommt denke ich, aufgeben gilt nicht und ich versuche, es mit Humor zu nehmen à la: Ich habe zwar noch alle Tassen im Schrank, ich weiß nur nicht genau, wo sie jetzt sind.

Zu viele Ideen und zu wenig Zeit: mein ständiges Verzetteln

Häufig liest man, dass Menschen mit ADHS prokrastinieren und Aufgaben aufschieben. Das klingt nach Faulheit, aber zumindest in meinem Fall ist es nicht so. Ich bin alles andere als faul, ich bin ständig beschäftigt, ich bin fleißig ohne Ende, bis zur alltäglichen Erschöpfung am frühen Abend. Und trotzdem fällt es mir schwer, alles fertigzustellen, was ich mir vornehme oder was wichtig wäre. Einfach aus dem Grund, weil ich mir zu viel vornehme beziehungsweise weil für all meine Ideen und Vorhaben zu wenig Zeit verfügbar ist; ich versuche zu viel in diese 24 Stunden reinzustopfen.

Grundsätzlich steht natürlich die Arbeit an erster Stelle, denn es geht hier um mein Einkommen. Dann als nächstes meine familiären Verpflichtungen. Meist bin ich dann auch noch mit Erledigungen für andere beschäftigt. Und als ob das nicht genug wäre, habe ich so viele Interessen, stöbere ich durch so viele Artikel zu Themengebieten, zudem fallen mir ständig neue Ideen für eigene Projekte ein. Es sind nicht nur Schreibtisch-Projekte, sondern es gibt auch noch den Garten, der insektenfreundlich ziemlich verwildert ist, hierfür würde ich gerne gute Insektenhotels bauen, aber da komme ich gar nicht dazu, irgendwo liegt noch ein halbgestrickter Pullover herum, ich hätte auch ganz viel Lust, mich an der Nähmaschine zu versuchen oder neue Küchenrezepte auszuprobieren – ich hätte so viel Lust auf ganz unterschiedliche Arbeiten, aber es ist klar, dass ich das alles gar nicht schaffe.

Ich habe schon so viele Sachen angefangen, aber immer kam etwas dazwischen, so dass ich viele nicht zu Ende gebracht habe. Dieses Verzetteln ist aber nicht nur auf der Ebene größerer Projekte zu finden, es geht ja schon bei kleinen Alltagserledigungen los. Zum Beispiel beim Thema Aufräumen:

Hokuspokus, ich verlier' den Fokus. Ich will meinen Kaffeebecher vom Schreibtisch in die Küche bringen. Also nehme ich ihn und laufe durch den Flur und dort fällt mir etwas anderes ins Auge, das abgestellt ist und zu erledigen wäre und so weiter.

Das Verzetteln erlebe ich vor allem aber auch am Schreibtisch. Während ich mit sehr viel Eifer an Projekten sitze, die mir Spaß machen, liegt schon seit Tagen ein Schreiben vor, dass ich irgendwo online ein Formular ausfüllen müsste, aber um das zu tun, müsste ich mich einloggen, dazu braucht es natürlich ein Passwort. Das habe ich irgendwo, aber wo. Ich müsste also ein neues Passwort anfordern. Und wenn es nicht das Passwort ist, dann ist es ein anderes Hindernis, beispielsweise wenn erst eine neue Software-Version herunterzuladen ist. Das ist zwar innerhalb von wenigen Minuten erledigt, aber allein die Tatsache, dass hier noch ein Arbeitsschritt mehr wäre als eigentlich nötig, reicht aus, damit es mir zu viel ist.

Kurz und gut: alle Erledigungen mit Formularen oder anderen bürokratischen Anforderungen, so dringend und so wichtig sie auch sein mögen, werden für mich gefühlt zu einem kraftraubenden Hindernislauf. Irgendwelche kreativen oder spannende Aufgaben? Gern! Dafür ist noch etwas Energie übrig. Aber man möge mich bitte in Ruhe lassen mit diesem Bürokratiekram, das übersteigt meine derzeitige Kraft. Das erklärt dann auch, warum ich mit Buchhaltung, Steuererklärung & Co. immer hinterherhinke – die Energie für diese Erledigungen aufzubringen, ist ein echtes Problem. Aber: Ich habe ja fleißig für dieses Buch recherchiert und einige Tipps gefunden, die ich im letzten Teil des Buches vorstelle und ich habe auch schon angefangen, einige von diesen Tipps für mich selbst zu nutzen.

Das kostet zusätzlich viel Kraft: Familie und ein Kind mit ADHS

Ein großer Teil des Verzettelns liegt auch daran, dass ich ja nicht nur mit mir und meinen eigenen Aufgaben beschäftigt bin, sondern mich auch noch um andere kümmere. Meine geschiedenen Eltern sind alt geworden. Meine Mutter wohnt hier im Haus barrierefrei im Erdgeschoss, sie braucht mich inzwischen. Mein Vater lebt etwas weiter weg, aber auch hier springe ich ein, wenn er meine Hilfe braucht. Meine Tochter ist jetzt zwar im Teenageralter und schon viel selbständiger, auch hier habe ich noch ein Auge darauf, was bei ihr alles ansteht, zumal sie ja ebenfalls durch ADHS bedingt unkonzentriert ist und viel vergisst.

Ich liebe meine Tochter, sie hat eine wunderbare Art, sie kann sehr einfühlsam sein, an manchen Tagen ist sie witzig und voller Humor, aber: Dieses ADHS kostet mich selbst auch unendlich viel Kraft. Von klein auf war es so, dass ich ihr sagte, sie müsse dies oder das tun. „Ja, mache ich gleich", sagte sie, aber mir fehlte dann die Geduld und die Zeit, hintendran zu bleiben. Ständig kam mir etwas in den Sinn, was ich (während sie dies oder das erledigt) noch schnell nachzuschlagen oder erledigen könnte – und dann war ich selbst wieder abgelenkt und bis ich dann nach meiner Tochter und ihrer Erledigung geschaut habe, war natürlich nichts erledigt. Also habe ich freundlich daran erinnert, sie solle jetzt bitte dies oder das tun. „Ja, mache ich gleich", war die Antwort. Ich war dann schon etwas ungehaltener, habe aber akzeptiert (das hatte mir die Psychologin in einem Elterngespräch empfohlen), dass sie selbst den Zeitpunkt des Anfangens bestimmt, und bin dann wieder an meine To-do-Liste gegangen. Und als ich wieder nach der Erledigung meiner Tochter geschaut habe, war natürlich nichts passiert.

Der Umgang mit einem verträumten und vergesslichen ADHS-Kind, diese zig-fachen Anweisungen, Aufforderungen, Ermahnungen, dieses Ich-habe-mich-selbst-nicht-richtig-im-Griff zu diesem Ich-habe-mein-Kind-nicht-richtig-im-Griff hat mich in den vergangenen Jahren unendlich viel an Kraft gekostet. Und am Ende fehlte mir dann viel zu oft die Energie, um mich mit der nötigen Beharrlichkeit und Konsequenz dahinterzuklemmen. Ich habe irgendwann in der sowieso schwierigen Pubertät aufgegeben und mich nur noch bemüht, ein Grundmaß an Ordnung aufrechtzuerhalten und dass wir zumindest nicht ständig zoffen, weil ich das Gefühl hatte, es tut auch ihr nicht gut, ständig Kämpfe auszufechten, die auch für sie anstrengend sind. Mein Eindruck ist, sie braucht ein gutes Miteinander zu Hause, damit sie eine stabile Basis hat für ihre Schwierigkeiten in der Schule.

Vor diesem Hintergrund denke ich, es war ein Fehler nicht schon viel früher nach meiner eigenen Aufmerksamkeit und Konzentration zu schauen. Ich habe bei meinem Kind als es noch klein war viel zu viel schleifen lassen. Bei mir ist immer das Gefühl da, ich hätte als Mutter besser funktionieren müssen. Mein eigenes Unstrukturiertsein durch mein Gedankenkarussell und mein impulsgesteuertes Verhalten, schnell noch dies und das zu machen, bevor dann die nächste Aufgabe ansteht, hat sicher dazu beigetragen, dass es im Leben meines Kindes zu wenig Strukturiertheit gab. Als Mutter bin ich nicht das perfekte Vorbild gewesen, das für eine mustergültige Ordnung sorgt, damit ein Kind, das selbst ADHS hat, den Umgang mit Ordnung lernt. Eine gute Mutter würde ihre ganze Kraft einsetzen, um dem Kind eine gewisse Stabilität, Struktur und Ordnung mit auf den Lebensweg zu geben. Mir hat diese Kraft, diese Energie gefehlt.

Oftmals fühl(t)e ich mich wie ein Teller-jongleur im Zirkus: Dieser muss ein Dutzend oder mehr Teller auf Stäben kreiseln lassen – lässt der Schwung nach, geraten die Teller ins Trudeln, dann heißt es, schnell dorthin rennen und den Stab über die Bewegungsenergie wieder ins Schwingen bringen, damit der Teller weiter kreiselt. Das dürfte ein passendes Sinnbild für meinen Zustand sein: Ich  musste (und muss immer noch) ständig zu irgendwelchen Tellern rennen, bevor sie zu stark trudeln und dann herunterfallen. Das ist auf die Dauer doch sehr nervenaufreibend.

Ist es wirklich „nur" ein Burn-out?

Mein Leben bewegte sich in den vergangenen Jahren in einem Spannungsfeld von Aufträgen für Kunden, dem Umsetzen eigener Projektideen sowie dem Kümmern um die alltäglichen und manchmal auch weniger alltäglichen Erledigungen, auch für andere. Die rund acht Jahre zuvor erstellte Burn-out-Diagnose schien zu einem Dauerzustand geworden zu sein.

Weil die Batterien schon viele Jahre im roten Bereich waren und ich kaum noch gute Leistungen erbringen konnten, sind mir in den letzten zwei oder drei Jahren bei meinen Aufträgen immer öfter schlimme Flüchtigkeitsfehler unterlaufen: In der Eile hatte ich einen Text nicht sorgfältig genug Korrektur gelesen und mit kleinen Fehlern losgeschickt und die Situation damit erklärt, das wäre jetzt erst ein Entwurf. Am schlimmsten war, als ich einem Kunden ein Konzept geschickt hatte, das zur Hälfte noch aus nicht ausformulierten Notizen bestand. Das ließ sich dann nicht mehr erklären mit „es ist erst ein Entwurf".

In den letzten Jahren kam noch hinzu, dass ich sehr vergesslich geworden bin. Natürlich versuche ich mir mit Hilfsmitteln zu behelfen: Alle wichtigen Termine sind im Kalender auf dem Rechner eingetragen und es öffnet sich immer rechtzeitig das Erinnerungsfenster auf dem Bildschirm. Ich werde also erinnert – aber wenn ich gerade abgelenkt bin, dann vergesse ich trotz der Erinnerung den Termin oder die Erledigung.

In dieser Situation kam im vorletzten Jahr zum Herbst noch ein größerer Auftrag rein, bei dem ich ein inhaltlich anspruchsvolles Manuskript erstellen sollte. Es gab ein vorgegebenes Festhonorar. Aber statt den Inhalt so abzuarbeiten, dass der Arbeitsaufwand zum Honorar passt, habe ich mir richtig viel Mühe gegeben, habe bei inhaltlichen Fragen und Unklarheiten nach vertiefenden Infos recherchiert – in meinem Drang, ein perfektes Ergebnis zu liefern, habe ich eine Arbeit geliefert, die weit über das vorher Honorar hinausgegangen war. Zudem kam noch ein gewaltiger Zeitdruck obendrauf, weil ich ja viel länger gebraucht hatte als geplant. Am Ende bekam ich zwar unglaublich viel Lob, auch später kamen keine Rückfragen mehr vom Lektorat, es war wirklich perfekt, was ich hier geliefert habe! Das große Aber kam gleich hinterher: Ich habe zwar ein perfektes Ergebnis geliefert, aber ich war dann endgültig erschöpft und am Ende.

Um zu dem Bild vom Tellerjongleur zurückzukommen: Mir sind zu diesem Zeitpunkt fast alle Teller herunter gekracht, nur noch die Familienteller sind noch halbwegs am Kreiseln geblieben. Ich bin zum Arzt und krankgeschrieben worden. Aber trotz längerer Krankschreibung bin ich mehrere Wochen lang nicht mehr richtig in Gänge gekommen.

Am Ende ist es ADHS

Mein Hausarzt riet mir dann, doch noch einmal psychiatrische Hilfe zu suchen und hat in einer anderen Praxis recht zeitnah einen Termin organisieren können. Als ich dort im Sprechzimmer war, bin ich gefragt worden, warum ich denn da wäre. Und dann habe ich angefangen zu erklären und habe ausgeholt, um noch dies und das zu erwähnen. Mitten in meinem Redeschwall werde ich unterbrochen und gefragt, ob ich schon mal auf ADHS getestet worden sei. Und daraufhin werde ich aus der Praxis entlassen mit einer Überweisung zu einer anderen Praxis, die sich auf ADHS und Tests spezialisiert hat.

Es dauerte ein paar Wochen, bis ich meine Termine für den Gruppentest hatte. Und dann galt es wieder abzuwarten, bis das Ergebnis da war. Das erfreuliche Ergebnis: ich bin tatsächlich recht intelligent. Weniger erfreulich hingegen: meine Aufmerksamkeits- und Konzentrationsfähigkeit ist in höchstem Maße auffällig. Vom Arzt habe ich dann ein Medikament verschrieben bekommen, das mir helfen sollte, mich besser zu fokussieren.

Als ich das Medikament genommen hatte und die Wirkung einsetzte, fühlte ich mich gar nicht gut. Mir war wie zittrig, ich war innerlich noch viel unruhiger und statt mich auf die Schreibtischarbeit konzentrieren zu können, war meine Wahrnehmung viel zu stark auf mein Missempfinden fokussiert. Ein Powernapping am Nachmittag war überhaupt nicht möglich, ich stand wie unter Strom und konnte gar nicht runterkommen. Auch zum Abend hin war ich noch viel zu aufgekratzt und bewegte mich noch die ganze Zeit in einem wilden Gedankenkreisel.

Also wurde ein anderes Medikament probiert, in der für Erwachsene niedrigsten Dosierung. Bei diesem habe ich keine echte Wirkung gespürt, wenn ich am Schreibtisch sitze, um am Buch zu arbeiten, bin ich ja so oder so mit Feuereifer dabei. Selbst wenn es etwas zäher geworden ist, so hatte ich genug Selbstdisziplin, um mich wieder an die Arbeit zu bringen. Auf der einen Seite bin ich also noch immer fleißig, auf der anderen Seite geraten immer noch sehr schnell die Erledigungen in Vergessenheit, die beim Buchprojekt aufhalten würden: Die Buchhaltung und die Steuererklärung fürs letzte Jahr fehlen noch, aber ich habe das Gefühl, wenn ich nicht am Buchprojekt dranbleibe, dann bin ich wieder zu sehr aus dem Thema raus und brauche dann wieder zu viel Zeit, um ins Thema reinzukommen. Ich bin jetzt im Arbeitsmodus und will das durchziehen, vorher etwas anderes zwischen reinnehmen, das würde mich rausbringen.

Jedenfalls ist kein großer Unterschied feststellbar, ob ich das Medikament in der niedrigen Dosierung nehme oder nicht. Ich scheue davor zurück, weitere Präparate ausprobieren, da die bisherigen Nebenwirkungen wirklich unangenehm sind. Ich will jetzt aber nicht allgemein von Medikamenten abraten, denn in einer ärztlich begleiteten Gesprächsrunde mit Erfahrungsaustausch habe ich von anderen Menschen mit ADHS gehört, dass es bei ihnen hilft, ganz ohne Nebenwirkungen. Aber schon bei meiner Tochter hatten wir ja das Problem mit einer verträglichen Medikation. Möglicherweise passt bei uns familiär bedingt der Stoffwechsel der Neurotransmitter nicht ganz ins übliche Schema, so dass es daher zu unangenehmen Begleiterscheinungen kommt. Weil ich im letzten Jahr mit Medikamenten nicht weitergekommen bin, hatte ich mich noch bei einer Psychologin gemeldet, ihre Praxis war aber voll mit Patienten und sie hat gesagt, ich solle mich Mitte des Jahres noch einmal melden. Hier wird es also noch dauern, bis es losgeht.

Der nächste Abzweig ist immer nur einen Mausklick entfernt

Es ist jetzt fast ein Jahr her, seitdem ich die ADHS-Diagnose erhalten habe. Ich habe seitdem sehr viel über ADHS gelesen, beobachte mich selbst etwas genauer und mir fällt jetzt auch besser auf, wann mir diese ADHS-Symptomatik in die Quere kommt. Und das ist doch recht häufig der Fall. Es dürfte der Grund für mein vielfaches Verzetteln sein, es dürfte aber auch der Grund sein, warum ich mich so extrem stark in ein Thema „reinfressen" kann, wenn es mich interessiert oder fasziniert – und diese Fähigkeit zum hochkonzentrierten Arbeiten war ja wiederum ein Baustein für meinen Erfolg im Studium und Beruf. Ich hätte nur viel früher die Bremse ziehen müssen, als ich gemerkt habe, wie ich in diese ständige Anspannung hineingeraten bin, seitdem aus dem Verzetteln nicht mehr rauskomme und obendrauf noch so vergesslich geworden bin.

Auch wenn die Medikamente bei mir nicht so viel helfen, so hat mir die Diagnose und die Infos über ADHS zumindest geholfen, mich etwas besser zu verstehen. Damals, als es bei meinem Kind diagnostiziert worden ist, war ich in meinem Blick zu sehr eingeengt auf ADHS bei Kindern – nach ADHS bei Erwachsenen habe ich damals nicht genau genug geschaut, sonst wäre mir das vielleicht früher in den Sinn gekommen.

Seitdem ich meine Diagnose habe, fällt mir jetzt viel eher auf, wenn ich (mal wieder) vom Hundertsten ins Tausendste gerate. Meine Bildschirmzeit ist viel zu lang, aber weniger, weil es dort Ablenkung gibt, es geht mir ja nicht um Ablenkung von irgendwas. Stattdessen gibt es zu viele Abzweige zu interessanten Inhalten. Und das führt dann in mein Verzetteln. Gleichzeitig dürfte es aber auch dieses Verhaltensmuster mit dem Aufsaugen von Informationen unterschiedlichster Art sein, was mein Denken lange Zeit so kreativ und produktiv gemacht hat.

Mir zerrinnt die Zeit ganz oft zwischen den Fingern. Als ich mich über ADHS informiert habe, bin ich über den Begriff der Zeitblindheit gestolpert. Das trifft doch stark auf mich zu. Ich verliere mich sehr in Details, die ich interessant finde. Ich kann mich leicht für neue Inhalte begeistern. Und bis zum Abend stelle ich dann fest, dass ich meinem Zeitplan (mal wieder) total hinterherhinke. Was ich dabei wiederum als positiv empfinde: Immer wenn ich so ein neues und spannendes Thema entdecke (wie in letzter Zeit einige Schriftstellerinnen aus dem viktorianischen England), erlebe ich emotional einen kleinen Höhenflug, ein wunderbares Gefühl von „Flow". Diese kleinen Glücksmomente sind für mich dann ein Ausgleich für mein mieses Zeitmanagement: Ich habe mich zwar verzettelt, aber ich war glücklich dabei.

Je mehr ich jetzt über ADHS gelesen habe, desto mehr sind mir auch gefühlt tausend Beispiele eingefallen, wie sehr doch mein Wesen, mein Verhalten von ADHS geprägt gewesen war – ich habe es nur nicht gewusst, weil es in unserer Gesellschaft noch zu unbekannt ist. Man weiß zwar, dass viele Kinder diese Diagnose bekommen, aber wer weiß denn schon, wie es mit ADHS für Erwachsene aussieht?

Mir sind jedenfalls im Rückblick auf mein Leben einige Dinge klar geworden. Bei ADHS scheint es einige Symptome zu geben, die auch mein Leben stark beeinflusst haben. Nicht nur im Hinblick auf Konzentration und Verzetteln, sondern auch warum ich mich häufig als Außenseiter erlebt habe: Ich will eigentlich immer höflich und freundlich mit meinen Mitmenschen umgehen, und bei vielen Menschen scheine ich mit meiner Art auch ganz gut anzukommen, bei anderen jedoch scheine ich eine eher unangenehme Wirkung zu haben, meist ist mir das gar nicht bewusst. Inzwischen denke ich, dass ich möglicherweise zu sehr in meinen Gedanken bin und die voller Elan mitteile, obwohl es mein Gegenüber gar nicht oder nur mäßig interessiert, was mich da so bewegt. Ich kann auch mit meiner Meinung nur schwer hinterm Berg halten, vor allem wenn es ein Thema ist, was mich emotional packt und umtreibt.

Wenn es umgekehrt ein Thema ist, das mich nicht interessiert, dann bin ich kein sehr aufmerksamer Zuhörer und möglicherweise merkt man mir das an. Und ganz sicher ist es leider auch so, dass ich sehr impulsiv und direkt sein kann und damit möglicherweise jemand verletze, obwohl ich das eigentlich nicht will. Manchmal bin ich sehr undiplomatisch und platze mit etwas heraus, ohne vorher darüber nachgedacht zu haben. Diese unverstellte Direktheit kommt bei einigen gut an (hier wird man für eine ehrliche Haut gehalten), bei anderen ist's das Gegenteil: da gilt man womöglich als unsensibel und taktlos (wobei das Gegenüber so etwas meist nur denkt, aber nicht sagt, so dass man selbst dann verwundert ist, wenn sich das Gegenüber dezent zurückzieht und den weiteren Umgang eher meidet).

Während der intensiven Beschäftigung mit ADHS sind mir noch weitere Punkte in der typischen Symptomatik aufgefallen, die ebenfalls sehr stark das Leben eines Menschen mit ADHS bestimmen können, Schlafstörungen zum Beispiel. Mehr zu anderen ADHS-Symptomen kommt später im dritten Teil des Buchs.

Wenn Medikamente nicht helfen, dann Neurofeedback?

Nachdem ich mit den Medikamenten nicht so gut vorangekommen bin und nachdem es bei Psychotherapeuten lange Wartezeiten gibt, war ich drauf und dran, weitere Therapieversuche erst einmal an den Nagel zu hängen. Durch einen Zufall hatte ich vor ein paar Monaten in einem Telefonat mit einer entfernten Bekannten von ADHS und dem Problem der Medikamentenverträglichkeit erzählt. Deren inzwischen erwachsener Sohn war als Kind auch ADHS-positiv getestet worden und so hat mich die Bekannte dann auf Ergotherapie bzw. auf Neurofeedback als Methode aufmerksam gemacht. Also habe ich sofort recherchiert, wo es in unserer Region eine Praxis gibt, die das anbietet. Ich bin auch relativ schnell fündig geworden. Ein Platz war bald frei und da es bei meiner Tochter um den Schulabschluss geht, hat sie den ersten verfügbaren Platz bekommen. Beim ersten Gespräch in der Praxis war ich dabei: Die Therapeutin erzählte, dass sie mit dem Neurofeedback gerade bei Kindern und Jugendlichen gute Erfolge erzielt. Meine Tochter ist jetzt regelmäßiger in Behandlung gewesen und ihr scheint es auch wirklich zu helfen. Sie erzählt, dass sie in der Schule aktiver dabei ist, sich öfter meldet und neulich hat sie erzählt, dass sie bei einer Klassenarbeit (es war ein Deutschaufsatz) ihre Argumente viel besser sortieren konnte, bevor sie losgeschrieben hat – auf einmal ist die Arbeit doch ein wenig klarer und strukturierter gewesen als vorher üblich.

Einige Zeit nach meiner Tochter ist auch ein Platz für mich frei geworden. Bei meinen Terminen wird immer wieder deutlich, dass bei meinen Hirnwellen der High-Beta-Wert (das ist ein Wert für den Grad der Anspannung) stets viel zu hoch ist: Wenn man in dem bequemen Sessel sitzt und angenehm leichte Videofilme auf dem Bildschirm anschaut, sollte dieser Wert eigentlich weit unten auf der Skala entlanglaufen. Bei mir ist dieser Wert jedoch immer ganz weit oben, was zeigt, wie sehr ich „ständig unter Strom stehe". Umgekehrt ist der Wert, der für die Konzentration steht, ganz weit im Keller. Die Therapeutin meint, dass es bei mir wohl längere Zeit als üblich dauern würde, bis sich mein Gehirn wieder etwas reguliert hat. Aber sie ist zuversichtlich, dass es eines Tages wieder der Fall sein wird.

In den letzten beiden Sitzungen war tatsächlich eine minimale Verbesserung zu spüren; ich hoffe, dass es in den nächsten Monaten noch weiter aufwärtsgeht und ich langfristig wieder in einen halbwegs greifbaren Zustand von „normal" zurückfinde. Wobei eines klar ist (und das wird später auch in Teil des Buches nochmals erklärt): ADHS selbst wird für immer bleiben, ich muss einfach schauen, dass ich mein Leben so gestalten und organisieren kann, dass ich nicht mehr so stark unter Stress gerate – ADHS darf nicht mich und mein Leben im Griff haben, sondern ich muss am längeren Hebel sitzen und (mit etwas mehr Ruhe in meinem Leben) die ADHS unter Kontrolle haben.

Die ADHS im Griff haben – und nicht umgekehrt!

Wie es beruflich weitergeht

Aktuell ist bei mir ungewiss, wie es beruflich weitergeht. Mit Aufträgen ist es schlecht. Einerseits fürchte ich mich davor, in diese Stressmühle zurückzukehren, da ich immer noch unkonzentriert und vergesslich bin und mein vegetatives Nervensystem mitsamt Puls und Blutdruck immer noch ungemein empfindlich auf Stress oder Zeitdruck reagiert. Andererseits höre ich von Kollegen, dass es allgemein schwierig geworden ist, neue Kunden oder neue Aufträge zu bekommen. Ich traue mir nicht mehr viel an Leistung zu und denke, dass andere Dienstleister einfach fitter sind als ich – mir ist ja nicht nur ein Stück meiner Leistungsfähigkeit verloren gegangen, sondern gleichzeitig auch ein Stück Selbstsicherheit, mich einem verschärften Wettbewerb erfolgreich stellen zu können. Daher habe ich auch meine Website aus dem Netz genommen; es scheint mir nicht mehr passend zu sein, mich weiterhin als erfolgreiche Freiberuflerin verkaufen zu wollen, das fühlt sich falsch und unehrlich an. Wenn ein Kunde von früher nochmal bei mir anklopft, ist es gut, aber die Suche nach neuen Kunden geht nicht, schon bei dem Gedanken an Stress und Zeitdruck wie früher geht bei mir die Pulsfrequenz wieder hoch.

Es gab auch schon die Überlegung, mir einen festen Job zu suchen. Aber das wäre schwierig, da ich mitten auf dem Land lebe und es in die umliegenden Städte immer etliche Kilometer sind – das Pendeln würde bei mir so viel Zeit wegfressen, dass ich dann auch wieder ins Rotieren käme. Ich lebe nun einmal nicht für mich allein, sondern muss mich auch noch um Familienangehörige kümmern. Plus noch meinen Rüden, der mir wie ein Hund mit ADHS vorkommt, weil er nämlich auch total unaufmerksam und ablenkbar ist. Kurz und gut: es geht ja nicht allein um mich, sondern auch noch um familiäre Verpflichtungen. Daher geht es bei mir vorerst nicht mehr „Volldampf voraus", sondern da bleibt nur ein angepasstes Tempo. Welcher Arbeitgeber kann aber Mitarbeiter brauchen, die nicht fit sind?

Mir ist im Laufe der Jahre meine Leistungsfähigkeit abhandengekommen und das ist wirklich hart für mich, denn ich war immer stolz auf das, was ich alles erreicht habe. Am Anfang meiner Selbständigkeit war ich in einem Team bei einem Wettbewerb angetreten und unser Projekt wurde in die Bestenliste nominiert – in der Laudatio wurde ausdrücklich meine Arbeit gelobt. Aber auch von vielen Kunden habe ich sehr viel individuelles Lob bekommen. Ich war in meinem Job wirklich gut. Insofern empfinde ich es umso schlimmer, dass ich jetzt in einem so miesen geistigen Zustand bin, dass ich vergesslich bin, dass ich mich verzettele, dass ich unter Stress gar nicht mehr kreativ bin, sondern schnell überfordert. Das ist nicht mehr das souveräne und erfolgreiche Ich, das es früher einmal gab.

Eigene Buchprojekte im eigenen Tempo entwickeln

Irgendwie macht mir das alles zu schaffen, aber irgendwie muss es ja auch weitergehen. Als ich die Idee hatte, meine Erfahrungen in einem Buch zu verarbeiten, kam mir in den Sinn, dass ich nach diesem Buch noch weitere Bücher publizieren könnte.

Als ich im letzten Jahr über längere Zeit krankgeschrieben war, ist mein unruhiges Gehirn ja nicht untätig geblieben. Mein Gehirn kann nicht nichts tun, das geht überhaupt nicht. Es ist ständig beschäftigt, ständig aktiv wie in einem Hamsterrad. Wenn es nicht durch andere Aufgaben beschäftigt ist, produziert es Ideen, worüber ich schreiben könnte, welche Gedanken und Texte ich entwickeln könnte. Ständig verspüre ich einen Impuls, jetzt noch dies und das für mein unruhiges Hirn zu machen. Und so habe ich im letzten Jahr

Mein Gehirn kann nicht nichts tun.

eben nicht auf dem Sofa vorm Fernseher gesessen (ich habe ja schon lange keinen Fernseher mehr), sondern habe in dieser Zeit viel gestöbert, viel gelesen und dabei auch einige wunderschöne alte englische Märchen und Kurzgeschichten entdeckt. Einige empfinde ich als so wunderschön, dass ich beschlossen habe, sie zu übersetzen und neu zu veröffentlichen.

Außerdem habe ich noch ein paar andere Ideen im Kopf und die ersten Projekte habe ich bereits ziemlich weit vorangetrieben, denn wie so häufig ackere ich mich gerade durch mehrere Ideen gleichzeitig durch. Natürlich wäre es vernünftiger, wenn ich erst die eine Sache abschließe, bevor ich an die nächste gehe. Aber – so die Erfahrung der letzten Jahre – wenn die Ideen in ihrer Fülle so ins Hirn strömen und ich nicht gleich drangehe sie festzuhalten, dann gehen diese Ideen und Impulse auch ganz schnell wieder verloren.

Weniger Auftragsarbeit und mehr Bücherschreiben: Der Vorteil dabei wäre, dass ich das in meinem eigenen Tempo machen könnte. Ich wäre nicht von außen durch Termindruck getrieben, was mich kirre macht und mich zum Verzetteln bringt. Dank meines Arbeitseifers und der Selbstdisziplin, die ich immer noch habe, könnte ich mir stattdessen mein Arbeitspensum so einrichten, wie es zeitlich am besten passt.

Ich bin aber auch realistisch genug zu wissen, dass es kaum möglich ist, vom Bücherschreiben allein zu leben, das wird nicht reichen.

Daher meine Bitte: Wenn dieses Buch zu ADHS für Sie/für Dich einen Wert hat, der über den Kaufpreis noch ein Stück hinausgeht, dann freue ich mich über eine ergänzende Schenkung (eine Spende geht nicht, da ich ja kein eingetragener Verein bin). Ob 10 oder 20 oder mehr Euro: Wenn sich hin und wieder einige Leserinnen und Leser finden, die mir noch etwas zukommen lassen, wäre mir ein Stück weit geholfen. Senden Sie einfach einen Betrag Ihrer Wahl via PayPal an die Mail-Adresse:
adhs-mein-geschenk@mail.de

Herzlichen Dank dafür!

Teil I:
Was man
im Vorfeld über ADHS
wissen sollte ...

„ADHS ist ein Extrem einer Persönlichkeitsvariante, das zunächst einmal gar keinen Krankheitswert besitzt. Der hohe Energiepegel, der Enthusiasmus, sich mit einer Sache auseinanderzusetzen, die große Kreativität, die Fähigkeit zum Querdenken und der Gerechtigkeitssinn – all das sind Ressourcen, die für unsere Gesellschaft wichtig sind".
Prof. Klaus-Peter Lesch

Teil I: Was man im Vorfeld über ADHS wissen sollte ...

Fast jeder kennt die Geschichten vom hyperaktiven Zappelphilipp und dem verträumten Hans-Guck-in-die-Luft aus Heinrich Hoffmanns Struwwelpeter von 1844. Weniger bekannt ist das unartige Paulinchen, das mit Streichhölzern zündelt und dabei zu Tode kommt. Diese Geschichte zeigt, dass es im 19. Jahrhundert nicht nur verhaltensauffällige Jungs gab, sondern auch eigenwillige Mädchen, die nicht auf das hörten, was die Eltern sagten. Heutzutage würde man von „oppositionellem Verhalten" sprechen.

Lange Zeit wurden der Zappelphilipp und Hans-Guck-in-die-Luft als Beispiele für nicht gut angepasste Kinder betrachtet. Erst in den letzten Jahrzehnten wurde klar, dass viele Jungen hyperaktiv und unaufmerksam sind und in Kindergärten und Schulen negativ auffallen. Mädchen waren insgesamt weniger auffällig und eher verträumt. Da dieses Verhalten als weniger störend empfunden wurde, sah man auch keinen großen Handlungsbedarf. Die Ärzte konzentrierten sich auf die hyperaktiven Kinder und nannten das Phänomen ADHS (Aufmerksamkeitsdefizit-/Hyperaktivitätsstörung). Der Versuch,

Der Zappelphilipp, der partout nicht stillsitzen kann und am Ende den Tisch abräumt, ist zum Synonym geworden für ein hyperaktives Kind.

den Begriff ADS (ohne Hyperaktivität) für verträumte Kinder einzuführen, setzte sich nicht durch. Man spricht allgemein von ADHS, da auch die Übergänge fließend sein können – ein Kind kann verträumt sein und später hyperaktiv werden oder umgekehrt.

Und das ist der nächste Punkt: Lange Zeit dachte man, ADHS betreffe nur Kinder und Jugendliche und würde im Erwachsenenalter verschwinden. Inzwischen weiß man, dass rund die Hälfte der diagnostizierten Kinder auch als Erwachsene noch ADHS haben, wobei sich die Symptome anders zeigen. Es gibt daher viele Erwachsene, bei denen ADHS nie diagnostiziert wurde – entweder weil das Phänomen zu ihrer Zeit weniger bekannt war oder weil sie eher unauffällig verträumt waren und nicht durch Hyperaktivität auffielen.

Zunächst einige (Fach-)Begriffe klären

Nun sind schon einige wichtige Begriffe genannt worden und es werden noch weitere Fachbegriffe und auch Fremdwörter genannt werden, die vielleicht nicht jedem auf Anhieb verständlich sind. Daher soll hier an dieser Stelle ein kleines Glossar die wichtigsten Wörter erklären:

ADHS

ADHS steht für Aufmerksamkeitsdefizit-/Hyperaktivitätsstörung, im Englischen als ADHD (Attention Deficit/Hyperactivity Disorder) bekannt. Es bezeichnet eine Bandbreite an ungewöhnlichen oder untypischen individuellen Eigenschaften, was Selbstregulation und Selbstmanagement betrifft.

Anfangs wurde ADHS in ADS (ohne Hyperaktivität) und ADHS (mit Hyperaktivität) unterteilt. Inzwischen hat sich jedoch gezeigt, dass diese Unterteilung nicht sinnvoll ist. Mehr zu den Symptomen und den Begleiterscheinungen ist im dritten Teil zu finden.

Aufmerksamkeit

Was ist eigentlich Aufmerksamkeit? Hierfür ist wichtig, sich bewusst zu machen, dass unser Gehirn ständig einer Flut von Reizen ausgesetzt ist, die irgendwie erfasst und verarbeitet werden müssen. Und weil permanent so viele Reize auf einen Menschen einströmen, wird vom Gehirn nur das ausgewählt, was als interessant oder als wichtig eingestuft wird.

Für diese Auswahl kommt sowohl in Betracht, was von außen kommt (was man sehen, hören, tasten kann etc.) als auch das, was aus einem selbst heraus kommt (man erfasst innere Prozesse und was man eben gerade gedacht, gemacht oder gefühlt hat) und verarbeitet diese Reize dann weiter. Diese Weiterverarbeitung kann sowohl gedanklicher Art sein (man überlegt sich beispielsweise, was man tun könnte) als auch direkt in eine Handlung umgesetzt werden (man tut etwas).

Zum Wesen der Aufmerksamkeit gehört eine Fokussierung und Konzentration auf den ausgewählten Gegenstand oder Gedanken, das heißt, andere Gegenstände oder Gedanken werden beiseitegeschoben, um die Aufmerksamkeit gezielt zu bündeln – schließlich hat das Gehirn nur begrenzte Ressourcen für die Aufmerksamkeit. Alles, was das Gehirn als weniger wichtig betrachtet, wird blitzschnell aussortiert und fällt dann unter den Tisch.

Aufmerksamkeit lässt sich einerseits bewusst steuern (das wird top-down genannt), sie kann aber auch durch plötzliche Reize von außen hervorgerufen werden (das wäre bottom-up). Wenn plötzlich ein Lichtblitz oder ein Knall auftaucht, könnte das Gefahr bedeuten, also wird das Gehirn schnell umschalten und versuchen zu erfassen, was das ist und wie darauf zu reagieren wäre.

Aber das Gehirn reagiert nicht nur auf Gefahrenreize, sondern auch auf neuartige Reize und sehr oft auch auf Reize, die emotional verknüpft sind. Das bedeutet: je stärker ein Reiz emotional aufgeladen ist, desto leichter fällt es, diesem Reiz ein hohes Maß an Aufmerksamkeit zu schenken. Umgekehrt heißt das: wenn uns ein Reiz emotional nicht anspricht, fällt es uns schwer, ihm die nötige Aufmerksamkeit zuteilwerden zu lassen.

Man unterscheidet neben der „selektiven Aufmerksamkeit" (also der Frage, welche Reize herausgefiltert und welche ignoriert werden) auch noch die „anhaltende Aufmerksamkeit" (wie gut gelingt es, die Aufmerksamkeit über längere Zeit beizubehalten) und schließlich noch den Faktor „geteilte Aufmerksamkeit" (wie gut kann man mehrere Reize gleichzeitig verarbeiten) sowie „wechselnde Aufmerksamkeit" (wie gut kann man zwischen mehreren Aufgaben hin- und herspringen).

Aufmerksamkeitsdefizit

Prinzipiell ist wichtig zu wissen, dass in puncto Aufmerksamkeit die Ressourcen oder Kapazitäten eines Menschen nur begrenzt sind. Ein Aufmerksamkeitsdefizit bedeutet, dass es einem schwer fällt, die Aufmerksamkeit im notwendigen Maß auf das zu richten, was in dieser Situation wichtig wäre. Das kann sein, dass Informationen nicht in der Weise gefiltert und ausgewählt werden, wie es in einer bestimmten Situation notwendig wäre.

Als Beispiel: Morgens beim Frühstück erzählt der Partner, man müsse heute noch Lebensmittel und Getränke kaufen, ein Paket zurückbringen und dann brauche es noch ein Geschenk, weil man abends bei einem Freund eingeladen ist. Fehlt es an der nötigen Aufmerksamkeit beziehungsweise am Herausfiltern der wichtigen Information, wird zwar am Ende registriert, dass man abends bei dem Freund eingeladen ist, aber womöglich wird die Information, dass man dafür noch ein Geschenk kaufen muss, nicht aus dem Informationsfluss herausgefiltert – und plötzlich steht man abends da, ohne ein Geschenk gekauft zu haben.

Hyperaktivität bzw. Hypoaktivität

Hyperaktivität ist ein Zustand, der durch übermäßige Unruhe und eine überdurchschnittlich hohe motorische Aktivität gekennzeichnet ist. Während Kinder sich oft zappelig verhalten, zeigt sich die Unruhe bei Erwachsenen oft anders, beispielsweise in Besprechungen durch fleißiges Mitschreiben, mit einem Gegenstand herumspielen oder auch mit exzessivem Sport, um damit ein Ventil für die innere Unruhe zu finden.

Hypoaktivität, das Gegenteil von Hyperaktivität, zeichnet sich durch einen geringen Aktivitätslevel aus, hier fällt es schwer, „in Gänge zu kommen". Wichtig: Beide Verhaltensweisen sind nicht zwingend mit ADHS verknüpft und können auch andere Ursachen haben.

Impulsivität

Als „impulsiv" wird ein Verhalten bezeichnet, das aufgrund einer mangelnden Selbstkontrolle durch spontane Aktionen oder Reaktionen gekennzeichnet ist. Ohne an mögliche Folgen oder weitere Risiken zu denken, wird auf Außenreize oder auf innere Impulse schnell und unüberlegt reagiert. Auf Außenstehende wirkt das Verhalten oft unkontrolliert und als eine der Situation unangemessene Leichtfertigkeit.

Die Impulsivität beschränkt sich dabei nicht auf das verbale oder motorische Verhalten, also das, was gesagt oder gemacht wird, sondern es betrifft auch das Denken: Dieses ist gekennzeichnet durch vorschnelle Schlussfolgerungen und Entscheidungen. Nicht zuletzt ist es auch geprägt durch die mangelnde Fähigkeit eines Bedürfnis- oder Belohnungsaufschubs (das ist die Fähigkeit, sich zum aktuellen Zeitpunkt mit etwas weniger zu begnügen oder Unannehmlichkeiten in Kauf zu nehmen, um später zum Ausgleich eine Art Belohnung zu haben). Beispiele für Impulsivität können sein:

- spontane Handlungen ohne nachzudenken (etwa spontane Käufe, spontan auf Reisen gehen oder Entscheidungen anderer Art treffen, ohne deren Folgen zu bedenken)
- leichte Reizbarkeit bis zu emotionalen Ausbrüchen (auf emotional wirkende Reize oder auch auf frustrierende Erlebnisse wird impulsiv reagiert, die Reaktionen reichen von impulsiv getätigten Aussagen wie Vorwürfen oder Beleidigungen bis hin zu aggressiven Wutausbrüchen)
- riskante Verhaltensweisen (durch das impulsive Verhalten werden auch mögliche Risiken nicht bedacht, durch riskantes Fahren oder riskante Sportarten, Drogenkonsum, ungeschützten Geschlechtsverkehr u. ä. bringt man sich in Gefahr)

Eine solche ungesteuerte Impulsivität kann sich auf verschiedene Lebensbereiche auswirken. Zum Beispiel führen spontane Geldausgaben oftmals zu finanziellen Problemen und impulsiv getätigte Fehlentscheidungen im Beruf können zu Problemen am Arbeitsplatz führen. Unbedachte, riskante Verhaltensweisen können Verletzungen, andere Gesundheitsprobleme und teilweise auch lebensbedrohliche Situationen zur Folge haben. Und nicht zuletzt führen impulsiv getätigte Aussagen oder das impulsive Ignorieren von sozialen Normen zu Spannungen und Konflikten in Beziehungen, wenn sich das Gegenüber unverstanden oder missachtet fühlt.

Wichtig zu wissen: Wie die Hyperaktivität ist auch die Impulsivität nicht zwingend mit einer ADHS-Diagnose verknüpft, ein zu hohes Maß an Impulsivität kann auch andere Ursachen haben.

Komorbidität

Zu einer Grunderkrankung oder -störung können begleitend noch weitere häufige Symptome hinzukommen, eine solche Begleiterscheinung nennt man Komorbidität. Je nach Grundstörung können ein oder mehrere komorbide Begleitsymptome hinzukommen wie zum Beispiel eine Depression oder auch eine Suchterkrankung. Mehr dazu ist in Teil III im Abschnitt „Weitere Symptome und Begleiterscheinungen" zu finden.

Neurokognitiv, neurotypisch, neurodivers, neurodivergent

Der Wortbestandteil „neuro" steht für „neurologisch" und damit für das Nervensystem (das im Gehirn sozusagen seinen Schaltkasten hat). Über die Nervenbahnen strömen ständig Impulse in das Gehirn hinein (beispielsweise meldet der Sehnerv eine Beobachtung oder der Hörnerv ein Geräusch), sie werden dort „kognitiv" verarbeitet und über die Nervenbahnen werden auch wieder neue Impulse ausgesendet. Als Beispiel: das Telefon leuchtet und klingelt, also würde man im Normalfall jetzt den Arm ausstrecken und mit der Hand nach dem Telefon greifen. Das wäre ein neurotypisches Verhalten. Wer aber gerade abgelenkt ist, wird das Telefon vielleicht gar nicht wahrnehmen.

Neurotypische Menschen „funktionieren" normal, während neurodivergente Menschen vom üblichen Rahmen abweichen, was oft kreative Denkweisen beinhaltet. Neurodivergenz umfasst nicht nur ADHS, sondern auch andere Entwicklungs- und Lernstörungen. Auch wenn neurodivergente Menschen von den neurotypischen Fähigkeiten abweichen, verfügen sie oft über besondere Fähigkeiten und Stärken. Mehr dazu gibt es dann im Abschnitt zu den Stärken von Menschen mit ADHS am Ende des dritten Teils.

Adaption bzw. Maladaption

ADHS bleibt oft unerkannt, wenn Betroffene es schaffen, sich an die Anforderungen der Umwelt anzupassen. Diese Anpassung nennt man auch Adaption. Gelingt diese Anpassung nicht, wird dies Maladaption genannt. Zum Beispiel kann ein ADHS-Betroffener in einem spannenden Job erfolgreich sein, aber bei monotonen Aufgaben Schwierigkeiten haben. Eine

Suchtentwicklung oder fehlende Stressregulation sind weitere Beispiele für maladaptives Verhalten. Hingegen lassen sich mit adaptiven Verhaltensweisen (z. B. Sport statt Alkohol zur Stressreduktion) Strategien entwickeln, die zu einer besseren Anpassung an die Umwelt und damit langfristig zu einem höheren Wohlbefinden führen.

Attribution

Der Begriff Attribution bezeichnet die Zuschreibung von Eigenschaften oder Attributen, mit denen Menschen versuchen, Ursachen oder Erklärungen für das Verhalten anderer oder für Ereignisse zu finden. Diese Zuschreibung beeinflusst die Art und Weise, wie Menschen Ereignisse interpretieren, sich selbst und andere bewerten sowie ihr Verhalten darauf basierend anpassen.

Bei der internen Attribution schreibt eine Person das Verhalten einer anderen Person oder ein Ereignis den eigenen inneren Eigenschaften, Merkmalen oder Absichten zu. Als Beispiel: Hat jemand mit einer anderen Person plötzlich Streit, könnte sich die Frage stellen, ob man selbst etwas getan hat, was die andere Person verärgert haben könnte. Oder als anderes Beispiel: Hat jemand in einer Prüfung schlecht abgeschnitten, könnte er es ehrlicherweise zurückführen auf die eigene Faulheit und nicht ausreichend gelernt zu haben.

Bei einer externen Attribution schreibt eine Person etwas einer anderen Person zu oder ein Ereignis wird äußeren Umständen, Situationen oder anderen Personen zugeschrieben. Als Beispiel: Hat jemand mit einer anderen Person plötzlich Streit, könnte er es darauf zurückführen, dass die andere Person launisch oder grundlos aggressiv ist oder vielleicht unter Stress ist. Oder beim anderen Beispiel: Hat jemand in einer Prüfung schlecht abgeschnitten, besteht oft die Neigung, das auf störende Umstände während der Prüfung (es war so laut, das Licht war so grell o.ä.) zurückzuführen.

Menschen mit ADHS neigen zu verzerrten Attributionen, was ihr Selbstbild und ihre Wahrnehmung beeinflusst. Dies kann dazu führen, dass sie negative Ereignisse als konstante Unfähigkeit wahrnehmen, was das Gefühl verstärkt, das eigene Leben nicht richtig kontrollieren zu können und häufig wird daraus fabriziert, dass diese Attribution global immer im Leben gilt.

Coping / Coping-Strategien

Mit dem englischen Wort „Coping" ist die Bewältigung von Herausforderungen, Belastungen, Stress etc. gemeint. Diese Coping- oder Bewältigungsstrategien dienen dazu, die emotionale und psychische Widerstandsfähigkeit zu stärken und die Anpassungsfähigkeit in schwierigen Situationen zu unterstützen. Je nach Persönlichkeit, individuellen Gegebenheiten und der Situation und lassen sich unterschiedliche Coping-Strategien einsetzen:

- Problemlösungsorientierte Coping-Strategien: Hier geht es darum, zu einem Problem konkrete Maßnahmen zur Lösung zu entwickeln. Beispiele hierfür sind das Identifizieren von Lösungen, die Entwicklung von Handlungsplänen sowie ggf. die Suche nach praktischer Unterstützung.

- Akzeptanzorientierte Coping-Strategien: Möglicherweise steht man vor einem Problem, was außerhalb des verfügbaren Einflussbereichs liegt. In diesem Fall hilft es, die unveränderbaren Aspekte einer Situation als Teil des Lebens zu akzeptieren und sich dann darauf zu konzentrieren, das Beste aus der Situation zu machen.

- Emotionsorientierte Coping-Strategien: Diese Strategien dienen dazu, die emotionalen Reaktionen auf eine Stress- oder Krisensituation zu regulieren oder zu reduzieren. Dazu kann beitragen, die Gefühle in Worte zu fassen, in einer schwierigen Situation nach positiven Aspekten zu suchen oder auch andere Methoden zu nutzen wie Meditation oder Entspannungsübungen.

- Bewältigung durch soziale Unterstützung: Ein gutes und stabiles soziales Umfeld hilft ebenfalls beim Bewältigen von Stress und Krisen. Wer sich „seinen Kummer von der Seele reden kann" oder wer jemanden um Rat oder um Unterstützung bitten kann, wer das Gefühl hat, nicht allein dazustehen, hat bereits viel gewonnen.

Exekutive Funktionen

Exekutive Funktionen (abgekürzt EF) sind eine Gruppe kognitiver Prozesse, die dazu dienen, das eigene Verhalten zu planen, zu organisieren, zu regulieren und zu kontrollieren, um Ziele zu erreichen. Sie sind entscheidend für die Selbstregulation und die Steuerung von komplexem Verhalten sowie für die Bewältigung von neuen oder unerwarteten Situationen. Zu den exekutiven Funktionen gehören unter anderem

- Planung und Organisation (das ist die Fähigkeit, Ziele zu setzen, Strategien zu entwickeln und Ressourcen effektiv zu organisieren, um diese Ziele zu erreichen)
- das Arbeitsgedächtnis (die Fähigkeit, Informationen kurz zu speichern und sie während der Durchführung von Aufgaben zu verwenden),
- die Aufmerksamkeitskontrolle (d. h. die Fähigkeit, die eigene Aufmerksamkeit je nach den Anforderungen der Situation zu lenken, zu halten und auch zu wechseln),
- flexibles Denken (die Fähigkeit, sich an veränderte Anforderungen oder neue Informationen flexibel anzupassen, indem man Perspektiven ändert oder Lösungen neu bewertet) sowie nicht zuletzt
- die Impulskontrolle (also die Fähigkeit, impulsive Reaktionen zu unterdrücken und stattdessen überlegt zu handeln).

Defizite in den exekutiven Funktionen führen häufig zu Problemen mit der Selbstregulation, impulsivem Verhalten und Schwierigkeiten bei der Problemlösung. Hilfreich wäre, verschiedene Strategien zu entwickeln und einzusetzen, um Schwächen in den exekutiven Funktionen zu verbessern.

Konvergentes und divergentes Denken

Denkprozesse im Gehirn können konvergent-geradlinig oder divergent-abweichend verlaufen.

- konvergentes Denken ist strukturiert, analytisch und logisch, mit dem Ziel, eine konkrete Lösung zu finden – bei dieser Denkweise folgt ein Schritt nach dem anderen, nicht-zielführende Nebensächlichkeiten bleiben außen vor

Konvergent-geradliniges Denken:

- divergentes Denken hingegen ist sprunghaft und schöpferisch, auch zufällig auftauchende Gedanken und Assoziationen werden verfolgt, sogar Nebensächlichkeiten oder absonderliche und schräge Gedanken werden noch aufgegriffen – was am Ende zu verschiedenen, durchaus kreativen und ungewöhnlichen Lösungen führen kann!

Divergent-abweichendes Denken:

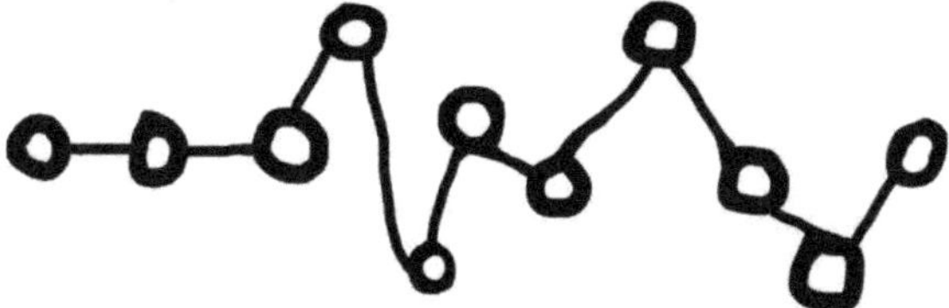

Menschen mit ADHS neigen oft zu divergentem Denken, was teilweise zu Schwierigkeiten führt: Der rote Faden geht verloren, man schweift vom Thema ab oder es fällt schwer, den Gedanken anderer konzentriert zu folgen. Ein schwaches Arbeitsgedächtnis und mangelnde Impulskontrolle spielen ebenfalls eine große Rolle, was dann oft zu Missverständnissen und Konflikten führt. In Diskussionen ist es schwierig, eine Einigkeit erzielen, da immer wieder Einwände vorgebracht werden (oft mit „Ja, aber …"), selbst wenn diese möglicherweise unpassend sind. Häufig führen die Diskussionen zu Haarspaltereien oder Wortklaubereien, in diesem Zusammenhang zeigen die Betroffenen oft eine unangenehm wirkende Pedanterie.

Das schwache Arbeitsgedächtnis oder auch die Unschlüssigkeit bei einer Entscheidung führt manchmal sogar dazu, dass man zuerst eine Aussage macht, um einige Zeit später dann zu einer ganz anderen Aussage zu greifen. Das kann auf Gesprächspartner irritierend wirken und Zweifel an der Ehrlichkeit und Verlässlichkeit aufkommen lassen. Ein solches uneinheitliche und widersprüchliche Verhalten führt oft zu Konflikten. Hier wäre hilfreich, wenn divergent denkende Menschen ihr eigenes Kommunikationsverhalten selbstkritisch hinterfragen.

Divergentes Denken ist an sich jedoch nicht negativ zu bewerten, es ist eher die mangelnde Impulskontrolle und das schwache Arbeitsgedächtnis, warum divergentes Denken bei Menschen mit ADHS eine Herausforderung darstellt. Wenn es gelingt, die Gedankensprünge zu regulieren, zu starke

Abschweifungen zu erkennen und die Aufmerksamkeit auf die wichtigen Themenschwerpunkte zu richten, kann divergentes Denken eine sprudelnde Quelle sein für kreative und innovative Problemlösungen.

Hyperfokus

Hyperfokus bezeichnet einen Zustand intensiver Fokussierung auf eine Aufgabe, in dem alle anderen Reize ausgeblendet werden. Menschen mit ADHS erleben oft diesen Hyperfokus, wenn sie sich mit großer Hingabe einer Tätigkeit widmen, selbst über einen längeren Zeitraum hinweg. Man befindet sich in einem Zustand tiefer Konzentration und Klarheit und fühlt sich wohl dabei.

Ein Beispiel für Hyperfokus sind die Menschen, die man auch als Bücherwurm oder Leseratte bezeichnet, weil sie um sich herum Raum und Zeit vergessen, während sie sich durch ein spannendes Buch „durchfressen". Auch andere Formen der Freizeitbeschäftigung wie malen oder musizieren können in diesen Hyperfokus führen. Aber nicht nur in der Freizeit, auch wer einen Beruf gewählt hat, der den eigenen Neigungen entspricht, wird Phasen erleben, in denen man entfernt von Raum und Zeit und mit völliger Hingabe auf eine Aufgabe konzentriert arbeitet.

Die Schattenseite dabei: Wer gedanklich ganz tief in seinem Thema drin ist, kann sich nur schwer lösen, wenn er beispielsweise von einem Kollegen oder zu Hause von einem Familienmitglied angesprochen wird, und wenn man gerade mittendrin war, reagiert man oft auch ungehalten. Es fällt nicht leicht, sich von dieser anderen Welt in die reale Welt „zurückzubeamen", ebenso schwierig ist es, sich dann direkt im Anschluss einer anderen Aufgabe zuzuwenden, da das Thema der Hyperfokussierung noch immer in einer Hirnwindung drinsteckt. Es braucht dann oftmals zuerst etwas gedanklichen Abstand, bevor es weitergehen kann. Schwierig wird es auch, wenn jemand vor lauter Hyperfokus andere wichtige Aufgaben oder soziale Kontakte vernachlässigt.

Als positive Seite des Hyperfokus ist zu vermerken, dass dieser Zustand tatsächlich zu außergewöhnlichen Höchstleistungen und einer enormen Produktivität führen kann.

Flow

Ähnlich wie der Hyperfokus ist der sogenannte „Flow", ein psychischer Zustand, der durch ein tiefes Engagement in einer Tätigkeit gekennzeichnet ist,
wo sich ein überwältigendes Gefühl von Eins-Sein mit dem einstellt, was
gerade geschieht. Wie im Zustand des Hyperfokus scheinen Raum und Zeit
auch beim Flow völlig vergessen zu sein. Während man voll und ganz auf
das gegenwärtige Handeln konzentriert ist, vergisst man alles um sich herum, alles geht leicht von der Hand, ohne dabei nachzudenken, fast wie von
selbst. Man taucht tief in eine Aktivität ein und geht vollständig im Tun auf.

Im Unterschied zum Hyperfokus, bei dem es um eine geistige Konzentration geht, zeigt sich in der Selbstvergessenheit des Flow zusätzlich ein
Zustand der Freude und Erfüllung. Die Gedanken und Handlungen fließen
frei und man erlebt ein Gefühl von Leichtigkeit in dem, was man tut. Es
kommt zu einer Ausschüttung von Glückshormonen, was wiederum dazu
führt, dass körperliche Bedürfnisse und Strapazen kaum wahrgenommen
werden, während man in diesem Zustand euphorischer Glücksmomente
immer weitermacht und sich dabei wie „beflügelt" fühlt.

Care-Arbeit und Kin-keeping

Ob die Betreuung von Kindern, die Fürsorge für ältere Menschen, Hilfe in
der Nachbarschaft oder auch der Kummerkasten sein für einen Freund oder
Angehörigen, der sich Frust, Sorgen oder Leid von der Seele reden will –
diese gesellschaftlich wichtige Aufgabe wird neuerdings als Care-Arbeit
bezeichnet. Meist sind es Frauen, die sich kümmern: Teilweise in ihrem
Beruf als Erzieherin oder Pflegekraft, teilweise aber ehrenamtlich und ganz
ohne Bezahlung (daher auch die manchmal in der Politik geführte Diskussion über den gesellschaftlichen Wert dieser Arbeit).

Ähnlich ist es mit dem Kin-Keeping: Dieser Begriff ist sogar noch etwas
neuer, er lässt sich übersetzen mit Verwandtschafts- oder „Sippen"pflege
und bezeichnet die Aktivitäten, die dazu beitragen, die Beziehungen innerhalb einer Familie (und darüber hinaus auch die Beziehungen in einem
Freundeskreis) aufrechtzuerhalten und zu pflegen, um damit die Bindung
und Zusammenhalt zu stärken. Zu den typischen Aktivitäten gehören:

- Information und Kommunikation (das heißt wichtige Informationen weitergeben, an Geburtstage oder Jubiläen erinnern und generell den Kontakt innerhalb der „Sippe" pflegen)
- Organisation von Veranstaltungen (das umfasst die Planung und Organisation von Treffen, gemeinsamen Urlauben oder auch größeren Festen)
- bei Konflikten helfen (wenn es innerhalb der „Sippe" zu Streitigkeiten kommt, hilft es oft, wenn jemand die Vermittlerrolle übernimmt und mit beiden Parteien nach einer Lösung sucht)
- Unterstützung in Krisensituationen (erlebt ein Mitglied des Familienverbands einen Notfall, ein schwieriges Lebensereignis oder eine andere Krise, springen die „Kin-keeper" ein und stehen mit Rat und Tat zur Seite).

Wie bei der Care-Arbeit sind es auch hier hauptsächlich Frauen, die diese Kin-keeping-Rolle übernehmen, gelegentlich wird diese Rolle auch von Männern übernommen. Für die Familie (oder auch einen Freundeskreis) wird damit eine wichtige Funktion übernommen, aber gleichzeitig ist klar, dass es im eigenen Alltagsstress oft eine Zusatzbelastung ist und eine ADHS-Problematik noch verschärfen kann – wobei damit nicht gesagt werden soll, jemand mit ADHS solle seine Kin-keeping-Aktivitäten einstellen. Stattdessen sollte man einfach schauen, wie man seine Kräfte gut dosieren kann.

Masking

Auch den Begriff „Masking" habe ich erst über die Recherche zu diesem Buch entdeckt. Masking bezeichnet eine Verhaltensstrategie, bei der jemand versucht, bestimmte Eigenschaften oder Symptome zu verbergen, um sich gesellschaftlich anzupassen und in sozialen Situationen besser zu „funktionieren". Dieses Phänomen tritt oft bei Menschen mit ADHS auf, die nicht „anecken" wollen.

Dabei modifiziert oder verbirgt die Person ihre natürlichen Verhaltensweisen, Emotionen oder Reaktionen, um besser in die soziale Norm zu passen oder um nicht als anders wahrgenommen zu werden. Beim Masking werden sowohl eigene Bedürfnisse und Gefühle verborgen als auch ungewöhnliche Interessen oder Verhaltensweisen unterdrückt. Manchmal imitieren Betroffene Signale oder Verhaltensmuster, die sie bei anderen beobachten und die gesellschaftlich akzeptiert sind.

Masking kann eine unbewusste Strategie sein, um Ablehnung, Ausgrenzung oder Stigmatisierung zu vermeiden. Es führt jedoch schnell zu einem erheblichen inneren Stress. Die Anstrengung, ständig eine Maske aufrechtzuerhalten und die eigenen Bedürfnisse zu unterdrücken, kann zu Erschöpfung oder anderen psychischen Belastungen führen. Daher ist Masking keine geeignete dauerhafte Lösung. Es wäre ratsam, sich gegebenenfalls mit einem Therapeuten eine besser geeignete Coping-Strategie anzueignen.

Neurofeedback

Neurofeedback ist eine Form der Biofeedback-Therapie, um die Gehirnaktivität eines Menschen besser zu regulieren. Bei dieser Methode werden Informationen über die verschiedenen Gehirnwellen in Echtzeit geliefert, damit die Gehirnaktivität moduliert werden kann. Dahinter steht das Konzept, dass das menschliche Gehirn lernen kann, die eigenen Gehirnwellenmuster zu kontrollieren, um gewünschte Veränderungen zu erreichen.

Für diese Methode werden Elektroden auf der Haut platziert, mit denen die elektrische Aktivität des Gehirns gemessen wird. Die Gehirnwellen werden auf einem Bildschirm sichtbar gemacht, gleichzeitig erfolgt das Feedback in Form von visuellen oder akustischen Signalen.

Um es in einfacheren Worten zu erklären: Wenn beispielsweise ein Video abgespielt wird und bei der Messung der Gehirnwellen wird deutlich, dass die Aufmerksamkeit gerade schwindet, stockt das Video mit der Tonspur, so dass die Wiedergabe des Videos „ruckelig" wird. Auf diese Weise wird dem Gehirn zurückgemeldet: „Achtung, die Aufmerksamkeit schwindet", woraufhin das Gehirn wieder in die Aufmerksamkeit zurückkehrt. Bei einem Training über einen längeren Zeitraum „lernt" das Gehirn aufmerksamer zu sein. Aktuell ist jedoch noch keine umfassende Studie mit einer ausreichend großen Anzahl an Teilnehmern zu finden, insofern wäre hier weitere Forschung nötig, um eine fundierte Aussage zur Wirksamkeit zu treffen.

Psychoedukation

Psychoedukation bedeutet, fachlich fundiertes Wissen über psychische Probleme zu vermitteln. Betroffene Menschen und ihre Familien erhalten Informationen und auch Beratung über psychische Zustände, angefangen bei Symptomen, bis zu passenden Behandlungsmöglichkeiten und weiteren Bewältigungsstrategien. Bei der Psychoedukation geht es darum, das Verständnis für psychische Gesundheitsprobleme zu fördern, um auf diese Weise die Mitarbeit bei der Behandlung zu verbessern und Rückfälle zu verhindern.

Eine Psychoedukation kann in verschiedenen Formaten angeboten werden, von Selbsthilfe-Unterlagen oder einer Einzelberatung mit dem Arzt oder Psychologen bis zu einer Gruppenpsychoedukation, wo sich auch mehrere Patienten oder Familien untereinander austauschen können.

Psychoedukation wird nicht nur bei ADHS eingesetzt, sondern auch bei einer Vielzahl psychischer Erkrankungen, einschließlich Depressionen, Angststörungen, Essstörungen oder Suchterkrankungen. Ziel ist, die Patienten und ihre Familien mit wichtigen Informationen zu versorgen (das hilft schon mal) und ihnen hilfreiche Ressourcen aufzuzeigen (auch das kann eine große Hilfe sein), um mit dem jeweiligen Problem besser umgehen zu können.

Selbstregulation

Mit Selbstregulation ist die Fähigkeit gemeint, die eigenen Gedanken, Emotionen und Verhaltensweisen bewusst zu steuern, um innere Konflikte zu lösen, angemessen auf verschiedene Situationen zu reagieren und um letzten Endes durch Willenskraft und Umsetzungsstärke (jawoll, das will ich jetzt) die gesteckten Ziele zu erreichen. Hierfür ist es oft notwendig, kurzfristige Wünsche dem längerfristigen Ziel unterzuordnen (nein, heute geht es nicht ins Kino, es ist wichtig, das Referat vorzubereiten) und einen Belohnungsaufschub in Kauf zu nehmen.

Die Selbstregulation umfasst zudem die Emotionsregulation, um impulsives Verhalten zu kontrollieren (nein, ich gehe jetzt nicht auf die Palme), Versuchungen zu widerstehen (nein, die Schokolade gibt's erst heute Abend und nicht jetzt), Emotionen zu regulieren (nein, ich werde mich darüber nicht aufregen) und sich selbst zu motivieren (hopp, jetzt nur noch das erledigen und dann ist es geschafft!).

Fehlt es an dieser Selbstregulation, kann sich das auf unterschiedliche Weise im Alltag bemerkbar machen:

- impulsives Verhalten: fehlt es an Selbstregulation, lassen sich Impulse nicht mehr gut kontrollieren und „einfangen", was zu unüberlegten Entscheidungen führt, aber auch dazu, dass Menschen ihren Emotionen wie Wut freien Lauf lassen
- emotionale Instabilität: ohne ein gewisses Maß an Selbstregulation lassen sich Gefühle nicht angemessen regulieren, das führt schnell zu einem Überschwang an Gefühlen, der für Außenstehende oft nicht nachvollziehbar ist
- Aufmerksamkeits- und Konzentrationsprobleme: wer sich nicht gut selbst regulieren kann, dem fällt es schwer, sich zu fokussieren und seine Aufmerksamkeit und Konzentration auch dann aufrechtzuerhalten, wenn es kein für ihn spannendes Thema ist
- längerfristige Ziele erreichen: längerfristige Ziele zu erreichen ist mühsam, man mag zwar mit viel Begeisterung anfangen, aber sobald es zäh wird, steigt man aus – auch dies ist oft auf einen Mangel an Selbstregulation zurückzuführen

Wie bei vielen anderen Dingen im Leben ist es auch bei der Selbstregulation möglich, sich selbst durch verschiedene Strategien oder Übungen zu verbessern. Je nach individuellen Gegebenheiten könnte helfen, sich Situationen mit mangelnder Selbstkontrolle bewusst zu machen und Gegenstrategien für ähnliche Situationen zu entwickeln, generell ist auch hilfreich, Entspannungstechniken einzuüben. Mehr zu diesem Thema ist auch im fünften Teil bei den Coping-Strategien zu finden.

Resilienz

Resilienz bezieht sich auf die Fähigkeit einer Person, mit Herausforderungen, Stress und Konflikten umzugehen und auch größere Krisen oder Rückschläge gut zu bewältigen. Es geht um die psychische Widerstandsfähigkeit und darum, trotz schwieriger Umstände das eigene emotionale und soziale Wohlbefinden aufrechtzuerhalten und sich weiterzuentwickeln. Das Gegenteil von Resilienz ist Verwundbarkeit, auch Vulnerabilität genannt.

Resilienz ist keine angeborene Eigenschaft, sondern kann durch bestimmte Faktoren entwickelt und gestärkt werden: Die Basis ist die Selbstfürsorge mit einer gesunden Lebensweise (mit guter Ernährung, Bewegung und ausreichend Schlaf), hinzu kommt das Entwickeln einer positiven Denkweise und der eigenen Flexibilität und Problemlösungsfähigkeiten (zum Beispiel eine Herausforderung in kleine Schritte und realistische Ziele unterteilen). Wichtig ist auch ein gutes Maß an sozialer Unterstützung durch Familie und Freunde, aber auch verschiedene Übungen können helfen, die eigene Resilienz zu stärken.

Reframing

Reframing ist ein Konzept aus der Psychologie, das sich auf die Art und Weise bezieht, wie wir eine Situation oder ein Problem betrachten. Oftmals relativiert sich etwas, was zunächst als Problem wahrgenommen wird, wenn es gelingt, eine neue Perspektive einzunehmen und letzten Endes die Bedeutung einer Situation neu zu interpretieren, in positiver und konstruktiver Weise. Statt eine Situation als negativ oder belastend zu betrachten, versucht man, sie aus einem anderen und lösungsorientierteren Blickwinkel zu sehen.

Als ein Beispiel: Wer einen neuen Vorgesetzten vor die Nase gesetzt bekommt, mit dem die Zusammenarbeit zur Belastung oder zur Qual wird, kann darüber resignieren und versuchen, diese Belastung zu ertragen – das geht dann so lange, bis die Nerven und die Gesundheit ruiniert sind. Oder aber man gibt dieser ungewünschten Veränderung die Interpretation als ein „Angeschubstwerden", sich endlich einmal beruflich zu verändern und sich jetzt einen anderen Arbeitsplatz zu suchen, der womöglich sogar bessere Chancen bietet.

Ähnlich kann ein Reframing bei einer ADHS-Diagnose helfen: Es muss ja nicht negativ sein, diese Diagnose zu erhalten, man kann darin ja auch eine Chance sehen, sich genauer zu informieren, neue Erkenntnisse über sich zu gewinnen und an den neuen Aufgaben zu wachsen (um am Ende ein wenig weiser und klüger geworden zu sein).

Die falschen Mythen über Bord werfen!

ADHS war jahrzehntelang nur in Fachkreisen diskutiert worden. Ab den 1990er Jahren wurde jedoch immer häufiger über zappelige und hyperaktive Schüler berichtet. Anfangs ist ADHS als „Modekrankheit" abgetan worden; häufig wurde behauptet, das hätte es doch vorher nicht gegeben, daher müsse das doch erfunden sein. So kam es, dass verschiedene Mythen entstanden sind, die sich leider heute noch im Umlauf befinden.

Lassen Sie uns einmal auf die Mythen schauen und was angesichts der aktuell bekannten Fakten falsch bzw. richtig ist.

Mythos 1: ADHS bei Kindern „wächst sich aus"

Es wird behauptet:

> „ADHS betrifft doch nur wenige Kinder und es wächst sich mit der Pubertät aus."

Das ist falsch:

ADHS wird inzwischen sehr viel häufiger diagnostiziert, auch weil man in der Zwischenzeit viel besser erforscht hat, welche Symptome insgesamt zu beobachten sind. Je nach Studie und je nach Land kann man davon ausgehen, dass zwischen 3 und 7 Prozent der Kinder die Diagnose ADHS haben, vielleicht sind es sogar mehr, weil nicht hyperaktive Kinder gar nicht so auffallen. Bei vielen scheinen die ADHS-Symptome tatsächlich nach der

Pubertät zu verschwinden, aber inzwischen beobachtet man, dass es auch bei vielen Erwachsenen noch vorhanden ist – nur dass diese nicht mehr wild über Tische und Stühle springen, sondern deren Impulsivität oder Hyperaktivität zeigt sich dann eben auf andere Weise. Bei vielen Menschen mit ADHS bleibt das ADHS das ganze Leben lang erhalten, allerdings haben die meisten bestimmte Strategien entwickelt, so dass ihr ADHS „im Normalbetrieb" gar nicht weiter auffällt.

Mythos 2: ADHS lässt sich nicht sicher diagnostizieren

Es wird behauptet:

> „ADHS lässt sich doch gar nicht richtig diagnostizieren, es gibt gar keine richtigen Tests dafür."

Das ist nicht richtig:
Auch wenn ADHS nicht über einen Blut- oder Urintest bestimmt werden kann, auch wenn ADHS auf keinem Ultraschall- oder Röntgenbild zu sehen ist, so hat die Wissenschaft in den letzten Jahren eine Reihe anderer Methoden für eine sichere Diagnose entwickelt – angefangen von einem ausführlichen Patientengespräch bis hin zu verschiedenen Testverfahren.

Mythos 3: Die Pharmaindustrie steckt hinter ADHS

Es wird behauptet:

> „ADHS ist doch nur eine Erfindung der Pharmaindustrie, um Medikamente zu verkaufen und Gewinne zu machen."

Das ist falsch:
Natürlich haben pharmazeutische Unternehmen bestimmte Präparate entwickelt, die ADHS-Betroffenen helfen, Aufmerksamkeit und Konzentration besser zu steuern oder zu halten. Aber unabhängig davon reichen Berichte über ADHS-Symptome weit in die Vergangenheit zurück. Bereits vor rund 200 Jahren haben Ärzte über zappelige oder verträumte Kinder berichtet, das war lange, bevor es die Pharmaindustrie gab.

Mythos 4: Die Medikamente schaden

Dass Medikamente schaden, dazu gibt es unterschiedliche Behauptungen wie zum Beispiel:

> „Die Medikamente schaden, sie können süchtig machen" … oder
>
> „Die Medikamente können lediglich ruhigstellen, das ist doch keine richtige Therapie" …oder
>
> „Bei einer Psychotherapie stehen die Medikamente einem Erfolg im Weg."

Generell ist das so nicht richtig:

Theoretisch könnten manche Substanzen (wie z. B. Methylphenidat) süchtig machen. Aber in der Praxis werden die Medikamente in der geringstmöglichen Dosis verordnet, so dass das Medikament unterhalb der Schwelle zu einer Sucht bleibt.

Auch das mit dem Ruhigstellen scheint nur so zu sein. Sofern die Dosierung des Medikaments dem Patienten gut angepasst ist, kann ein vorher impulsiver Mensch seinen Bewegungs- oder Rededrang besser kontrollieren. Er mag zwar ruhiger wirken, aber er ist nicht „ruhiggestellt", sondern der Stoffwechsel im Gehirn ist ausgeglichener als vorher.

Schließlich ist auch die Behauptung, die Medikamentengabe verhindere eine Psychotherapie, nicht richtig. Im Gegenteil: Mit der optimalen Dosierung des Medikaments werden Patienten fokussierter, können besser zuhören, können das Gehörte besser im Gedächtnis behalten und verarbeiten, so dass die Medikamente häufig den Lernprozess in einer Therapie unterstützen und damit zum Erfolg verhelfen.

Mythos 5: Menschen mit ADHS sollten nicht mit Medikamenten anfangen, weil die Einnahme ein Leben lang nötig ist.

Es wird behauptet:

> „Wenn man einmal mit den Medikamenten anfängt, muss man diese ein Leben lang einnehmen"

Diese Aussage ist so pauschal nicht richtig:
Wie oft oder lange jemand mit ADHS die Medikamente einnimmt, hängt ab von den individuellen Gegebenheiten. Da ADHS eine komplexe und von vielen Faktoren beeinflusste neurologische Besonderheit ist, gibt es keine Einheitslösung für alle. Entsprechend hängt die Medikamenteneinnahme davon ab, wie schwer die Symptome das Leben beeinträchtigen.

Oftmals hilft es, die Medikamente nur am Anfang zu nehmen und mit Hilfe von Verhaltens- oder Ergotherapie den Lebensstil soweit anzupassen, dass die Medikamente nicht mehr täglich benötigt werden. Es gibt genug Beispiele von Menschen mit ADHS, die in der Zeit, während sie ihre Medikamente genommen haben, die stärkere Konzentration und Aufmerksamkeit genutzt haben, um eigene neue Coping-Strategien zu entwickeln. Wenn diese neuen Verhaltensmuster zur Routine geworden sind, braucht es das Medikament vielleicht gar nicht mehr im Alltag, sondern nur noch an besonderen Tagen, beispielsweise zu einem wichtigen Termin im Beruf oder Privatleben.

Mythos 6: Falsche Ernährung verursacht ADHS

Es wird behauptet:

> „ADHS kommt durch Zucker/durch Süßstoffe/durch Phosphate bzw. durch andere Inhaltsstoffe" und man müsse nur die Ernährung ändern, schon sei das Problem gelöst
> Andere Behauptungen gehen davon aus, dass nicht das Zuviel eines Nährstoffs, sondern das Zuwenig anderer Stoffe (wie zum Beispiel Omega-Fettsäuren, Eisen, Magnesium o.ä.) die ADHS-Störung hervorrufe

Diese Behauptungen sind so nicht richtig:
Es gab bereits zahlreiche Studien zur Frage, ob ein Zuviel oder ein Zuwenig von bestimmten Nährstoffen, Nahrungsmitteln oder Nahrungsmittelzusätzen für eine ADHS-Störung verantwortlich sein könnte. Es mag sein, dass in manchen Studien einige Probanden zu viel oder zu wenig von einem Nährstoff im Blut hatten, aber bislang konnte ein solcher Zusammen-

hang zwischen Nährstoffzufuhr und ADHS-Symptomatik in keiner Studie wirklich eindeutig nachgewiesen werden. Es mag sein, dass es Menschen gibt, deren ADHS-Symptomatik sich verbessert durch eine bestimmte Ernährung oder durch bestimmte Nahrungsmittelzusätze – aber diese individuellen Erfahrungswerte lassen sich nicht verallgemeinern, daher sollte man eher vorsichtig sein bei solchen Heilsversprechen.

Mythos 7: Der unkontrollierte Medienkonsum verursacht ADHS

Es wird behauptet:

> „ADHS entsteht durch zu viel Videos, zu viel Computerspiele, zu viel Social Media", also quasi durch eine völlig unkontrollierte Nutzung moderner Medien

Das ist so pauschal nicht richtig:
Eine übermäßige Mediennutzung verursacht kein ADHS, es kann allerdings bereits vorhandene ADHS-Symptome verstärken. Auffallend ist, dass auch ohne einen ursächlichen Zusammenhang viele Menschen mit Mediensucht gleichzeitig ADHS haben. Insofern ist eine übermäßige Nutzung moderner Medien sicherlich nicht völlig harmlos und wer ADHS hat, sollte sich in dieser Hinsicht vorsichtig verhalten und lernen, sich in puncto Mediennutzung besser zu kontrollieren.

Mythos 8: ADHS kommt durch unsere Leistungsgesellschaft

Es wird behauptet:

> „ADHS kommt durch den Stress unserer modernen Leistungsgesellschaft"
> oder auch: „ADHS ist nur eine Erfindung der modernen Leistungsgesellschaft"

Das ist so nicht richtig:
Es mag sein, dass beruflicher oder privater Stress (wie zum Beispiel in Familien mit einem ADHS-Kind) bereits veranlagte oder vorhandene ADHS-

Symptome verstärken kann, aber Stress ist nicht die Ursache für ADHS. Ähnlich falsch ist die Darstellung, ADHS würde als Etikett denjenigen aufgeklebt, die dem Stress im Berufsleben bzw. dem Druck der Leistungsgesellschaft nicht gewachsen wären. Damit wird die Ursache verschoben auf die Gesellschaft, die für eine erfolgreiche berufliche Entwicklung zwar einiges an Leistung abverlangt. Aber Stress und die moderne Leistungsgesellschaft sind nicht die Ursache dafür, dass es Menschen mit ADHS gibt. Möglicherweise können die Anforderungen eines stressigen Berufs oder Alltags vorhandene ADHS-Symptome verstärken, aber sie sind nicht die Ursache für ADHS.

Mythos 9: Hinter ADHS stecken ganz andere psychische Probleme

Es wird behauptet:

> „Wer meint ADHS zu haben, der hat in Wirklichkeit eine ganz andere Störung"

Das ist so pauschal nicht richtig:
Zwar gibt es einige Menschen mit ADHS, die noch andere psychische Probleme wie zum Beispiel Depressionen oder Angststörungen haben. Hier spricht man von Komorbidität oder komorbiden Diagnosen. Aber das bedeutet ja nicht, dass dies die Diagnose ADHS aufhebt. ADHS ist auch vorhanden, wenn weitere Diagnosen hinzukommen. Teilweise können sich mehrere Störungen auch überlagern oder wechselseitig verstärken. Umgekehrt gibt es auch genug Beispiele von Menschen, die nur ADHS haben – ohne eine weitere Erkrankung.

Mythos 10: ADHS soll falsches Verhalten oder mangelnde Disziplin erklären

Es wird behauptet:

> „ADHS kommt davon, dass Kinder falsch oder schlecht erzogen werden, weil die Eltern nicht mehr streng genug sind" oder auch in folgender Variante:

> „Erwachsene mit ADHS verstecken hinter dieser Diagnose doch nur
> ihre mangelnde Selbstdisziplin"

Das ist völlig falsch:
Natürlich sind nicht alle Eltern perfekt, vor allem gestressten Eltern passieren häufig auch Erziehungsfehler. Dennoch ist ADHS kein Erziehungs- bzw. kein Selbstdisziplinierungsproblem im Erwachsenenalter.

Kinder mit einer nicht behandelten ADHS zeichnen sich dadurch aus, dass sie oft zu impulsiv sind und in der Schule oft Schwierigkeiten haben – obwohl sie eigentlich gut erzogen sind. Das impulsive, manchmal auch provokativ wirkende Verhalten kann sich bis ins Erwachsenenalter fortsetzen. Erwachsene mit ADHS agieren oft zu spontan oder sehr sprunghaft, sie verfolgen ein Ziel, aber sie verfolgen es nicht bis zu Ende, weil ein neuer Impuls dazwischen kommt.

Bei vielen Betroffenen ist es durchaus so, dass man sich um eine Selbstdisziplin bemüht, aber ganz schnell irgendetwas in die Quere kommt. Man versucht sich zu konzentrieren, zu strukturieren, zu steuern, aber es gelingt nicht richtig. Hier zu unterstellen, man strenge sich halt nicht genug an, zeigt nur eines: Dass derjenige, der so etwas unterstellt, sich nicht gründlich genug über ADHS informiert hat.

Mythos 11: Die Diagnose ADHS stigmatisiert

Es wird behauptet:

> „ADHS zu diagnostizieren ist leichtfertig, denn es führt zu einer
> Stigmatisierung der Betroffenen, sie fühlen sich nach dieser
> Diagnose schlecht"

Das ist meist völlig falsch:
Häufig haben sich die Betroffenen lange Zeit damit geplagt, aufgrund ihrer ADHS im Alltag immer wieder mit Schwierigkeiten konfrontiert gewesen zu sein. Einige Betroffene haben fast eine Odyssee hinter sich, bis sie einen Arzt gefunden haben, der die richtige Diagnose gestellt hat. Die Diagnose wird auch nicht leichtfertig gestellt, sondern es gehen Gespräche voraus

und genauere Tests oder Untersuchungen. Und wenn am Ende feststeht, dass es tatsächlich ADHS ist, dann fühlt es sich für viele Betroffene wie eine Befreiung an: Denn endlich weiß man, was mit einem los ist, endlich weiß man, in welche Richtung man weiter schauen muss, um die passende Behandlung zu bekommen und die Schwierigkeiten im Alltag besser bewältigen zu können!

Mythos 12: Menschen mit ADHS sind für viele Berufe ungeeignet.

Es wird behauptet:

> „Menschen mit Konzentrationsstörung sind nicht fit genug für das Arbeitsleben"

Das ist falsch:

Man sollte die Aussage stattdessen anders formulieren: Berufe mit sehr monotonen Abläufen und Tätigkeiten sind für Menschen mit ADHS eine echte Herausforderung, aber mit einer guten Therapie können Betroffene fast jeden Beruf ausüben. Was aber viel entscheidender ist: Zwar kann ADHS bei monotonen Abläufen die Aufmerksamkeit beeinträchtigen, aber in abwechslungsreichen Berufen können Menschen mit ADHS ihre besonderen Fähigkeiten und Ressourcen – wie Begeisterungsfähigkeit, Kreativität, Beharrlichkeit – einbringen und „zur Blüte bringen".

Die Geschichte hinter ADHS

Das Buch des Arztes Heinrich Hoffmann mit den Struwwelpeter-Geschichten aus dem Jahr 1844 ist das beste Beispiel dafür, dass ADHS eben keine Erfindung der modernen Pharmaindustrie ist, sondern dass es solche Störungen schon im vorletzten Jahrhundert gegeben hat.

Das klassische Beispiel für ein hyperaktives Kind ist der Zappelphilipp, der überhaupt nicht stillsitzen kann. Das klassische Beispiel für ein verträumtes Kind ist der Hans-Guck-in-die-Luft, der nicht auf den Weg achtet und am Ende ins Wasser fällt. Und dann gibt es noch den bitterbösen Friederich und das unartige, mit Streichhölzern zündelnde Paulinchen, die jeweils ein Musterbeispiel für problematisches Sozialverhalten bilden.

Weniger bekannt als die Beispiele im Struwwelpeter sind die Berichte von Ärzten über überaktive, unaufmerksame sowie kaum kontrollierbare Kinder und auch Erwachsene, die es zuvor schon gegeben hat. Bereits 1775 berichtet Melchior Adam Weikard in seinem Werk „Der Philosophische Arzt" über Zeitgenossen, die nur oberflächlich und ungeduldig zuhören und sich nur an die Hälfte des Gesagten erinnern können. Ihr Wissen beschränke sich auf „ein wenig von allem, aber nichts vom Ganzen". Arbeiten werden zwar angefangen, aber aufgrund mangelnden Durchhaltevermögens nicht zu Ende gebracht.

Im 18. und 19. Jahrhundert

Der schottische Arzt Sir Alexander Crichton, der auch viel durch Europa gereist ist, beschreibt 1798 in seinem Standardwerk zur Physiologie und Pathologie des menschlichen Geistes über Aufmerksamkeitsprobleme, Ablenkbarkeit sowie mangelnde Impulskontrolle. Interessanterweise beschreibt er sowohl Symptome, die der ADHS ähneln, als auch Symptome, die dem Syndrom des kognitiven Rückzugs CDS sehr ähnlich sind.

1890 berichtet der US-amerikanische Psychologe William James in seinem Werk „The Principals of Psychology" über Menschen, die ihre Impulse nicht kontrollieren können. Aus seiner Beobachtung war dies häufig verknüpft mit einem Mangel an Nachdenken und dem fehlenden Beachten von Konsequenzen. Andererseits sah er nicht nur nachteilige Wesenszüge, sondern auch Vorteile: So bescheinigte er den betroffenen Menschen ein schnelles Reaktionsvermögen und Schlagfertigkeit, zudem war seine These, revolutionäre historische Figuren hätten eine solche Impulsivität gehabt.

Im 20. Jahrhundert

Nur wenige Jahre später, im Jahr 1902, beschrieb der englische Kinderarzt Sir George Frederick Still die Probleme von Kindern, die normal intelligent waren, aber dennoch schulische Probleme hatten aufgrund mangelnder Aufmerksamkeit und Selbstregulation. Der Kinderarzt Charles Bradley entdeckte 1937 einen Wirkstoff (nämlich Benzedrin), der verhaltensauffälligen Kindern in der Kinderklinik half, sich auf den Lernstoff zu konzentrieren.

Zu dieser Zeit wurde auch der Begriff „hyperkinetische Impulsstörung" geprägt, der später in „hyperkinetisches Syndrom" umbenannt wurde. Erst nochmals später wurde deutlicher, dass es nicht allein um Hyperaktivität und Impulskontrolle geht, sondern auch um Aufmerksamkeit. Daher wurde in den 1980er Jahren die Bezeichnung als eine Aufmerksamkeitsdefizitstörung eingeführt.

Teil II:

Woher kommt ADHS überhaupt und was passiert hier im Gehirn?

„Sich mehr anzustrengen hilft zwar bei fast allem, aber jemandem mit ADHS zu sagen, er solle sich mehr anstrengen, ist genauso wenig hilfreich wie jemandem, der kurzsichtig ist, zu sagen, er solle die Augen stärker zusammenkneifen. Das geht am wesentlichen biologischen Aspekt vorbei."
Edward Hallowell, ADHS-Psychiater

Teil II: Woher kommt ADHS überhaupt und was passiert hier im Gehirn?

Wie das Gehirn so tickt

Nun ist schon viel zu ADHS erzählt worden, aber jetzt wird es Zeit, sich mit dem Kern der Sache zu beschäftigen, nämlich mit dieser Denk- und Steuerzentrale, die letzten Endes über Wohl und Wehe bestimmt: unser Gehirn. Wie „arbeitet" eigentlich unser Gehirn und warum hat ADHS auf diese Arbeit eine so störende Wirkung?

Das Gehirn ist bekanntlich das zentrale Steuerungsorgan unseres Körpers. Es besteht aus Milliarden von Nervenzellen, den Neuronen. Diese Neuronen sind über Synapsen miteinander verbunden, wo elektrische Signale von einem Neuron zum anderen übertragen werden.

Diese elektrischen Signale werden durch Ionenkanäle und chemische Botenstoffe, sogenannte Neurotransmitter, kontrolliert. Diese Ionenkanäle kann man sich vorstellen als winzige Türen in der Außenhülle von Nervenzellen. Bestimmte geladene Teilchen, sogenannte Ionen können hier durchschlüpfen und die Signale übermitteln. Diese bewegen sich entlang der Nervenzelle und lösen am Ende der Zelle die Freisetzung der Neurotransmitter-Botenstoffe aus.

Dieses Zusammenspiel der verschiedenen Elemente sorgt dafür, dass Reize von außen (man hört, sieht, fühlt etwas) oder Reize von innen (ein Gedanke kommt einem in den Kopf) zwar alle erfasst werden (Reizoffenheit), aber gleichzeitig auch gefiltert werden in wichtig oder unwichtig (Reizfilter). Menschen mit ADHS sind auf der einen Seite ungewöhnlich offen für Reize, aber schaffen es auf der anderen Seite nicht, die Reize auch richtig zu sortieren in wichtig oder unwichtig. Das Problem liegt also in einer Reizfilterschwäche und die Forschung sieht hier einen Zusammenhang mit der Verarbeitung der Neurotransmitter im Frontalhirn und im so genannten Striatum, das sich an der Hirnbasis befindet.

Mehr über diese Neurotransmitter

Neurotransmitter sind chemische Botenstoffe. Sie ermöglichen die Kommunikation zwischen den Nervenzellen und sind entscheidend für die Steuerung von Stimmungen und Emotionen, von Lernen, Gedächtnis und Verhalten. Es gibt mehrere Dutzend verschiedene Neurotransmitter im ganzen Körper, aber für ADHS spielen vor allem drei von ihnen eine wichtige Rolle im Gehirn: Dopamin, Noradrenalin und gelegentlich auch Serotonin. Diese Neurotransmitter sind an der Regulation der Aufmerksamkeit, Impulskontrolle, Motivation und Belohnungsverarbeitung beteiligt.

Vor allem Dopamin wird für eine Vielzahl von lebensnotwendigen Steuerungs- und Regelungsvorgängen benötigt. Im neurologischen System ist es wichtig für die Regelung von Bewegung, Motivation, Belohnung und Aufmerksamkeit. Eine mangelhafte Dopaminaktivität im Gehirn kann zu typischen ADHS-Symptomen wie Unaufmerksamkeit, Impulsivität und Hyperaktivität führen, wir werden unkonzentriert, unausgeglichen und manchmal verlieren wir Motivation und Antrieb. Um diesen Mangel auszugleichen, sucht unser Gehirn nach Stimulation von außen – Dopamin ist nämlich gleichzeitig auch eng verknüpft mit der Sucht nach Nikotin oder anderen anregenden Substanzen.

Dopamin

Noradrenalin wirkt ebenfalls an verschiedenen Stellen des Körper, es beeinflusst unter anderem die Herzfrequenz, Blutdruck und Blutzucker-spiegel. Im Gehirn regelt es unter anderem Stimmung, Aufmerksamkeit, Gedächtnis und den Schlaf. Ein Zuviel an Noradrenalin kann zu impulsiven Fluchtreflexen oder Panik sowie zu Hyperaktivität führen.

Noradrenalin

Serotonin ist vor allem für die Regulation von Stimmung, Emotionen und den Schlaf-Wach-Rhythmus wichtig. Obwohl Serotonin nicht so stark mit ADHS in Verbindung gebracht wird wie Dopamin und Noradrenalin, können Veränderungen im Serotoninspiegel auch Auswirkungen auf die Stimmung und das Verhalten bei Menschen mit ADHS haben. Serotonin spielt eine wichtige Rolle für die Stimmung, den Appetit, den Schlaf, die motorischen Fähigkeiten und es reguliert Angst- und Glücksgefühle: So kann es Sorgen und Aggressivität dämpfen und für ein Gefühl der Gelassenheit, inneren Ruhe und Zufriedenheit sorgen.

Das Zusammenspiel der einzelnen Neurotransmitter auf der neurobiologischen Ebene ist höchst komplex und noch nicht vollständig erforscht. Bislang ist jedoch durchaus deutlich geworden, dass sich ADHS-Symptome durch diese Neurotransmitter positiv beeinflussen lassen – je ausgeglichener der Neurotransmitterhaushalt, desto besser ist unser Gehirn „getaktet" und desto ausgeglichener dürfte auch unser Wohlbefinden sein.

Was unser Gehirn für die Menschheit geleistet hat

Die vielen Milliarden Zellen mit den Synapsen, elektrischen Impulsen, Neurotransmittern sowie weiteren neurobiologischen Elementen machen aus dem menschlichen Gehirn ein Wunderwerk der Natur. Hier passt auch das Zitat eines antiken Philosophen (es war übrigens Aristoteles), der einmal sagte „Das Ganze ist mehr als die Summe seiner Teile".

Bei dem menschlichen Gehirn haben sich die einzelnen biologischen Teile zu einem komplexen Gebilde zusammengefügt, das es der Menschheit ermöglicht hat, ganz neue (Denk)Welten zu erschaffen: Am Anfang stand die Entwicklung der Sprache für den Austausch untereinander, dann entdeckte der Mensch, wie man Feuer einsetzen kann, das Rad wurde entwickelt, um Lasten zu transportieren. Ackerbau und Viehzucht waren ebenso wichtige Meilensteine wie die Entwicklung von Werkzeugen und später hochkomplexen modernen technischen Geräten.

Die Krönung der menschlichen Geistesgeschichte ist sicherlich die Entwicklung abstrakter Gedanken wie sie in der Mathematik oder der Philosophie zu finden sind oder auch bei einem Staatsgebilde mitsamt Recht und Finanzen. Es ist wirklich als ein Wunder zu betrachten, wenn man sich vor

Augen führt, dass dies alles im Lauf der Jahrtausende entstanden ist, allein durch ein Netzwerk von Zellen und weiteren Elementen.

Die eigenen Anforderungen und Aktivitäten bewältigen

Genug vom Abschweifen in die Geistes- und Entwicklungsgeschichte der Menschheit und zurück zu den alltäglichen Angelegenheiten und Arbeitsprozessen. Im alltäglichen Leben nutzen wir unser Gehirn für unterschiedliche Aufgabenbereiche:

- Ziele setzen oder Aufgaben planen: oftmals haben wir jedoch nicht nur ein Ziel oder eine Aufgabe, sondern gleich eine Vielzahl zu bewältigen, daher ist wichtig zu unterscheiden, was wichtig und eilig ist und diese Aufgaben zu priorisieren – zur Planung gehört natürlich dazu, eine zumindest grobe Zeitdauer definieren zu können und diese in der Planung zu berücksichtigen.

- Um diese Aufgaben nach und nach abzuarbeiten, braucht es ein Mindestmaß an Aufmerksamkeit, am besten über die ganze Zeitdauer der jeweiligen Aufgabe – und sollten Reize von innen oder außen diese Aufmerksamkeit beeinträchtigen, dann ist es wichtig, sich selbst zu regulieren und die Aufmerksamkeit wieder auf die eigentliche Aufgabe zurückzulenken.

- Informationen, die für die einzelnen Arbeitsschritte zu verarbeiten sind, müssen lang genug im Arbeitsgedächtnis verfügbar sein, um nicht x-mal nachgeschlagen zu werden – gleichzeitig müssen wir aber auch im Arbeitsgedächtnis noch an Termine oder andere Erledigungen denken, für die wir die aktuelle Arbeitsphase möglicherweise unterbrechen müssen.

- Wenn Dinge nicht so laufen wie geplant oder wenn es sehr stressig wird, würde man am liebsten aus einem Impuls jemanden anschreien oder die Kaffeetasse an die Wand werfen – hier ist dann die Selbstregulation besonders wichtig, um genau das nicht zu tun, stattdessen braucht es hier Gelassenheit und die Flexibilität, um eine Lösung für das Problem zu finden.

Mit den exekutiven Funktionen erledigen wir unsere Aufgaben – oder auch nicht

Diese komplexen Prozesse werden gesteuert von den exekutiven Funktionen (EF) oder Ausführungsfunktionen. Diese Selbststeuerungsprozesse bestimmen die Art und Weise, wie wir an unsere Aufgaben herangehen und wie wir mit Herausforderungen dabei umgehen.

- Planung und Organisation: Diese Fähigkeit beinhaltet das Festlegen von Zielen, das Entwickeln von Strategien und die effektive Nutzung von Ressourcen, um diese Ziele zu erreichen.
- Arbeitsgedächtnis: Hierbei handelt es sich um die Fähigkeit, Informationen kurzfristig zu behalten und während der Durchführung von Aufgaben auf sie zurückzugreifen.
- Aufmerksamkeitskontrolle: Dies bedeutet, die eigene Aufmerksamkeit entsprechend den Anforderungen der Situation zu lenken, zu halten und gegebenenfalls zu ändern.
- Impulskontrolle: Hierbei geht es darum, impulsive Reaktionen zu unterdrücken und stattdessen erst zu überlegen und dann zu handeln.

Bei Menschen mit ADHS kommt es hier häufig zu einer Störung. Eine Aufgabe, die interessant ist und Spaß macht, wird oft genug hellwach und mit Feuereifer erledigt, mit einem Ergebnis das gut oder sogar sehr gut ist. Bei einer Aufgabe jedoch, die als uninteressant oder langweilig wahrgenommen wird, „zündet" kein Motivationsimpuls. Die Aufgabe wird entweder unaufmerksam und nur oberflächlich erledigt oder sogar abgebrochen. Das Ergebnis liegt dann irgendwo zwischen ausreichend bis ungenügend.

Vor diesem Hintergrund wird ADHS inzwischen als eine Störung der Selbstregulation gesehen, es bräuchte mehr inneren Anschub, um auch die langweiligeren Aufgaben gut zu bewältigen bzw. eine bessere Hemmungsfähigkeit, um die eigenen Impulse besser zu kontrollieren.

Gene oder Umfeld? Mögliche Ursachen der ADHS

Im letzten Abschnitt ging es um das, was im Gehirn passiert, nun stellt sich die Frage, was eigentlich die Ursache (oder in der Fachsprache: Ätiologie) für die Entstehung von ADHS ist. Nicht nur für Forscher, sondern auch für Betroffene und ihre Familien wäre natürlich interessant zu erfahren, was ADHS verursacht oder was es auslöst.

Verschiedene Ursachen in der Diskussion

Eine genaue Ursache für ADHS ist bis heute nicht eindeutig geklärt; darüber wird seit vielen Jahren rege und teilweise auch sehr kontrovers diskutiert. Weitgehend anerkannt ist die Erkenntnis, dass es wohl nicht eine einzelne Ursache gibt, sondern dass mehrere Faktoren zusammenkommen – man nennt das auch „multifaktoriell".

Dabei spielen sowohl genetische Faktoren oder die Veranlagung eine Rolle als auch günstige oder auch ungünstige Lebensumstände (das nennt man dann „biosoziale Faktoren"). Unter anderem handelt es sich dabei um folgende Faktoren:

Ungünstige Faktoren während Schwangerschaft und Geburt

Ungünstige Faktoren können bereits während der Schwangerschaft auf ein Kind einwirken. Alkohol und andere Drogen können das Risiko für eine spätere ADHS erhöhen. Steht die werdende Mutter während der Schwangerschaft stark unter Stress, kann sich das auf die Stressverarbeitung des Kindes im späteren Leben auswirken.

Auch Infektionen während der Schwangerschaft oder Komplikationen während bei der Geburt (wie zum Beispiel ein Sauerstoffmangel) zählen zu den Risikofaktoren für eine spätere ADHS. Allerdings sind diese Faktoren (wie auch weitere Faktoren) nur statistische Auffälligkeiten und keine klar nachweisbare Ursache: So gibt es auch Menschen mit ADHS, bei denen die Mutter eine drogen- und stressfreie Schwangerschaft ohne Komplikationen erlebt hat, und dennoch hat sich später ADHS entwickelt.

Ungünstige psychosoziale Bedingungen

Familien, in denen es an Aufmerksamkeit und Unterstützung mangelt oder in denen es viel Stress, Gewalt oder Missbrauch gibt, können das Risiko für ADHS bei Kindern erhöhen. Ebenso können große Veränderungen im Leben dazu beitragen wie beispielsweise die Geburt eines Geschwisterkinds und der Verlust des Einzelkindstatus, der Verlust eines Elternteils oder einer anderen wichtigen Bezugsperson oder auch häufige Umzüge.

Allerdings können ungünstige psychosoziale Bedingungen generell die psychische und soziale Entwicklung von Kindern beeinträchtigen, nicht nur bei ADHS. Vernachlässigung oder Erziehungsfehler führen nicht automatisch zu ADHS, jedoch können Kinder, die vernachlässigt werden oder Missbrauch erleben, ADHS-ähnliche Symptome zeigen. Diese Symptome könnten jedoch auch auf Bindungsstörungen oder auf posttraumatische Belastungsstörungen hinweisen, was dann wiederum zu einer falschen Diagnose führen würde. Insgesamt ist die Frage nach den psychosozialen Bedingungen eher schwierig zu beantworten.

Gute und stabile Bindungen können stärken

Umgekehrt können positive Bindungserfahrungen zwischen einem Kind und seiner wichtigsten Bezugsperson, oft die Mutter, für eine gute Entwicklung sorgen. Diese Bindung entsteht durch liebevolle und für das Kind möglichst vorhersehbare Interaktionen, was dem Gehirn des Kindes hilft, die eigenen Gefühle und Reaktionen besser zu steuern und wichtige soziale Fähigkeiten zu erlernen. Positive Bindungserfahrungen schützen das kindliche Gehirn vor den negativen Auswirkungen von Stress und stärken die Fähigkeit eines Kindes, sich an verschiedene Situationen anzupassen.

Weitere mögliche Faktoren

Es gibt statistische Auffälligkeiten zwischen Rauchen und ADHS, sei es, dass die Mutter während der Schwangerschaft geraucht hat, sei es, dass das Kind als Passivraucher aufgewachsen ist.

Jedoch gibt es auch hier keinen klaren Nachweis als Ursache, denn auch Kinder, die ohne Zigarettenrauch aufgewachsen sind, können ADHS entwickeln.

Häufig wird auch die Reizüberflutung in unserer modernen Medienwelt als eine Ursache oder ein Auslöser für ADHS diskutiert. Diese These ließ sich jedoch durch Studien nicht belegen. Zudem widerspricht dieser These die Tatsache, dass ADHS-Symptome bereits im 18. Jahrhundert beschrieben worden sind, als es noch keine moderne Medien gab.

Könnte es an den Genen liegen?

Studien mit Zwillingen, Familien und adoptierten Kindern zeigen, dass die Veranlagung für ADHS stark von genetischen Faktoren beeinflusst wird. Etwa 20 % bis 90 % der ADHS-Symptome lassen sich auf Gene oder eine genetische Veranlagung zurückführen. Wenn Eltern oder Geschwister eine ADHS haben, ist das Risiko für andere Familienmitglieder ebenfalls höher, ADHS zu entwickeln. Aktuell sind mehr als ein Dutzend Genvariationen bekannt, die möglicherweise eine Rolle spielen könnten.

Diese genetischen Unterschiede erklären jedoch nur einen kleinen Teil der Verhaltensunterschiede und erhöhen das Risiko für ADHS nur leicht. Es ist zu vermuten, dass nicht ein einzelnes Gen für ADHS verantwortlich ist, sondern stattdessen sowohl eine Kombination verschiedener Gene als auch Umweltfaktoren eine Rolle spielen. Selbst wenn zunächst keine Symptome vorhanden sind, kann eine genetische Veranlagung durch Umweltfaktoren beeinflusst werden und später noch zu ADHS führen.

Auf www.adhspedia.de finden sich sehr detaillierte fachliche Infos zur Genetik der ADHS. Wer sich von der Fachsprache nicht abschrecken lässt, kann einmal selbst über den aktuellen Stand der Dinge nachlesen: https://www.adhspedia.de/wiki/Genetik_der_ADHS

Wichtig festzuhalten ist, dass es vermutlich nicht die Gene allein sind. So kann ein positives soziales Umfeld eine mögliche negative Genkombination abmildern. Zudem ist die Frage, ab wann eine ungünstige Genkombination als Krankheit definiert wird und ob es nicht einfach als eine neurodiverse „genetische Normvariante" zu betrachten ist. Statt ADHS das falsche Etikett „Krankheit" aufzukleben, könnte man es einfach als eine Variante im breiten Spektrum der menschlichen Wahrnehmung betrachten.

Ein genetisches Erbe aus der Frühzeit der Menschheit?

Eine tröstliche These besagt, ADHS könne zurückzuführen sein auf eine Genkombination aus der Frühzeit der Menschheit. Betrachtet man die Entwicklung der Menschheit, so waren die ersten Menschen in der Savanne umherziehende Jäger und Sammler, erst viel später haben die Menschen angefangen, seßhaft zu werden und Ackerbau und Viehzucht zu betreiben.

Für die Jäger war es immer überlebenswichtig, schnell genug auf Reize zu reagieren, es könnte ja sein, dass ein Beutetier kommt und wer nicht schnell genug reagiert hat, dem ist das Essen buchstäblich davongelaufen. Daher hat sich bei den frühen Menschen eine Kombination von Genen gebildet, die ihn offen für Reize machen, die ihn ablenkbar machen, die ihn impulsiv reagieren lassen – denn innerhalb von Millisekunden musste der Jäger entscheiden, ob er das Tier jagt (weil es eine Beutetier wie ein Reh ist) oder ob er besser selbst davonrennt (weil es ein Raubtier wie ein Wolf oder ein Bär ist).

Die Fähigkeit, sich hochkonzentriert einem Beutetier zu nähern und auf dessen Verhalten blitzschnell zu reagieren, hat vermutlich zur Entwicklung flexibler Denk- und Handlungsweisen geführt: Wollte man das Beutetier in ein enges Tal treiben und es ist in letzter Sekunde vom gedachten Weg abgewichen, musste man blitzschnell eine Idee parat haben, wie man dieses Tier doch noch erwischen könnte. War die Jagd erfolgreich, durfte der Jäger erst einmal ausruhen und vor sich hin dösen oder träumen – aber dennoch musste er ablenkbar und in ständiger Alarmbereitschaft bleiben, denn es könnte ja sein, dass sich ein Raubtier heranschleicht und auch dann blitzschnell reagiert werden muss.

Viele Hunderttausend Jahre lebten die Menschen davon, Tiere zu jagen und Beeren zu sammeln, dabei zogen sie ständig umher. Vor weniger als fünfzehntausend Jahren erst fingen die Menschen an, richtig seßhaft zu werden, Getreide und später auch andere Feldfrüchte anzubauen und Tiere zu züchten. Bei diesen Tätigkeiten waren auf einmal andere Eigenschaften gefragt, es ging nicht mehr um blitzschnelles Reagieren, sondern eher um planvolles und schrittweises Handeln und längerfristig abwarten können.

Die Jäger-Bauern-Theorie

Es war der US-amerikanische Journalist und Autor Thomas „Thom" Hartmann, der 1997 seine Hypothese der „hunter / farmer", also der Jäger gegenüber den Bauern, als eine genetische Normvariante publizierte. Aus seiner Sicht sind Menschen mit ADHS die Nachkommen der Jäger, die nun in einer Welt leben, die von den Nachkommen der Bauern geprägt worden ist.

Für die Nachkommen der Jäger bedeutet es sehr viel Stress und sehr viel Energie, sich anzupassen an die heutigen gesellschaftlichen Anforderungen mit der Reizüberflutung der modernen Welt. Die heutige Welt macht es extrem anstrengend für reizoffene Menschen, sich auf relevante Aufgaben zu konzentrieren und dabei die Reize herauszufiltern, die durch blinkende Lichter, klingelnde Telefone, Verkehrslärm oder Hintergrundgespräche in einem Büro oder einem Restaurant auf sie einwirken.

Hartmann hat den verschiedenen Verhaltensauffälligkeiten der ADHS, die ja einen Mangel oder ein Defizit benennen, eine Umdeutung oder ein Reframing gegeben, die der defizitorientierten Sichtweise eine kompetenzorientierte Perspektive verleihen. Menschen mit ADHS …

- … sind ihm zufolge nicht unaufmerksam und leicht ablenkbar, sondern sie haben nur ihre Antennen zur Überwachung ihrer Umgebung anders ausgerichtet
- … sind in ihrer Impulsivität nicht chaotisch und treffen übereilte Entscheidungen, sondern sie sind flexibel und in der Lage, Strategien bei Bedarf schnell zu ändern
- … sind nicht unfreundlich oder unsozial, sondern sie sehen Dinge mit einer gewissen Ungezwungenheit oder Nonchalance
- … die Vorstellung, sie seien nicht teamfähig, stimmt so nicht, stattdessen liegen ihre Stärken darin, in wechselnden Projektteams mitzuarbeiten
- usw.

Statt Jäger und Bauern heute innovative Entwickler und Verwaltungsexperten?

Die Jägern-Bauern-Hypothese ist sehr charmant und lässt sich auch noch weiter ausbauen: Vielleicht haben sich mit der seßhaften Lebensweise neue Genkombinationen durchgesetzt. Die Arbeit auf dem Feld waren wenig abwechslungsreich, tagelang musste der Boden bearbeitet und die Saat vorbereitet werden, danach war tagelang das Unkraut zwischen den Feldfrüchten zu entfernen, ebenso monoton war die Tätigkeit bei der Ernte. Und die spätere Weiterverarbeitung des Getreides zu Brot (oder später auch Bier) wiederholte sich auf Dauer auch immer wieder.

Auch wenn sich die seßhafte Lebensweise durchgesetzt hat, so wurde der Jäger-Typus noch immer benötigt, denn die entstehenden Siedlungen und Städte mussten ja bewacht und durch Streitkräfte verteidigt werden. Einige Jäger-Nachkommen wurden vielleicht zu Abenteurern und Entdeckern: Statt zu jagen, spürten sie Phänomene in der Natur auf und wurden so zu Forschern und Erfindern, die innovative Dinge entwickelten. Vielleicht haben Menschen mit ADHS deshalb so viel Forschergeist und ein hohes Maß an Kreativität – vielleicht sogar mehr als die Menschen mit den Geduldig-den-Acker-jäten-Genen (wobei damit nicht gesagt werden soll, Landwirte hätten keine Innovationen hervorgebracht!).

Vielleicht sind die Nachkommen der Bauern (mit den eher geduldig und andauernd zu wiederholenden Tätigkeiten) heute eher in der Buchhaltung oder in der Verwaltung zu finden, während die Nachkommen der Jäger eher in Berufen zu finden sind, wo man viel unterwegs ist, wo man viel im Austausch ist, wo kreative Lösungen gefragt sind. Oder sie arbeiten zurückgezogen an neuen Entwicklungen, so wie in dem Klischee des zerstreuten Professors oder des introvertierten IT-Nerds, der im Labor oder versteckt hinter einem Bildschirm innovative Ideen ausarbeitet.

Wie auch immer: Wichtig ist, dass es dem Gehirn auch mit ADHS möglich ist, ein hohes Maß an Leistungsbereitschaft und Leistungsfähigkeit bereitzustellen, das denen der fleißigen Abarbeiter in den Verwaltungsberufen in nichts nachsteht.

Teil III:

Was bedeutet es, ADHS zu haben und wie zeigen sich die Symptome?

„Mit der Desorganisation, Prokrastination, Konzentrationsunfähigkeit und all den anderen negativen Erscheinungen, die mit ADHS einhergehen, kommen zugleich auch Kreativität und die Fähigkeit, Risiken einzugehen."
David Neeleman (erfolgreicher Gründer und Unternehmer)

Teil III: Was bedeutet es, ADHS zu haben und wie zeigen sich die Symptome?

Im letzten Teil haben wir uns bildlich gesprochen an das Thema ADHS herangepirscht und auch etwas von dem Drumherum geklärt. Nun geht es daran, das Phänomen noch genauer ins Visier zu nehmen: Welche Symptome und welche weiteren Auswirkungen bringt ADHS eigentlich mit sich?

Die wichtigsten Symptome oder Leitsymptome bei ADHS

Die Forschung ist sich mittlerweile einig, dass es insgesamt drei wichtige Leitsymptome gibt, nämlich Unaufmerksamkeit, Impulsivität und Hyperaktivität.

Diese Symptome sind in der Regel bereits im Kindesalter vorhanden, aber oftmals fällt ADHS nur auf, wenn die Kinder unaufmerksam und gleichzeitig hyperaktiv sind. Die Kinder, die nur unaufmerksam und verträumt sind, rutschen oft noch durch das Raster durch.

Während man lange Zeit dachte, die Unaufmerksamkeit und die Hyperaktivität wächst sich mit dem Erwachsenwerden aus, weiß man heute, dass es bei einem Teil der Erwachsenen immer noch da ist, nur in anderer Form. Die Fachwelt nennt das einen „Symptomshift". Während Kinder in ihrer Hyperaktivität ihre Umgebung nerven, zeigt sich die Hyperaktivität bei Erwachsenen oftmals darin, dass sie eher unauffällig mit einem Fuß wippen oder dass sie beispielsweise während einer Besprechung mit einem Kugelschreiber in den Händen herumspielen.

Auch in puncto Aufmerksamkeit haben Erwachsene es oft geschafft, ihre Schwäche gekonnt zu kompensieren, so dass es in vielen Fällen gar nicht so auffällt, wenn sie an einem Tag vielleicht etwas zerstreuter sind als an den anderen Tagen – wenn jedoch der Unterschied zwischen „höchster Leistung" und „kaum einer Leistung" deutlicher wahrnehmbar ist, wird es der Außenwelt früher oder später auffallen.

Unaufmerksamkeit bzw. Konzentrationsdefizit

Menschen mit mangelhafter Aufmerksamkeit und Konzentration fällt es in der Regel schwer, sich über einen längeren Zeitraum auf eine bestimmte Aufgabe oder Tätigkeit zu fokussieren – häufig schweifen sie dabei gedanklich ab oder lassen sich allzu leicht von anderen Reizen ablenken.

Diese Unaufmerksamkeit zeigt sich sowohl im eigenen Umfeld zu Hause als auch auf der Arbeit: bei Besprechungen wird oft nur mit halbem Ohr zugehört, in der Folge entstehen oft Flüchtigkeitsfehler.

Wer aufmerksam an einer Aufgabe arbeitet, wird immer wieder das eigene Handeln kontrollieren, indem man quasi einen Soll-Ist-Zustand abgleicht in der Art von: „So hätte ich es machen sollen, so habe ich es gemacht, also ist es richtig bzw. das muss ich nochmals überarbeiten."

Wer jedoch unaufmerksam an einer Aufgabe arbeitet, der wird diese innere Selbstkontrolle nicht gründlich genug durchführen. Die Aufgabe wird dann zu flüchtig, zu ungenau oder aber nicht vollständig erledigt, manchmal fehlt tatsächlich noch ein Zwischenschritt in der Abfolge der Teilaufgaben. Die für das Abarbeiten wichtige innere Orientierung stellt sich bei mangelnder Aufmerksamkeit oft nicht ein.

Ähnlich orientierungslos verhalten sich unaufmerksame Menschen mit wichtigen Dingen. Man legt Schlüssel, Handy, Geldbeutel oder auch einen Gegenstand, den man zum Arbeiten braucht, irgendwo hin, ohne diesem Ablageort die nötige Aufmerksamkeit zu schenken – und prompt hat das Arbeitsgedächtnis vergessen, wo der gesuchte Gegenstand nun liegt.

Aber auch Erledigungen oder Termine geraten schnell in Vergessenheit. Diese Vergesslichkeit resultiert häufig daraus, dass man mit Aufgabe A) zwar anfangen will, aber dann klingelt vielleicht das Telefon und man schreibt B) schnell noch die Mail mit einer wichtigen Info, dann fällt der

Blick auf den Kalender und dass C) übermorgen Geburtstag hat, also schnell noch eine Grußkarte vorbereiten, aber wo sind die nur? Also fängt man an zu suchen, plötzlich kommt der Gedanke, eine

Tasse Kaffee könnte helfen, also gerät die Suche nach der Grußkarte ebenso in den Hintergrund wie die Aufgabe A), die am Anfang stand und auch noch nicht erledigt ist.

Menschen mit ADHS sind Weltmeister im Verzetteln und damit auch im Vertrödeln: Noch bevor sie sich zusammensortiert haben, ist die Zeit schon fast vorüber, was auch die Schwierigkeit erklärt, pünktlich zu einem Termin einzutreffen. Manche sagen, Menschen mit ADHS wären „zeitblind" – ein passender Begriff. Viele entsprechen dem Klischee des zerstreuten Professors, der gerade an der Weltformel bastelt, aber gleichzeitig daran scheitert, zwei gleichfarbige Socken im Durcheinander zu finden. Gut, allzu oft ist es nicht die Weltformel, sondern es geht meist um viel alltäglichere Arbeiten.

Meist hat dieses Verpeiltsein in der Kindheit angefangen und bereits in der Schule zu großen Problemen geführt. Viele Erwachsene verlassen die Schule ganz ohne Abschluss oder mit einem niedrigen Abschluss, obwohl sie durchaus intelligent genug gewesen wären, einen guten Abschluss zu erreichen. Diejenigen, die das Abitur schaffen, scheitern zum Teil im Studium, weil sie dort zu unstrukturiert an Klausuren oder andere Arbeiten gehen. Und diese Schwierigkeiten setzen sich oft im Berufsleben fort – es sei denn, der Lebensweg hat sie in einen Job oder in eine Selbständigkeit geführt, in dem die Aufgaben sehr viel Spaß machen und in der sie ihre Aufmerksamkeitsschwäche durch viel Abwechslung oder durch hyperfokussiertes Arbeiten ausgleichen können.

Die Gegenseite zur Unaufmerksamkeit ist nämlich die ungewöhnliche große Fähigkeit zum Hyperfokussieren. Sobald es um Aufgaben oder Tätigkeiten geht, die sie spannend finden, für die sie sich brennend interessieren, die ihnen Spaß machen, können Menschen mit ADHS überdurchschnittlich lange hochkonzentriert arbeiten und dabei einen ganzen Berg von Arbeiten erledigen – aber diese Hochleistungsfähigkeit ist eben nicht konstant, sondern schwankt ganz stark je nach Art der Aufgabe. Es könnte sein, dass bei der nächsten Aufgabe, die als weniger spannend empfunden wird, wieder unnötige Flüchtigkeitsfehler entstehen. Für Vorgesetzte oder den Kollegenkreis, aber auch für Familienangehörige und den Freundeskreis ist dieses gegensätzliche Auf und Ab nicht immer nachvollziehbar.

Oftmals gelingt es Menschen mit ADHS, tagsüber im Beruf zu glänzen, aber diese Anpassung kostet sie enorm viel Anstrengung, so dass sie abends erschöpft und müde sind – und dann nachts im Schlaf doch nicht richtig abschalten können, weil das Gehirn noch irgendwelchen Gedanken nachhängt. Auf lange Sicht macht das ziemlich mürbe, sehr oft stellen sich somatische Störungen oder zusätzliche psychische Probleme ein.

Die Unaufmerksamkeit lässt sich in diesen Punkten zusammenfassen:

- nicht aufmerksam zuhören, vieles von dem, was gesagt wird, überhören und deshalb nur die Hälfte des Gesagten erfassen (in einer Gruppe oft noch stärker als bei einem einzelnen Gesprächspartner)
- häufiges gedankliches Abschweifen bei der Arbeit oder sich durch externe Reize ablenken lassen
- auch beim Reden fällt häufiges unstrukturiertes Abschweifen auf, man fängt unnötigerweise bei Adam und Eva an oder man kommt vom Hundertsten ins Tausendste
- unliebsame Arbeiten, zumal wenn diese ein Durchhaltevermögen erfordern, möglichst vermeiden oder vor sich herschieben (das betrifft beispielsweise auch das Lesen längerer Texte zu Themen, die einem nicht liegen)
- spannende Aufgaben mit Freude angehen – aber nicht immer gelingt es, diese ebenso zügig fertigzustellen
- bei der Arbeit passieren häufig Flüchtigkeitsfehler
- Schwierigkeiten, sich oder seinen Alltag zu organisieren
- Dinge verlieren bzw. Erledigungen oder Termine vergessen

Als ergänzender Hinweis: Menschen, die Schwierigkeiten haben mit Aufmerksamkeit und Konzentration, haben nicht automatisch auch ADHS. Solche Schwierigkeiten können vorübergehend auch auftauchen durch Übermüdung, Erschöpfung, Stress, Burn-out oder andere Erkrankungen. Falls solche Symptome längere Zeit bestehen, wäre es ratsam, das abklären zu lassen.

Hyperaktivität

Das Symptom der erhöhten motorischen Hyper- oder Überaktivität ist auch für Außenstehende oft deutlich wahrnehmbar: Im Kindesalter zeigt sich ein großer Bewegungsdrang, selbst im Sitzen wird gezappelt oder mit dem Stuhl gekippelt. Bei Erwachsenen hat sich dieses Verhalten abgemildert, sie haben gelernt, sich besser zu kontrollieren und so zeigt sich bei ihnen ein eher unauffälliges Wippen mit einem Fuß oder ihre Hände sind mit einem Gegenstand wie zum Beispiel einem Kugelschreiber oder (bei längeren Haaren) mit einer Haarsträhne beschäftigt. Oftmals sind sie aber auch in der Lage, ruhig dazusitzen.

Diese nach außen gezeigte Ruhe wird aber kontrastiert durch eine innere Unruhe: hier ist oft ein inneres Getriebensein spürbar, es fühlt sich an, als ob man ständig unter Strom stünde. Diese innere Anspannung führt dazu, dass man im Umgang mit anderen Menschen oft ungeduldig, ungehalten, unbeherrscht oder sogar aggressiv reagiert, wenn diese nicht schnell verstehen, was man meint, oder wenn diese nicht schnell genug eine Tätigkeit in Angriff nehmen, auf die man gerade wartet. In so einem Fall ergreift man die Aufgabe und erledigt es schnell selbst – besser selbst machen als lange abzuwarten, was einen zur Weißglut treiben kann.

Die Hyperaktivität versteckt sich häufig hinter einer nur innerlich spürbaren Unruhe oder Ungeduld!

Ein anderes Merkmal für die verlagerte Hyperaktivität ist ein oft ungezügelter Rededrang: Wer sich einmal warmgeredet hat, ist kaum noch zu bremsen, was oft zu Spannungen und Konflikten führen kann.

Die Hyperaktivität lässt sich in diesen Punkten zusammenfassen:

- körperlicher Bewegungsdrang, der sich im Sitzen beispielsweise durch wippende Füße oder durch die Beschäftigung der Hände mit einem Gegenstand zeigt
- innere Ruhelosigkeit, man kann überhaupt nicht entspannen und steht ständig unter Strom
- es fällt schwer, längere Zeit stillzusitzen oder in einer Warteschlange zu stehen
- beruflich und auch in der Freizeit ist man gern unterwegs

96

- ruhige Freizeitaktivitäten fallen eher schwer, passender sind Freizeitaktivitäten mit viel Abwechslung und Bewegung oder Sport
- sehr starker und auch vom Thema abschweifender Rededrang, der nur schwer zu unterbrechen ist

Wichtig zu wissen: Eine Hyperaktivität gehört zwar zu den deutlichsten Symptomen einer ADHS, aber es gibt sehr viele Menschen mit ADHS, die einen normalen Aktivitätsgrad haben oder die sogar in ihrem Aktivitätsgrad reduziert sind. Hier sprechen einige von einer Hypoaktivität, allerdings konnte sich der Begriff in der Fachwelt nicht durchsetzen.

Diese nicht-hyperaktiven Menschen erscheinen oftmals noch verträumter und abwesender, sie sind oft sehr schüchtern und introvertiert und neigen dazu, sich zurückzuziehen. Ihr Selbstwertgefühl ist oft noch geringer, wenn sie etwas erreichen oder Erfolge erzielen, führen sie es nicht auf ihr Können zurück, sondern auf äußere Umstände und glückliche Zufälle. Therapeuten berichten, dass diese Menschen oft sehr erschöpft sind und sich am Ende des Tages oft nicht mehr aufrappeln können, sich noch um ihren Haushalt oder andere Erledigungen zu kümmern. Sehr häufig entwickeln sich Depressionen oder Angststörungen in ihrem Leben. Hilfreich ist ein Umfeld, in dem sie sich gut aufgehoben und geliebt fühlen können, wichtig wäre aber auch, bei einem hohen Leidensdruck professionelle Hilfe zu suchen.

Impulsivität

Das Symptom der Impulsivität zeichnet sich aus durch spontanes und unüberlegtes Handeln, ohne an mögliche negative Folgen zu denken. Als Kind platzt man spontan mit einer Antwort heraus, noch bevor die Frage beendet ist, auch fällt es schwer beim Verteilen von etwas zu warten, bis man an der Reihe sind. Diese Tendenz zeigt sich ähnlich bei Erwachsenen: auch hier platzt man häufig störend in ein Gespräch hinein oder reißt das Gespräch ganz an sich, um exzessiv weiterzureden. Das kann möglicherweise auch auf ein schwaches Arbeitsgedächtnis zurückzuführen sein: Denn wenn das Gespräch zu lange fortgeführt wird, kann es sein, dass man vergessen hat, was man eigentlich sagen wollte, also sagt man es lieber noch schnell, bevor es vergessen wird.

Diese Art, andere zu unterbrechen, wirkt oft unpassend und störend. Hinzu kommt, dass man impulsiv auch Dinge sagt, über die man besser erst einmal nachgedacht hätte, *bevor* man sie sagt. Durch die impulsive Art wird man oft als zu ehrlich oder zu direkt wahrgenommen, eigentlich sollte man nach den Regeln eines höflichen und respektvollen Miteinanders erst denken und dann reden.

Durch die impulsiv geäußerten Aussagen tritt man ganz ohne Absicht schnell in ein Fettnäpfchen oder wird von anderen als taktloser, unkultivierter, ungehobelter oder sogar provokanter Mensch eingestuft. Schnell kommt es zum Streit, wenn sich das Gegenüber angegriffen oder beleidigt fühlt und sich wehrt, worauf dann oft ein erstauntes „Da war doch jetzt nichts dabei" kommt. Auch eine solche Reaktion kommt dann nicht gut an. Insofern haben impulsive Menschen häufig auch Probleme mit ihrem sozialen Umfeld.

Impulsives Verhalten schafft aber auch weitere Probleme, beispielsweise durch spontane Einkäufe, spontane Buchungen oder wenn spontan der Job gekündigt wird, weil der Chef oder ein Kunde mal wieder nicht auszuhalten war. Solche Entscheidungen bringen leider auch negative finanzielle Folgen mit sich. Aber nicht nur berufliche Bindungen, auch private Beziehungen werden häufig spontan und ohne Nachzudenken hingeschmissen, das passiert ganz holterdipolter aus einer Wut oder aus dem hohlen Bauch heraus.

Zu spontan losreden, zu spontan Dinge kaufen, zu spontan Entscheidungen treffen – manchmal wäre „erst denken, dann handeln" die bessere Wahl!

Die unzureichende Selbstregulation führt aber ebenso dazu, dass man auch nicht über weitere Folgen und Risiken nachdenkt und beispielsweise zu schnell zu Alkohol oder anderen Drogen greift, sich Essanfällen hingibt oder – wenn man sich auf der Autobahn bedrängt fühlt – dass man schnell mal aufs Gas tritt, „um's dem anderen zu zeigen".

Ein weiteres typisches Problemfeld ist die Spontaneität und manchmal sogar Leichtsinnigkeit, mit der sogar größere finanziell belastende Verträge abgeschlossen werden. Das ist sicherlich einer der Gründe, warum überdurchschnittlich viele Menschen mit ADHS auch finanzielle Probleme bis hin zu einer Überschuldung haben: Zu viele Entscheidungen und vertragliche Vereinbarungen werden leichtsinnig und ohne gründlichere Prüfung getroffen. Oftmals wird nicht nur Geld, sondern auch Zeit investiert für eine scheinbar glänzende Idee. Und am Ende stellt man fest, eigentlich passt das doch nicht so wie anfangs gedacht. Daher wäre es teilweise wirklich ratsam, sich in der eigenen Spontaneität zu bremsen und nicht nur die funkelnde Idee zu betrachten, sondern auch einmal mögliche Probleme oder Nachteile zu bedenken, bevor man wichtige Verträge unterschreibt.

Mit der überschießenden Impulsivität ist häufig auch eine emotionale Labilität verbunden, aber auch Stress wird oft nur schlecht vertragen. Die verschiedenen Impulse lassen einen direkt hintereinander starke Höhen und Tiefen entwickeln, diese Stimmungsschwankungen zwischen Freude und Wut oder auch Trübsinn wirken auf Außenstehende oft befremdlich. Bei der Störung der Impulskontrolle fällt es schwer, die Gefühle in einem guten Gleichgewicht zu halten, die starken Gefühlsschwankungen werden oft nicht reguliert, sondern von einigen Betroffenen (glücklicherweise nicht von allen) zu impulsiv ausgelebt.

Auch die Gefühlswelt ist oft von zu viel Impulsivität geprägt.

Die Störung der Impulsivität lässt sich zusammenfassen mit:

- spontanes und unüberlegtes Handeln, bei dem nicht an mögliche Folgen gedacht wird
- mit einer Antwort herausplatzen oder störend in Gespräche hineinplatzen, dabei dann auch exzessiv viel reden
- nicht nachdenken vor dem Reden und daher unabsichtlich unangemessene oder provokante Dinge sagen
- erhöhte Neigung, über gesellschaftliche Gepflogenheiten und auch über Regeln und Gesetze hinwegzugehen

- häufig auch oppositionelles Verhalten und Probleme sich unterzuordnen
- nicht nachdenken vor dem Handeln, Dinge tun, die unvorsichtig oder sogar riskant sind (unnütze Spontankäufe, Konsum von Drogen, riskante Sportarten oder Fahrweisen)
- wichtige Entscheidungen werden oft vorschnell getroffen, Ideen oft vorschnell umgesetzt, ohne vorher mögliche Folgen und Risiken zu bedenken
- die Störung der Impulsivität ist häufig verbunden mit einer emotionalen Labilität, es fällt schwer, Gefühlsimpulse zu regulieren

Welches Symptom ist vorwiegend? Die Subtypen oder Erscheinungsbilder im DSM

Noch vor einigen Jahren wurde die ADHS im Diagnosemanual *DSM (Diagnostic and Statistical Manual of Mental Disorders* / Diagnostisches und Statistisches Handbuch psychischer Störungen) in drei verschiedene Subtypen unterteilt. Allerdings hat sich im Laufe der Zeit gezeigt, dass jemand als Kind dem einen Subtypus und im weiteren Verlauf des Lebens einem anderen Subtypus angehören könnte. Daher ist man vor einiger Zeit dazu übergegangen, von unterschiedlichen Erscheinungsbildern zu sprechen.

Inzwischen unterscheidet man zwischen einem *vorwiegend unaufmerksamen Erscheinungsbild*, einem *vorwiegend hyperaktiv-impulsiven Erscheinungsbild* und einem *gemischten Erscheinungsbild*, um zu zeigen, dass es sich um Zustände handeln kann, die sich wieder ändern können.

Die Grenzen zwischen den einzelnen Erscheinungsbildern und auch ihrer aktuellen Ausprägung können durchaus variieren. Ging man früher davon aus, dass ADHS-Symptome beständig vorherrschten, so ist mittlerweile deutlich geworden, dass die Kernsymptome Unaufmerksamkeit, Hyperaktivität und Impulsivität auch Schwankungen unterworfen sein können. Hierfür eine Ursache festzumachen, dürfte ziemlich schwierig sein, weil jeder Mensch doch sehr individuelle Gegebenheiten aufweist.

Vorwiegend unaufmerksames Erscheinungsbild der ADHS

Dieses Erscheinungsbild steht für Menschen mit einem Mangel an Aufmerksamkeit, sie sind geistig oft abwesend und häufig auch eher still und zurückgezogen. Weil diese Menschen ohne die Hyperaktivität oder Impulsivität weniger störend wirken, wird ihre Aufmerksamkeitsstörung oft gar nicht erkannt oder diagnostiziert. Mädchen sind häufiger von diesem Erscheinungsbild betroffen als Jungen.

Die drei Erscheinungsbilder der ADHS

Vorwiegend hyperaktiv-impulsives Erscheinungsbild der ADHS

Bei diesem Erscheinungsbild ist die Aufmerksamkeit weniger beeinträchtigt, dafür zeigen diese Menschen ein hohes Maß an Hyperaktivität und Impulsivität. Den Statistiken zufolge sind Jungen fünfmal so häufig von diesem Erscheinungsbild betroffen als Mädchen.

Kombiniertes oder gemischtes Erscheinungsbild der ADHS

In dieser Gruppe finden sich die Menschen wieder, die sowohl eine reduzierte Aufmerksamkeit als auch eine gesteigerte Aktivität und Impulsivität aufzeigen.

Weniger Symptome und mehr aufs Sozialverhalten schauen: Die Subtypen im ICD

Anders als im Diagnosemanual DSM, das sich an den drei Leitsymptomen orientiert, liegt der Ansatz des ICD (*International Statistical Classification of Diseases and Related Health Problems* / Internationale statistische Klassifikation der Krankheiten und verwandter Gesundheitsprobleme) stärker auf einer Störung des Sozialverhaltens.

Aufmerksamkeitsstörungen ohne Hyperaktivität

Damit wird die Störung bei den Menschen bezeichnet, die nur unaufmerksam, aber nicht impulsiv oder hyperaktiv sind.

Einfache Aufmerksamkeits- und Hyperaktivitätsstörung

Kommen zur Unaufmerksamkeit noch Impulsivität und Hyperaktivität hinzu, wird diese Störung als „einfache Aufmerksamkeits- und Hyperaktivitätsstörung" bezeichnet – sofern die Betroffenen nicht durch dissoziale Verhaltensmuster auffallen, hierfür gibt es eine weitere Diagnose, siehe der nächste Punkt.

Hyperkinetische Störung des Sozialverhaltens

Diese Bezeichnung wird verwendet für die Menschen, deren Unaufmerksamkeit, Impulsivität und Hyperaktivität zu einer Störung des Sozialverhaltens führt, angefangen von aggressivem Verhalten bis zu gewaltsamen Übergriffen oder anderen grenzüberschreitenden Verhaltensweisen.

Gibt es mit CDS noch ein weiteres Erscheinungsbild?

Seit einigen Jahren schon wird in Fachkreisen diskutiert, ob es nicht noch eine weitere Form der Aufmerksamkeits- und Konzentrationsstörung geben könnte, nachdem es immer wieder auch Kinder gab, die ungewöhnlich träumerisch, ruhig und still waren. Einige benahmen sich wie benommen oder benebelt, verhielten sich träge und fast lethargisch, sie waren geistig weit weg, selbst wenn sie zwischendurch auch aufgekratzte Momente an den Tag legen konnten. Auffallend war auch, dass ihr Arbeitstempo stets deutlich heruntergesetzt war. In Tests waren deutlich Unterschiede erkennbar zu Kindern mit einer „normalen" ADHS-Hypoaktivität.

Da es für dieses Phänomen noch keinen eigenen Begriff gab, wurde dieses Erscheinungsbild kurzerhand als „sluggish cognitive tempo" (SCT) bezeichnet, auf Deutsch „träges kognitives Tempo", was jedoch als ein wenig zu salopp formuliert empfunden wurde. Daher wurde der Begriff im Jahr 2022 von einer Fachgruppe geändert in *Cognitive disengagement syndrome*, abgekürzt CDS. Aktuell gibt es noch keine offizielle deutsche Übersetzung, man könnte den Begriff *disengagement* übersetzen mit Rückzug oder Abkopplung, so dass man von einem kognitiven Rückzugs-Syndrom oder kognitiven Abkopplungs-Syndrom sprechen könnte. Es scheint, als ob die Betroffenen sich von der Außenwelt abkoppeln oder zurückziehen, was die auffällige Verträumtheit, den Zustand der Benommenheit und das häufige Vor-sich-Hin-starren erklären könnte.

Die Betroffenen erleben in noch höherem Maße beeinträchtigende Situation im Alltag, ihr Leiden ist daher oft noch stärker ausgeprägt. Es fällt ihnen schwer, ihre Aufmerksamkeit überhaupt auf etwas zu lenken, trotz normaler Intelligenz ist auch ihr Arbeitstempo deutlich reduziert. Obwohl die Forschung das Phänomen schon länger diskutiert, ist noch nicht klar, ob CDS als ein weiterer Erscheinungstyp von ADHS oder ob es als eigene Störung zu klassifizieren wäre.

Der Hans-Guck-in-die-Luft ist so extrem verträumt und geistesabwesend, dass unklar ist, ob bei ihm eher ADHS oder eher CDS zu vermuten wäre.

Unterschiede bei Geschlechtern?

Noch vor einigen Jahren dachte man, ADHS betreffe eher Jungen und nur seltener Mädchen. Inzwischen mehren sich die Anzeichen, dass Mädchen viel öfter als gedacht ebenfalls unter mangelnder Aufmerksamkeit leiden können – nur wird es bei ihnen so selten diagnostiziert, da sie zum „vorwiegend unaufmerksamen" Erscheinungsbild gehören. Sie sind eher verträumt und fallen dadurch weniger auf, zumal den gängigen Vorstellungen zufolge Jungen eher wild und Mädchen eher zurückhaltender sind. Da fällt ein verträumtes Mädchen dann gar nicht so auf.

Vor diesem Hintergrund ist zu vermuten, dass sehr viele Mädchen „unter dem Radar" bleiben und daher nie diagnostiziert werden. Geht es um Begleit- oder Folgeerscheinungen (auch Komorbiditäten genannt), so neigen Mädchen eher dazu, Störungen zu internalisieren (also nach innen zu richten) und eine Angststörung oder eine Depression zu entwickeln. Im Gegensatz dazu neigen Jungen eher dazu, Störungen zu externalisieren (also nach außen zu richten), was dann zu oppositionellem oder sogar aggressiven Verhaltensmustern führt. Weitere Komorbiditäten, die sich im Lauf des Lebens entwickeln können, sind in einem späteren Abschnitt detaillierter ausgeführt.

ADHS und die exekutiven Funktionen

Wie bereits dargestellt ist in den letzten Jahren der Fokus darauf gerichtet worden, ADHS als eine Störung der Selbstregulation und der exekutiven Funktionen (EF) zu betrachten. Die Exekutiven Funktionen (auch Exekutivfunktionen oder Ausführungsfunktionen genannt) umfassen verschiedene kognitive Prozesse, die es ermöglichen sich und seine Aktivitäten selbst zu regulieren. Dabei geht es vor allem um die Organisation von Handlungen und die überwachenden Kontrollfunktionen zur Handlungssteuerung und zur Selbstregulation. Das mit der Selbstregulation ist dann wichtig, wenn etwas schiefgeht und man schnell eine Lösung braucht oder wenn ein Vorhaben nicht so schnell geht, wie man es erhofft hat und man sich stark in Geduld üben muss, bis das Ziel endlich erreicht ist.

Um die Vielfalt der exekutiven Funktionen an einem Beispiel aufzuzeigen, so geht es um ganz unterschiedliche Anforderungen und Leistungen:

- sich ein Ziel setzen und ein Vorhaben beginnen (wie zum Beispiel Freunde einladen zu einem tollen Essen mit Vor- und Nachspeise)
- die nötige Motivation oder Willenskraft für dieses Vorhaben aufbringen
- die Handlungen planen, die zum Erreichen des Ziels notwendig sind (Rezepte raussuchen, sind alle Ressourcen vorhanden, braucht es vielleicht besondere Küchengeräte dafür, Einkaufsliste erstellen, Einkäufe erledigen, Einladungen rausgeben, vor dem Datum noch die Wohnung auf Vordermann bringen usw.)
- Prioritäten setzen (möglicherweise stehen drei Nachspeisen zur Auswahl, alle drei zu machen, wäre ein zu hoher Zeitaufwand, also muss man hier eine Entscheidung treffen, welche es nun sein soll)
- mögliche Hindernisse einkalkulieren (zum Beispiel seltene Zutaten, die im gewohnten Supermarkt nicht zu haben sind und woanders besorgt werden müssen oder auch einkalkulieren, was schiefgehen könnte und wie man die Situation retten kann)
- das Arbeitsgedächtnis aktualisieren (zum Beispiel im Kopf vermerken, was schon eingekauft ist, damit es nicht doppelt gemacht wird)
- die verschiedenen Teilaufgaben (Salat oder Suppe machen, das Hauptgericht kochen, das Dessert zubereiten) in die einzelnen Arbeitsschritte (Gemüse putzen, Kartoffeln schälen o.ä.) untergliedern und diese ebenso koordinieren und steuern
- die Ergebnisse der einzelnen Tätigkeiten (zum Beispiel das Gemüse oder die Kartoffeln schneiden) selbst kontrollieren und eventuell anpassen (die Kartoffelscheiben müssen dünner geschnitten sein)
- die Aufmerksamkeit immer wieder auf die jeweilige Aufgabe lenken (zum Beispiel sich beim Aufräumen der Wohnung oder beim Kochen nicht ablenken lassen)
- sich in Selbstkontrolle üben, das heißt Impulse und Emotionen kontrollieren, wenn beim Kochen etwas anbrennt, weil man schnell noch etwas zwischenrein erledigen wollte

- flexibel auf unvorhergesehene Ereignisse reagieren (die Kartoffeln sind leider angebrannt, dann müssen es halt Nudeln sein)

Mit etwas Glück hat man bereits gelernt, die ADHS zu kompensieren und diese vielfältigen Aufgaben zu erledigen. Aber für Menschen mit ADHS ist das Erfüllen dieser Aufgaben sehr viel anstrengender und erfordert eine höhere Kompensationsleistung als für Menschen ohne ADHS.

Als Mensch mit ADHS kämpft man ständig gegen Ablenkung, es könnte also beim Gemüseschnippeln passieren, dass einem auffällt, schon seit Stunden nichts getrunken zu haben und man deshalb zum Schrank geht, um ein Glas rauszuholen, dort fällt einem dann auf, dass nicht mehr genug Gläser drin sind, also noch schnell die Geschirrspülmaschine einräumen und anstellen, dann klingelt womöglich noch das Telefon, das erinnert daran, dass man vergessen hat wegen eines Arzttermins anzurufen, dann steht der Hund da und schaut, wo denn sein Futter bleibt und so weiter. Und am Ende der Gedankenkette fällt einem (hoffentlich!) ein, dass man jetzt ganz schnell zurückmuss zum Gemüseschnippeln, weil sonst die eingeladenen Gäste vor der Tür stehen und man noch mittendrin im Chaos ist.

Wer das selbst erlebt hat, der weiß, dass sich solche Situationen wirklich anfühlen wie bei einem Tellerjongleur, der zu viele Teller am Trudeln halten muss. Das kostet viel Kraft und mag sicherlich auch ein Grund sein, warum manche Menschen mit ADHS sehr viele Aufgaben erst gar nicht anfangen, weil sie nämlich manchmal gar nicht wissen, wo man hier überhaupt anfangen soll (dabei wäre eigentlich es ganz einfach mit dem Prioritätensetzen und den ersten Schritt tun).

Der Versuch, ein solches (oder ähnliches) Chaos zu managen, führt am Ende oft dazu, dass man eher unmotiviert auf dem Sofa sitzt, anstatt öfter mal ein solches Essen zu veranstalten, denn: diese ganzen exekutiven Aufgaben zu bewältigen, kostet nun einmal Kraft.

Weitere Symptome und Begleiterscheinungen

Die drei Leitsymptome der ADHS Unaufmerksamkeit, Hyperaktivität und Impulsivität sind häufig auch eng verknüpft mit weiteren psychischen und auch körperlichen Störungen. Bei vielen Menschen mit ADHS (die Rede ist von etwas mehr als zwei Dritteln) kommen noch weitere Begleiterscheinungen hinzu, die oft noch eine zusätzliche Belastung darstellen.

Diese Begleitsymptome werden in der Fachsprache auch Komorbiditäten genannt. Um das breite Spektrum von ADHS umfassend darzustellen, ist es wichtig, nicht nur die ADHS an sich zu betrachten, sondern den Blick auch auf die zusätzlichen Belastungsfaktoren zu richten. Wenn es um die Darstellung der Komorbiditäten geht, so findet sich eine recht hohe Anzahl, die in der Gesamtheit eher unübersichtlich wirkt. Um diese Inhalte zumindest grob zu strukturieren, sollen hier zunächst die Komorbiditäten aufgeführt werden, die für gesundheitliche oder andere persönliche Probleme sorgen, danach geht es dann um die Komorbiditäten, die für Probleme im sozialen Umfeld sorgen.

Allerdings lässt sich beides nicht immer so klar voneinander unterscheiden, denn häufig reicht der eine Problemkreis in den anderen hinein: Wer zum Beispiel nachts kaum schläft, wird am nächsten Tag natürlich nicht sehr ausgeschlafen oder ausgeglichen am Frühstückstisch oder später am Arbeitsplatz sein. Auch die Abhängigkeit von einer Sucht ist oft nur in erster Linie ein persönliches Problem – häufig genug sind auch Angehörige betroffen, häufig genug führt die Sucht zu Konflikten mit der Familie oder am Arbeitsplatz. Insofern ist die Unterteilung hier wirklich eher als grobe Untergliederung zu betrachten und könnte je nach Einzelbetrachtung auch ganz anders aussehen.

Selbstwahrnehmung und Selbstwertproblematik

Die meisten Menschen mit ADHS sind in ihrer Kindheit oft für ihre ADHS-Symptome kritisiert worden. Aufgrund der Unaufmerksamkeit waren sie oft nicht gut in der Schule und wurden von Lehrern getadelt und/oder von Mitschülern geärgert und dazu noch zu Hause von den Eltern ausgeschimpft, weil die Noten so schlecht waren. Viele waren aufgrund einer Hyperaktivität zu zappelig oder vorlaut, viele haben ihr Umfeld genervt und wurden ständig ermahnt, sich endlich anders zu verhalten. Viele haben aufgrund ihrer Impulsivität sehr viel an Kritik und Tadel eingesteckt.

Natürlich gibt es auch zahlreiche Beispiele für Menschen mit ADHS, die in der Schule *nicht* gescheitert sind, vielleicht weil zu Hause sehr viel unterstützende Struktur vorhanden war. Aber oft haben sie später im Leben dann Schwierigkeiten, Ordnung zu halten, wichtige Briefe zu öffnen und zu bearbeiten oder an Fristen zu denken. Sie fühlen sich kognitiv überfordert, wichtige Aufgaben anzugehen, geraten dann in einen negativen Gedankenkreisel, aus dem sie nur schwer wieder herausfinden. Ihre Leistungen sind oft stark schwankend, manchmal erledigen sie ihre Aufgaben exzellent, manchmal nur miserabel – oder auch gar nicht, weil sie nicht wissen, wie sie anfangen sollen, was aber im sozialen Umfeld so aussieht, als wären sie unwillig oder faul. Und auf Kritik wird oft abwehrend und aufbrausend reagiert.

Mit diesen negativen Erfahrungen bildet sich häufig ein negatives Selbstbild, voller Selbstzweifel und mit einem geringen Selbstwertgefühl oder Selbstbewusstsein. Sollte sich doch ein Erfolg einstellen, wird es häufig nicht auf eigenes Können zurückgeführt, sondern auf den Beitrag anderer oder einfach nur auf zufälliges Glück. Dabei ist die Intelligenz ja meist vorhanden, sie könnten sehr leistungsfähig sein, aber aufgrund der negativen Erfahrungen hat sich ein Selbstbild entwickelt, das verzerrt und gestört ist. Viele haben von sich selbst den Eindruck „Ich kann es keinem recht machen, weil ich zu dumm bin". So ist es kein Wunder, dass aus dieser Selbstwahrnehmung kein stabiles Selbstwertgefühl entsteht, was auf Dauer zu psychischen Problemen, zu Somatisierungsstörungen oder auch zu Suchterkrankungen führen kann.

Depression

Sehr viele Erwachsene mit ADHS (den Schätzungen zufolge ist es ein Drittel oder mehr) leiden aufgrund der Folgen ihrer ADHS unter Depressionen. Fatal dabei ist: Oft genug wird beim Arzt zwar eine Depression diagnostiziert und behandelt, aber es wird nicht erkannt, dass die Depression nicht die ursächliche Erkrankung ist, sondern nur die Folge einer ADHS. Und da die ADHS nicht behandelt wird, bleibt mehr oder weniger auch die Depression vorhanden. Es mag Ausnahmen geben, die durch eine Verhaltenstherapie lernen, die Grunderkrankung besser im Griff zu haben, aber in der Regel nützt es nichts, eine Depression zu behandeln, wenn dahinter eine ADHS steckt.

Andere affektive Störungen

Neben Depressionen gibt es noch weitere affektive Störungen der Stimmungslage wie zum Beispiel eine bipolare Störung mit phasenweise depressiven und phasenweise manischen Stimmungen – es ist das klassische Bild von „himmelhochjauchzend" und „zu Tode betrübt". Die Niedergeschlagenheit kommt meist nicht von ungefähr, sondern lässt sich oft auf einen konkreten Auslöser zurückführen. Die jeweilige Gemütslage kann unterschiedlich lang andauern, von mehreren Stunden bis zu mehreren Tagen. In extremen Fällen kann die Gemütslage aber auch innerhalb mehrerer Stunden extrem wechseln – das ist dann nicht nur für die Betroffenen selbst, sondern auch für ihr Umfeld immer wieder eine Achterbahn der Gefühle, was anstrengend ist und Kraft kostet.

Chronische Erschöpfung und Müdigkeit (Burn-out)

Wer trotz ADHS tagsüber seinen Mann oder seine Frau stehen muss, steht unter stärkeren Anforderungen an die eigene Aufmerksamkeit und Anpassungsleistung – und das zehrt natürlich sehr viel Energie weg. Selbst der Schlaf in der Nacht kann die Energiereserven nicht richtig auffüllen, man ist bereits morgens hundemüde. Diese Erschöpfung führt oftmals auch zu einer Antriebslosigkeit, die im Beruf oder auch im privaten Umfeld wiederum weitere Folgen nach sich zieht. Dieser „innere Schweinehund" lässt sich noch überwinden für die Aufgaben, die einem wichtig sind, für alles andere reicht der Energielevel jedoch kaum noch.

Wenn Menschen mit ADHS unter chronischer Müdigkeit und Erschöpfung leiden, wird es häufig als „Burn-out" diagnostiziert. Aber ähnlich wie bei der Depression zeigt sich auch hier, dass die Behandlung für einen Burn-out nicht viel hilft, wenn die ADHS dahinter nicht erkannt und behandelt wird.

Schlafstörungen

Auch Schlafstörungen zählen zu den sehr häufigen Begleiterscheinungen der ADHS, teilweise heißt es, dass mehr als zwei Drittel von Menschen mit ADHS von Schlafproblemen berichten. Diese Schlafstörungen beeinträchtigen die Leistungsfähigkeit zusätzlich, so dass hier schnell ein Teufelskreis entsteht: Wer abends schlecht einschläft und stundenlang wachliegt oder auch wer nachts nicht durchschläft und dann mitten in der Nacht wieder wach wird, kann natürlich tagsüber keinen hohen Leistungslevel erreichen und wird sich müde durch den Tag schleppen (siehe auch der vorige Abschnitt über chron. Erschöpfung bzw. Müdigkeit).

Die Ursache für die Schlafstörungen kann ganz unterschiedlich sein: Zum einen leiden Menschen mit ADHS häufig unter beruflichem oder privaten Stress, hinzu kommt oftmals ein höheres Erregungs- oder Aufgeregtheitsniveau oder das Gehirn beschäftigt sich gedankenkreisend mit dem, was man am Tag alles nicht erreicht oder vergessen hat. Viele Betroffene berichten, dass sie tagsüber todmüde sind, aber abends munter werden und dann viel zu „aufgekratzt" sind, um schlafen zu gehen. Möglicherweise könnte die Ursache dafür sein, dass abends der psychosoziale Druck des „Funktionierenmüssens" abfällt und die Betroffenen ohne diesen Druck auch weniger Müdigkeit verspüren.

Allerdings gibt es auch Hinweise, dass Menschen mit ADHS häufig einen anders gelagerten Tag-Nacht-Rhythmus haben und dass sehr viele „Nachteulen" unter ihnen zu finden sind, die am Abend nur schwer in den Schlaf finden (während die „Lerchen", also die Frühaufsteher, zwar früh abends in den Schlaf finden, aber dann oft mitten in der Nacht aufwachen, obwohl es dann noch viel zu früh zum Aufstehen ist).

Einige Betroffene haben in dieser Hinsicht gute Erfahrungen gemacht mit Melatonin zum Einschlafen bzw. es gibt in Drogerieabteilungen auch Präparate mit Melatonin in einer Kombination mit anderen Wirkstoffen, die zusätzlich zum Einschlafen auch das Durchschlafen begünstigen können.

Psychosomatische Störungen, Somatisierungsstörungen

Bei einigen Menschen mit ADHS ist der Leidensdruck so groß, dass sich im Laufe der Zeit psychosomatische Störungen oder Somatisierungsstörungen einstellen. Sie klagen über Magen-/Darmprobleme wie Übelkeit oder über Herz-/Kreislaufprobleme wie Herzstechen oder Schwindel oder über andere Symptome. Auf einer organischen Ebene lassen sich jedoch keine Ursachen für diese Störungen finden, so dass das Leiden nicht gelindert werden kann und andauert (sofern sich nicht eine andere Lösung ergibt).

Angststörungen

Vor allem unter den Frauen mit ADHS gibt es einige, die ihre Probleme nach innen richten. Viele entwickeln mit der Zeit diffuse Ängste bis hin zu Panikattacken oder auch Phobien verschiedener Art (beispielsweise eine soziale Phobie oder Phobien vor bestimmten Tieren oder auch eine Furcht vor großen Menschenmengen).

Tic-Störungen

Einige Menschen mit ADHS (aber nicht alle, es gibt auch Menschen ohne ADHS) entwickeln eine Tic-Störung, die entweder nur motorisch ist, die aber auch akustisch durch ein Geräusch wahrnehmbar sein kann. Diese Störung kann je nach Schweregrad recht belastend sein kann. Dabei wird unterschieden zwischen einem sehr unauffälligen Zucken der Muskeln (wie beispielsweise bei einem Stirnrunzeln oder einem Hüsteln) bis zu komplexeren Muskelbewegungen oder mehr oder weniger klar verständlichen Lautäußerungen, die unwillentlich „rausrutschen".

Zwangsstörungen

Auch Zwangsstörungen finden sich als Komorbidität bei Menschen mit ADHS. Dabei kann es sich sowohl um Zwangsgedanken handeln (Zweifel und Grübelzwang oder auch Zwangsideen oder Zwangsbefürchtungen, die einem immer wieder durch den Kopf gehen) als auch um Zwangshandlungen (wie zum Beispiel ein Ordnungszwang, wo stets alles am gewohnten Platz sein muss, ein Reinlichkeitszwang mit andauerndem Händewaschen oder ein Kontrollzwang, bei dem ständig geprüft wird, ob alles ausgeschaltet oder anderweitig gesichert ist).

Restless-Legs-Syndrom

Einige Forscher berichten auch von der Komorbidität von ADHS und dem Restless-Legs-Syndrom, dem Phänomen der unruhigen Beine. Bei RLS erleben die Betroffenen, dass ihre Beine stark kribbeln oder schmerzen, was sich nur durch Bewegung lindern lässt. In der Forschung wird RLS ähnlich wie ADHS mit einem gestörten Dopamin-Stoffwechsel in Verbindung gebracht.

Lichtempfindlichkeit, Lichtscheu

Viele ADHS-Betroffene berichten auch über eine ausgeprägte Lichtempfindlichkeit bis hin zur Lichtscheu (Photophobie). Sehr intensives Licht führt bei ihnen zu Kopfschmerzen oder unangenehmen Empfindungen in den Augen. Die Lichtempfindlichkeit kann so weit gehen, dass selbst in den Wintermonaten eine Sonnenbrille getragen wird.

Teilleistungsschwächen oder -störungen

Auffallend ist ebenfalls, dass Erwachsene mit ADHS oft trotz ausreichender Intelligenz seit der Schulzeit mit Leistungsdefiziten kämpfen in Teilbereichen wie Rechnen (Dyskalkulie) oder auch Lesen und Rechtschreibung (Legasthenie).

Vergesslichkeit und Gedächtnisstörungen

Durch die mangelnde Aufmerksamkeit ist es für Menschen mit ADHS schwierig, sich an wichtige Termine und Erledigungen zu erinnern. Die Folgen reichen von milder Vergesslichkeit bis zu stärkeren Gedächtnisstörungen, was wiederum zu unangenehmen Folgen im sozialen Umfeld führen kann.

Organisationsprobleme bis hin zum Chaos

Ob der Schreibtisch am Arbeitsplatz oder in den eigenen vier Wänden: Die fehlende Aufmerksamkeit sowie eine fehlende innere Strukturierung führen häufig zu einem Verzetteln und einer fehlenden Ordnung. Die Suche nach Dingen wird dann schnell zu seinem Zeitfresser, der einem effizienten und produktiven Arbeiten im Weg steht.

Einige Menschen mit ADHS neigen dazu, das innere Chaos im Leben dadurch auszugleichen, dass die fehlende innere Struktur zumindest in Teilbereichen überkompensiert wird durch eine sorgsam gepflegte Perfektion. Als Beispiel: In der eigenen Wohnung ist es zwar ein wenig durcheinander, aber dafür ist der Arbeitsplatz oder die Hobby-Werkstatt perfekt organisiert – und wehe, wenn jemand anderes einen Gegenstand hier am falschen Platz ablegt.

Diese Desorganisation betrifft aber nicht nur die Strukturierung der räumlichen Umgebung, sondern auch die Strukturierung von Terminen und Tagesabläufen. Man vergisst Termine oder verspätet sich, weil man falsch einschätzt, wie viel Zeit eine Aufgabe dauert – oft braucht es dann länger als gedacht, so dass man dann in kopflose Hektik verfällt oder sich auch für einen nachfolgenden Termin verspätet.

In diesen Zusammenhang fällt auch die sogenannte „Zeitblindheit": Menschen mit ADHS scheint oft ein inneres Gefühl zu fehlen für Zeitverläufe und Zeitpunkte. Auf der einen Seite scheint es ganz viel Zeit zu geben, wenn es um unangenehme oder langweilige Aufgaben geht, da wird noch ausgiebig herumgetrödelt, obwohl die Zeit schon läuft und am Ende bleibt nur noch Zeit für ein hektisches Abarbeiten (was auch erklärt, warum manche Arbeitsergebnisse voller Flüchtigkeitsfehler sind). Auf der anderen Seite scheint es für spannende und fesselnde Sachen immer viel zu wenig Zeit zu geben, da setzt man sich einfach nur kurz an den Computer und wenn man später wieder auf die Uhr schaut, sind viele Stunden vergangen und der Abend bricht an.

Die Organisationsprobleme zeigen sich besonders deutlich, wenn mehrere Aufgaben etwa gleichzeitig zu erledigen sind: Hier wird es schwierig, die Nebensächlichkeiten von den wichtigen Dingen zu unterscheiden, hektisch fängt man mit einer Nebensächlichkeit an, bricht es ab, weil man realisiert, dass es Wichtigeres gibt, nun wird es vollends schwierig, die verschiedenen losen Ende richtig zu koordinieren – das so viel gerühmte „Multitasking" bringt Menschen mit ADHS schnell an den Rand ihrer Fähigkeiten (oder sogar über den Rand hinaus).

Vom Aufbewahrungsdrang bis zur Sammel„wut"

Die fehlende innere Strukturierung führt ebenfalls dazu, dass sich Wichtiges kaum von Unwichtigem unterscheiden lässt. Beim Versuch eine Ordnung zu schaffen scheint alles gleichermaßen wichtig zu sein und so wird auch nichts weggeworfen, sondern aufgehoben, es könnte ja noch wichtig sein. Dieser Drang möglichst viele Sachen aufzubewahren kann bis zu einer Sammelwut reichen, die dann bis zu einem Messieverhalten führen kann. Das äußere Chaos spiegelt das innere Chaos wider und so wäre der erste Schritt, am inneren Chaos zu arbeiten, um die äußere Unordnung wieder in den Griff zu kriegen.

Überkompensatorisches Verhalten und Masking

Der Versuch, möglichst alles richtig zu machen oder sogar „richtig zu sein" führt bei einigen Menschen mit ADHS zu einem überkompensatorischen Verhalten bzw. einem Masking.

Bei einem überkompensatorischen Verhalten konzentriert man sich auf einen Aufgabenbereich und wendet dort ganz viel Kraft und Energie auf, um dort wirklich perfekt zu sein, während gleichzeitig die Energie fehlt, in den anderen Lebensbereichen noch vergleichbar gute Leistungen zu erbringen. Eine Überkompensation könnte sein, dass man am Arbeitsplatz zu einem Workaholic wird, während in den eigenen vier Wänden der Haushalt liegen bleibt. Oder man entwickelt in einem Bereich einen Ordnungswahn, der bis zu einer Zwangsstörung führen kann, während andere Bereiche vernachlässigt werden. Diese Überkompensation hilft aber dabei, sein Selbstwertgefühl aufrechtzuerhalten: Immerhin ist man ja zumindest in einem Bereich gut.

Ähnlich verhält es sich mit dem Masking: Um möglichst „normal" und angepasst zu erscheinen, werden gesellschaftlich nicht erwünschte Eigenschaften unterdrückt oder abgeschwächt und stattdessen wird nach außen das Verhalten gezeigt, das gesellschaftlich erwünscht ist. So wie sich ein Chamäleon farblich an seine Umgebung anpassen kann, wird über das Masking versucht, sich an die Erwartungen der Umgebung anzupassen. Das funktioniert oft perfekt, jedoch kostet die am Arbeitsplatz oft stundenlang dauernde Anpassung sehr viel Kraft – was möglicherweise ein Grund ist für eine chronische Müdigkeit und Erschöpfung, möglicherweise können sich daraus auch weitere psychische Störungen entwickeln.

Von Alkohol zu anderen Drogen: die Abhängigkeit von Suchtmitteln

Wer sich einem dahinrasenden Gedankenkarussell hilflos ausgeliefert fühlt und sich nur schwer konzentrieren kann, neigt oft dazu, auch zu Mitteln zu greifen, die hier zumindest vorübergehend helfen. Während eine leichte oder moderate ADHS weniger eng mit einem richtigen Suchtverhalten verknüpft ist, kann bei einer stärkeren ADHS die Entwicklung einer Abhängigkeit von einem stofflichen Suchtmittel als Begleitsymptom hinzukommen – und weil die eigene Impulskontrolle meist weniger gut funktioniert, fällt es Menschen mit ADHS auch sehr viel schwerer, dem Impuls zu widerstehen, zu dem gewohnten Suchtmittel zu greifen und so fällt es viel schwerer, von der Abhängigkeit wieder wegzukommen.

Alkohol

Zu Alkohol wird häufig gegriffen, um ein überaktives Gehirn zu beruhigen und abzudämpfen. Nach ein oder zwei Bier oder ein oder zwei Gläsern Wein scheint sich das Dahinrasen im Gehirn ein wenig zu verlangsamen. Der eine oder andere fühlt sich vielleicht auch etwas gelöster. So ist es kein Wunder, wenn der Griff zum Alkohol zu einer regelmäßigen Gewohnheit wird.

Wer es schafft, die Gesamtdosis dabei niedrig zu halten, dürfte in der Regel ohne gravierende gesundheitliche Probleme davonkommen. Problematisch ist es jedoch, wenn die Alkoholmenge so hoch ist, dass es zu Schädigungen der Leber und/oder des zentralen Nervensystems kommt.

Cannabis

Ähnlich wie bei Alkohol wird auch häufig auf Cannabis zurückgegriffen wegen seiner entspannenden Wirkung und um Stress abzubauen. Wie bei anderen Suchtmitteln auch ist bei einer gemäßigten und moderaten Einnahme nicht mit gravierenden gesundheitlichen Problemen zu rechnen, allerdings gibt es zahlreiche Hinweise, dass es bei manchen Menschen durch einen höheren Konsum zu neurologischen bzw. psychiatrischen Problemen führen kann.

Nikotin

Während Alkohol und Cannabis eher entspannend und dämpfend wirken, hat Nikotin oft eine konzentrationssteigernde Wirkung. Teilweise wird der Nikotinkonsum als „eine Art Selbstmedikation" betrachtet, denn wie es scheint, wird das Nikotin über den Neurotransmitter Dopamin verstoffwechselt und damit der niedrige Dopaminlevel ein Stück weit ausgeglichen – durch das Nikotin wird die niedrige Aufmerksamkeit erhöht, was auch erklärt, warum in einer Studie fast die Hälfte der ADHS-Betroffenen zu den Rauchern gehörte.

Andere Substanzgebrauchsstörungen

Neben den bereits genannten Substanzen können auch weitere substanzbezogene Störungen entwickelt werden. Je nach individueller Vorgeschichte könnte eine Abhängigkeit von Schlaf- oder Schmerzmitteln in Zusammenhang mit ADHS entstanden sein, aber auch eine Abhängigkeit von anderen Stimulanzien.

Generell ist hier stets die Frage, wie schwerwiegend die Abhängigkeit ist und ob es negative Folgen für die Gesundheit oder das soziale Leben (Arbeitsplatz, Familie, Freunde etc.) mit sich bringt. Je schwerwiegender die Folgen sind, desto wichtiger ist es, die Sucht zu bekämpfen oder zumindest einzudämmen.

Weitere Formen von Suchtverhalten

Neben einem Suchtverhalten, das an eine bestimmte Substanz gebunden ist, gibt es aber auch substanzungebundenes Suchtverhalten in einer Bandbreite von „leicht" bis hin zu „starker" Abhängigkeit:

Mediensucht (vor allem Internet, Social Media)

Verschiedene Forscher berichten über einen Zusammenhang zwischen ADHS und einem übermäßigen Medienkonsum. Der übermäßige Konsum kommt vor allem von der „Perseveration", also einem stunden- oder tagelang andauernden Verweilen im Internet beziehungsweise auf Social-Media-Plattformen.

Die alle paar Sekunden wechselnden Impulse passen gut zur niedrigen Konzentrationsspanne, hinzu kommt noch die mangelnde Impulskontrolle und Selbstregulation, so dass es schwer fällt, sich davon loszureißen – man ist stets auf der Suche nach dem nächsten „Kick". Das Verhalten passt zu dem „sensation seeking", der impulsgetriebenen Suchen nach ständig abwechselnden Erlebnissen, um eine ständige Spannung zu erleben.

Online-Spiele, Online-Gaming

Passend zur impulsgetriebenen Suche nach Abwechslung und Aufregung entwickeln viele Jugendliche und auch Erwachsene eine Sucht nach Videospielen im Internet.

Die Algorithmen der Online-Spiele sind (leider!) bewusst so angelegt, dass die Nutzer möglichst lange im Spiel bleiben, indem sie beispielsweise passend zum jeweiligen Spieler-Level attraktive Spielgewinne oder andere kleine Belohnungselemente erhalten.

Durch diese kleinen Erfolge angespornt, verlieren die Nutzer schnell die Kontrolle über ihre Spielzeiten. Damit wächst zugleich die Gefahr, dass sie ihre Aufgaben in der realen Welt vernachlässigen. Zudem besteht das Risiko, dass sie durch Käufe innerhalb des Spiels einiges an Geld verbrauchen, um beispielsweise eine bessere Ausrüstung für die nächste Spielrunde oder ähnliche Vorteile zu kaufen.

Spielsucht

Sind es bei Online-Spielen noch eher geringe Geldverluste, so können diese Verluste bei einer Sucht nach Glücksspielen unermesslich steigen, bis hin zum finanziellen Ruin. Moderne Glücksspielautomaten stellen einen starken Reiz dar, der immer wieder aufgesucht wird, in der Hoffnung, endlich den großen Gewinn zu erleben.

Es müssen aber nicht unbedingt Automaten mit starken visuellen und akustischen Reizen sein: Für manche Spielsüchtige sind es die Reize in einem Spielcasino oder allein schon der Nervenkitzel beim Ankreuzen der Lottozahlen, ob vielleicht exakt diese Zahlen als nächste Glückstreffer ausgelost werden.

Kaufsucht

Auch wenn eine Kaufsucht weniger häufig vorkommt, so gibt es doch auch einige Menschen mit ADHS, denen es an Impulskontrolle für das Kaufverhalten mangelt – gerade durch das Online-Shopping ist es sehr leicht möglich, sich durch die bunte Warenwelt zu klicken und impulsgesteuert Dinge zu kaufen, die eigentlich gar nicht gebraucht werden.

Häufig entsteht das Kaufverhalten, um negative Gefühle oder Frust abzumildern, indem man „sich etwas gönnt". Aber auch das kann, wenn es in einem exzessiven Ausmaß betrieben wird, zu finanziellen und zu weiteren psychischen Problemen führen.

Viele Betroffene sind oft stark verschuldet, auch bedingt durch verschiedene Ratenzahlungen, viele haben oft noch den Überblick über die Gesamtsituation verloren und schaffen es auch nicht, einen genauen Plan zu entwickeln, wie sie ihre Finanzen wieder in den Griff bekommen könnten.

Esssucht und andere Essstörungen

Neben dem Drang, sich viele Dinge zu kaufen, gibt es bei einigen Frauen mit ADHS (aber auch Männer sind nicht davor gefeit) den starken Drang zu essen. Vor allem die Essstörung „Bulimia nervosa", auch Ess-Brech-Sucht genannt, ist unter Mädchen und jungen Frauen mit ADHS deutlich häufiger zu finden als bei Mädchen ohne ADHS. Bei der Bulimie werden maßlos

Kalorien hineingestopft, um sie dann hinterher durch absichtlich herbeigeführtes Erbrechen oder Abführmittel schnell wieder loszuwerden. Auf Dauer wird damit der Magen-Darm-Trakt und auch der Elektrolythaushalt gestört, was langfristig zu massiven gesundheitlichen Folgen führen kann. Zudem werden durch das häufige Erbrechen die Speicheldrüse und Zähne in Mitleidenschaft gezogen.

Aber auch über eine Bulimie hinaus scheint es einen Zusammenhang zu geben zwischen ADHS und einem ungesunden Essverhalten. So sind Erwachsene mit ADHS überdurchschnittlich häufig auch übergewichtig, was vermutlich auf die geringe Fähigkeit zur Selbstregulation zurückzuführen ist. Man weiß zwar, dass es nach dem Mittagessen nicht noch einen zusätzlichen Snack geben sollte, aber das Sahnetörtchen oder auch das Schokostückchen üben einen Reiz aus, der einfach unwiderstehlich ist … und was vor allem eine Rolle spielen dürfte: Die Aufnahme von Nahrung erhöht den Dopaminspiegel! Da fällt es dann doppelt schwer zu widerstehen!

Sensation seeking und die Liebe zum Risiko

Neben den klassischen Suchterkrankungen, die auch bei Menschen ohne ADHS vorkommen, dürfte bei Menschen mit ADHS aber auch die Neigung zu einer riskanten und aufregenden Lebensweise teilweise ein suchtähnliches Verhalten nach sich ziehen.

Ob riskante Sportarten (auf Skiern oder einem Mountainbike in halsbrecherischem Tempo bergab) oder risikofreudiges Autofahren, ob enthemmt zu feiern oder eine andere Stimulation zu suchen: Immer geht es darum, Langeweile und öde Routinen zu vermeiden und stattdessen Abwechslung und den möglichst ultimativen Kick zu erleben.

Womöglich ist das der Grund, warum Menschen mit ADHS auch überdurchschnittlich oft in Unfälle verwickelt sind. Und leider endet der eine oder andere Unfall wohl auch tödlich, zumindest besagt die Statistik, dass Menschen mit ADHS eine geringere Lebenserwartung haben als Menschen ohne ADHS. In diesem Sinne: bitte mehr aufpassen und dem einen oder anderen Risiko auch mal aus dem Weg gehen!

Sensation seeking auch durch Sexualität

Wie bei vielen anderen Punkten kann (muss nicht!) auch das Sexualleben bei Menschen mit ADHS zu Extremen neigen. Auf der einen Seite gibt es Menschen mit ADHS, denen es nicht gelingt, beim Sex mit voller Aufmerksamkeit dabei zu sein, weswegen sie sich nicht viel daraus machen. Auf der anderen Seite gibt es Menschen mit ADHS, denen ihr Sexualleben nie genug ist, sie stürzen sich schnell in sexuelle Abenteuer ohne dabei an die Konsequenzen zu denken (was dann zu entsprechenden Folgen führen kann).

Manche Menschen mit ADHS suchen in ihrer Sexualität nach etwas wie dem ultimativen Kick. Solange das im Einverständnis mit dem (Lebens-) Partner passiert, kein Thema, aber wenn jemand anfängt, ohne Absprache außerhalb einer Beziehung nach sexuellen Abenteuer zu suchen, kann das für eine Beziehung zur Belastung werden. Die Sucht nach dem Kick und dem Risiko kann zu einer Sexsucht führen, bei es am Ende nur noch um neue Eroberungen und das Ausreizen der Grenzen geht. Das kann gutgehen, das kann aber auch gründlich schiefgehen und zu gravierenden Folgeproblemen führen.

Persönlichkeitsstörungen bis zu Interaktionsstörungen

In den vorherigen Abschnitten ging es um ADHS und komorbide Störungen, die mit der eigenen Gesundheit oder dem eigenen Wohlbefinden zusammenhängen. Darüber hinaus finden sich bei Menschen mit ADHS weitere komorbide Störungen, die zu affektiven Störungen oder zu Persönlichkeitsstörungen zählen und die auf ihre Weise auch zu Interaktionsstörungen mit dem Umfeld führen können.

Probleme im Sozialverhalten

Durch die Impulsivität haben Menschen mit ADHS oftmals Probleme in ihrem Verhalten anderen Menschen gegenüber. Oft haben sie schon als Kind ein oppositionelles oder sogar aggressives Verhalten an den Tag gelegt und auch als Erwachsene fällt es ihnen schwer, sich stets an gesellschaftliche oder gesetzliche Regeln zu halten. Das führt häufig zu grenzüberschreitendem Verhalten gegenüber anderen Menschen. Als Folge davon meidet man den Umgang mit ihnen, so dass sich viele in der Rolle des Außenseiters wiederfinden. Die Missachtung der Regeln kann beispielsweise zu Verstößen im Straßenverkehr führen, wenn man einfach irgendwo parkt, auch wenn das Parken dort verboten ist, oder wenn man zu schnell fährt. Kommt es zu Konfliktsituationen oder Auseinandersetzungen, so zeigen sich die Betroffenen wenig kompromissbereit.

Wenn sie zudem sehr impulsiv sind und in ihrer Unaufmerksamkeit nicht richtig zuhören, wenn zudem eine divergente und wenig logische Denk- und Argumentationsweise ins Spiel kommt oder eine uneinsichtige Schuldumkehr gegenüber dem Konfliktpartner betrieben wird, kann das Verhalten dazu führen, dass einstmals gute Beziehungen zu Partnern, Angehörigen, Freunden oder Arbeitskollegen einen ziemlichen Knacks bekommen – oder auch ganz entzweigehen.

Soziale Probleme durch die Impulsivität und Affektlabilität

Die Impulsivität verknüpft mit einer hohen emotionalen Empfindlichkeit oder Affektlabilität ist oft ein Auslöser für weitere soziale Probleme. Ein Mensch mit ADHS überlegt leider nicht lange, was oder wie er es sagt, es wird ruckzuck rausgehauen. Eben noch guter Laune kann ein kleiner Auslöser im Affekt zu einer heftigen Reaktion führen. Ob Ärger oder Frust ist egal, die eigene Gefühlslage wird ungefiltert hinausposaunt.

Neigung zu Schwarz-Weiß-Denken

Menschen mit ADHS neigen zu einem Schwarz-Weiß-Denken, entweder ist alles supergut oder alles superschlecht, und die Abstufungen dazwischen von hell- bis dunkelgrau werden oft nicht wahrgenommen. Frustrationen werden nicht lange ausgehalten, sei es auf der Arbeit oder im Privatleben: Wenn es nicht gut läuft, wird der Bettel schnell hingeschmissen; der Job wird gekündigt oder die Beziehung beendet. Die hohe emotionale Labilität sorgt dann wiederum dafür, dass dieser Schritt oft schnell auch wieder bereut wird.

Schwierigkeiten bei Entscheidungen

Was für das Umfeld auch schwer nachvollziehbar ist, sind spontane und sprunghafte Entscheidungen – oder das Gegenteil davon, ein Hin und Her in den Überlegungen, ohne damit eine endgültige Entscheidung treffen zu können. In der Fachsprache ist dann die Rede von „Paralyse durch Analyse" (engl. analysis paralysis), also einer Entscheidungslähmung aufgrund eines übermäßigen Analysierens.

Um es an einem Beispiel festzumachen: Braucht es ein neues oder gebrauchtes Auto, so kann das zu einem Hin und Her führen hinsichtlich Marke und Modell, wie viele Kilometer bei einem gebrauchten akzeptabel wären, wie die Ausstattung sein sollte und so weiter. Am einen Tag ist eine Anhängerkupplung ganz wichtig, am nächsten Tag eine Sitzheizung, am dritten Tag ein Schaltwagen, am nächsten Tag wird mit einem E-Auto geliebäugelt, damit alles fünften Tag wieder verworfen wird. Man dreht sich gedanklich stets im Kreis und kommt kaum zu keiner Entscheidung. So werden auch wichtige Entscheidungen tage- oder sogar wochenlang vor sich hergeschoben – eine fast schon klassische Entscheidungsunfähigkeit.

Und dann kann es passieren, dass man irgendwann einen Oldtimer aus der eigenen Jugendzeit entdeckt und dann alles Hin- und Herüberlegen zu Hängerkupplung, Sitzheizung und allem andere vergessen ist, weil plötzlich ganz spontan entschieden wird: Dieses Auto soll es sein!

Erklärungen und Begründungen bis zum Abwinken

Viele Entscheidungen und Handlungen von Menschen mit ADHS sind für Außenstehende oft nicht nachvollziehbar. Werden die Betroffenen auf ihre Entscheidung angesprochen, können sie jedoch genau erklären, wieso diese vorher unlogische Handlung jetzt völlig logisch ist, man muss das als logisch denkender Mensch doch verstehen.

In diesen Momenten voller endloser Erklärungen fragt man sich, warum dieser Mensch nicht in die Politik gegangen ist, denn dort kommt es ja auch oft vor, dass ein Politiker vor der Wahl „Hü" ankündigt und hinterher seine Stimme für „Hott" abgibt und seinem Wähler dann in einem Redeschwall erklärt, dass man gar nicht anders habe entscheiden können. Aber vielleicht zeigt das nicht nur das Redeverhalten wie in der Politik – auch im Verkauf kommt ein solches Redeverhalten vor, das klassische Beispiel wäre, einem Pinguin einen Kühlschrank zu verkaufen, obwohl er ihn eigentlich gar nicht braucht. Für das Umfeld kann dieses Kommunikationsverhalten ziemlich anstrengend sein.

Geringe Stresstoleranz und erhöhte Reizbarkeit

Trotz oder gerade wegen des hohen Aktivitätslevels haben Menschen mit ADHS oft eine nur geringe Stresstoleranz: Sobald der Stresslevel ein wenig über die Grenze der Belastbarkeit steigt, fällt es ihnen schwer, mit der Situation umzugehen. Hinzu kommt, dass Stress häufig zu einer erhöhten Reizbarkeit führt: Da reicht ein kleiner Anlass für einen heftigen Wutausbruch und auch wenn diese Wut schnell wieder verfliegt, so ist diese fehlende Selbstregulation doch sehr belastend für die Beziehung zum Partner und zu Familie, Freunden und/oder Kollegen.

Fehlende Kritikfähigkeit und leichte Kränkbarkeit

Auffallend ist auch, dass sehr viele Menschen mit ADHS hypersensibel auf Kritik reagieren, jegliche Kritik wird schnell als Angriff auf die Person und als vernichtende Kritik empfunden – entweder wird dieser vermeintliche Angriff vehement abgewehrt (und teilweise sogar die Schuld negiert) oder aber man fühlt sich schwer gekränkt und wie am Boden zerstört. Diese emotionale Labilität und auch Hyperreagibilität mit ihren starken Schwankungen wirkt für die Betroffenen selbst, aber auch für das Umfeld, wie eine Achterbahnfahrt mit rasant vielen Höhen und Tiefen – für das Umfeld ist auch das nicht immer leicht.

Aufschiebe- und Vermeidungsverhalten

Was bei Menschen mit ADHS ebenfalls häufig als komorbides Verhalten genannt wird, ist ein Aufschiebe- oder Vermeidungsverhalten.

Aufschiebeverhalten oder Prokrastination

Als ein Aufschiebeverhalten, in der Fachsprache auch Prokrastination genannt, wird ein Verhalten bezeichnet, bei dem unangenehme Aufgaben und Erledigungen immer wieder aufgeschoben werden. Dieses Verhalten ist weitverbreitet, nicht nur unter Menschen mit ADHS.

Ein erstaunliches Phänomen beim Prokrastinieren ist, dass man dabei nicht unbedingt auf der faulen Haut liegt, sondern stattdessen auch emsig beschäftigt sein kann – aber mit anderen Aufgaben, die zu diesem Zeitpunkt eigentlich gar nicht so wichtig wären. Sprich: statt für eine Prüfung zu lernen, fängt man an das Zimmer aufzuräumen und obendrein noch die Zimmerpflanzen umzutopfen, damit sie endlich wieder Platz haben zu wachsen. Das ist dann etwas, auf das man stolz ist. Die Lernerei für die Prüfung? Naja, morgen ist auch noch ein Tag. Ein solches Aufschiebeverhalten lässt sich auf verschiedene Weise erklären:

a) Eine Aufgabe vor sich herzuschieben kann von dem Problem kommen, eine Entscheidung zu treffen, beispielsweise welche Inhalte vor allem zu lernen wären, welche Methode geeignet wäre als Lernmethode usw.

b) Eine Aufgabe wird vor sich hergeschoben, weil man Angst hat zu versagen, beispielsweise drückt man sich davor, für eine Prüfung zu lernen, wenn man denkt, „das geht ja doch nur schief". In diesem Fall kommt das Aufschiebeverhalten von einem mangelnden Selbstwertgefühl. Und wenn man tatsächlich zu wenig lernt für die Prüfung und eine schlechte Note erhält, dann bestätigt das gewissermaßen die eigene Angst vor dem Versagen, was dann zu einem Teufelskreis werden kann.

c) Ein Aufschieben einer Aufgabe kann auch daher kommen, dass man einen gewissen Druck braucht, um überhaupt loszulegen. Solange es noch nicht soooo dringend ist, drückt man sich vor dem Lernen. Erst kurz vor Schluss ist der Nervenkitzel und die Motivation dann hoch genug, um konzentriert an die Prüfungsvorbereitung zu gehen. Dieses „auf den letzten Drücker" zu lernen funktioniert erstaunlicherweise oft gut genug, um noch eine halbwegs gute Note zu bekommen. Möglicherweise hängt diese Art der Prokrastination auch ein wenig damit zusammen, dass Menschen mit ADHS oft etwas „zeitblind" sind und ein inneres Gefühl für Zeitpunkte oder eine Zeitdauer weniger gut ausgeprägt ist. So vergeht die Zeit bis zur Prüfung oft schneller als man denkt und erst auf den letzten Drücker wird einem klar, dass man jetzt aber wirklich ran muss.

Was auch immer der jeweilige Grund für das Prokrastinieren ist: Solange der Leidensdruck nicht überhandnimmt, solange man es schafft, die Situation kurz vor knapp noch zu retten, kommt man auch als ADHS-Betroffener noch halbwegs über die Runden. Wenn jedoch durch das Aufschieben auch andere Personen im sozialen Umfeld betroffen sind (zum Beispiel ein Partner oder ein Kollege, der das Ergebnis dieser Handlung benötigt für die eigene Weiterarbeit), wäre es an der Zeit, etwas am eigenen Aufschiebeverhalten zu verändern.

Vermeidungsverhalten

Während beim Aufschiebeverhalten die Aufgabe früher oder später doch noch in Angriff genommen wird, bedeutet ein Vermeidungsverhalten, dass eine als unangenehm oder beängstigend oder sogar bedrohlich wahrgenommene Situation grundsätzlich gemieden wird. Womöglich hat man aufgrund seiner ADHS in einer ähnlichen Situation schon einmal versagt, also will man sich dem erst gar nicht mehr stellen, sondern geht der Sache lieber ganz aus dem Weg. Dieses Verhalten führt aber erst recht zu einem Teufelskreis, denn:

- Womöglich wäre der Betroffene dieses Mal in der Lage gewesen, die Herausforderung zu bewältigen und hätte er es probiert, hätte er ein Erfolgserlebnis verbuchen können.
- Weil der Betroffene diese Situation aber als so beängstigend oder bedrohlich empfunden hat und dieses Gefühl nicht aufgelöst wurde, werden auch künftige Situationen ebenfalls als beängstigend oder bedrohlich empfunden, die Angst verfestigt sich damit.
- Wenn der Betroffene das Gefühl der Bedrohlichkeit noch stärker werden lässt, könnte das Vermeidungsverhalten auf weitere Situationen übertragen werden – am Ende wird der eigene Spielraum und damit auch das eigene Selbstwertgefühl immer weiter eingeengt.

Von Konfabulationen bis hin zu richtigen Lügen

Wer mit ADHS aufwächst, ist schon häufig durch unangenehmes oder unpassendes Verhalten aufgefallen und dafür häufig kritisiert worden. Einige neigen daher dazu, das soziale Umfeld zufriedenstellen zu wollen, auch wenn es dabei auf Kosten der Wahrheit geht. Das führt dann leicht zu solchen Situationen: Der Betroffene ist einem Gespräch nur unaufmerksam gefolgt oder das Gedächtnis hat Teile eines Gesprächs oder ein Ereignis nicht exakt abgespeichert – wird dann noch einmal nachgefragt, fangen die Betroffenen an zu „konfabulieren", das heißt, man versucht Erinnerungslücken auszugleichen, indem man sich blitzschnell etwas dazudenkt und das wiedergibt. Dabei handelt es sich nicht um gezieltes manipulatives oder *pathologisches* Lügen, sondern es ist einfach nur der Versuch, sich durch *kompensatorisches* Lügen aus einer unangenehmen Situation zu retten.

Oftmals kommen die Betroffenen mit ihren Konfabulationen durch, so dass dieses Verhalten zunächst eine Lösung zu sein scheint für ein unaufmerksames Gedächtnis. Manchmal werden die Betroffenen jedoch auf Ungereimtheiten angesprochen und verstricken sich dann immer weiter in unwahre Aussagen. Das reicht vom impulsiven Beharren auf der Unwahrheit bis zum bewussten Lügen, um der unangenehmen Situation weiter aus dem Weg zu gehen.

Das Konfabulieren und Lügen tritt häufig in Verbindung auf mit Prokrastination oder Vermeidungsverhalten: Man hat eine Aufgabe nicht erledigt oder einen Termin versäumt und versucht, das plausibel zu erklären. Diese Strategie kann einigermaßen funktionieren, es kann aber sein, dass jemand mit der Zeit den Ruf eines notorischen Lügners bekommt – was natürlich zu weiteren Schwierigkeiten führt, auch im Hinblick auf das eigene Selbstwertgefühl.

Oppositionelle Verhaltensweisen auch noch bei Erwachsenen?

Die Diagnose „oppositionelles Verhalten" gibt es eigentlich nur bei Kindern, weil es in dieser Lebensphase besonders deutlich wird, wenn die Anweisungen von Eltern oder Lehrern nicht befolgt werden. Typisch für das Verhalten ist zudem, dass die Kinder häufig andere Kinder ärgern – aber umgekehrt reagieren sie sehr empfindlich, wenn sie geärgert werden, so dass daraus schnell Konflikte entstehen. Eine andere Verhaltensweise besteht darin, andere für die eigenen Fehler verantwortlich zu machen. Dieses störende, aufsässige oder sogar rebellische Verhalten reduziert sich nach Auffassung der Fachwelt im Laufe der Jahre aber wieder. Vor diesem Hintergrund ist das Symptom „oppositionelles Verhalten" in den Diagnosen für Erwachsene nicht vorhanden. Aber möglicherweise finden sich auch bei Erwachsenen noch Spuren von widersetzlichem Verhalten – möglicherweise dient es ihnen als ein Ventil, um dem gesellschaftlichen Konformitätsdruck etwas entgegenzusetzen.

Mit der Neigung zu einem widersetzlichen Verhalten fällt es den Betroffenen möglicherweise schwer, einfach ihre Zustimmung zu etwas zu geben. Stattdessen wird in Ja-aber-Manier angefangen zu hinterfragen, ob das so richtig ist oder ob es nicht besser wäre, das anders zu machen oder ob die Person für die Durchführung überhaupt die richtige wäre usw. Dieses Verhalten kann im sozialen Umfeld einerseits dazu führen, dass ein Vorhaben noch einmal konstruktiv durchdacht wird; es kann andererseits aber auch sein, dass dieses Verhalten nur destruktiv als eine nervige Störung wahrgenommen wird. Sicherlich wäre es in solchen Fällen hilfreich, das eigene Verhalten zu hinterfragen – oder zumindest die Art und Weise, wie diese Einwände vorgetragen werden.

In einigen Fällen auch kriminelles Verhalten

Aufgrund der mit ADHS einhergehenden Probleme kommt es in einzelnen Fällen auch zu kriminellem Verhalten. Oftmals liegt die Ursache in finanziellen Nöten. Häufig geraten Menschen mit ADHS in eine Sucht hinein, die zu finanzieren ist. Eine Kaufsucht, eine Spielsucht oder die Sucht nach illegalen Drogen kann zu massiven finanziellen Problemen führen. Aber auch andere Krisen (wie beispielsweise der Verlust des Arbeitsplatzes, eine teure Scheidung oder ähnliche Probleme) können zu Finanzproblemen führen. Möglicherweise gerät der eine oder andere durch so etwas auf eine schiefe Bahn.

Aber auch ein zu hohes Maß an Impulsivität kann zu kriminellen Handlungen führen, beispielsweise im Straßenverkehr durch die Missachtung der Verkehrsregeln. Der eine oder andere kann seine Impulsivität auch schlecht zügeln, wenn es um Auseinandersetzungen und Konflikte geht und so kann aus einer impulsiv begonnenen Prügelei schnell ein Fall für den Staatsanwalt werden. Angesichts dieses Risikos wäre wirklich ratsam, ADHS behandeln zu lassen, bevor solche Folgen entstehen.

Wie verbreitet ist ADHS eigentlich?
Zur Epidemiologie:

Natürlich wäre interessant genauer zu wissen, wie viele Menschen eigentlich von ADHS betroffen sind. Aber das ist gar nicht so einfach. Angaben zur Verbreitung von ADHS hängen natürlich davon ab, wie intensiv innerhalb einer Bevölkerung getestet wird. in den vergangenen Jahren sind viele Kinder und Jugendliche im Schulalter getestet worden, hochgerechnet auf die Gesamtbevölkerung ergeben die Schätzungen, dass insgesamt etwa 7 Prozent aller Kinder und Jugendliche von ADHS betroffen sind, Jungen sind dabei häufiger vertreten als Mädchen, gerade in der frühen Pubertät gehen Schätzungen sogar von 8 Prozent oder mehr aus.

Allerdings könnte das auch lediglich die Spitze eines größeren Eisbergs sein: Da meist nur hyperaktive und impulsive Kinder getestet werden, könnte es sein, dass sehr viele weniger impulsiver Kinder „unter den Tisch fallen". Angesichts dieser Unwägbarkeit gibt es auch häufig Diskussionen darüber, ob ADHS bei Kindern nun über- oder unterdiagnostiziert wird.

Noch schwieriger ist die Frage, wie es mit ADHS im Erwachsenenalter oder gar bei Senioren aussieht. Hier ist die Datenlage sehr viel dünner, so dass hier wirklich nur Vermutungen möglich sind. Möglicherweise liegt der Anteil bei 3 bis 5 Prozent aller Erwachsenen. Möglicherweise scheint es eher eine Unterdiagnostizierung zu geben, das heißt, es gibt mehr Erwachsene mit ADHS als bekannt ist – das bedeutet gleichzeitig, dass viele Erwachsene ADHS haben, dass ihnen aber weder eine Diagnose noch eine

Therapie zugutekommt. Unter ihnen dürften vor allem viele Frauen zu finden sein, weil diese tendenziell weniger störend auffallen.

Frauen mit ADHS

Bei Kindern mit ADHS wurde in den letzten Jahren zunehmend diskutiert, ob hinsichtlich des Symptoms der Hyperaktivität die Jungen stärker auffallen und Mädchen eher durch das Raster durchfallen. Ähnlich könnte es auch bei erwachsenen Männern und Frauen sein. Möglicherweise fallen Männer eher auf durch eine starke innere Unruhe und Ungeduld, durch Impulsivität sowie teilweise auch durch oppositionelles Verhalten und die Schwierigkeiten, sich in ein Team ein- oder unterzuordnen.

Typische Symptome

Möglicherweise bleibt ADHS bei Frauen eher unentdeckt, da sie in ihrem Verhalten eher unauffällig sind. Einige Symptome könnten auch einfach nur als typisch weibliche Persönlichkeitseigenschaften betrachtet werden:

- Unsicherheit im Auftreten oder Ängste/Ängstlichkeit
- unstrukturierteres, divergentes Denken
- Schwierigkeiten bei planvollem Handeln
- Schwierigkeiten zu einer Entscheidung zu kommen, hin- und hergerissen sein
- Verträumtheit und sozialer Rückzug
- Affektlabilität, Stimmungsschwankungen

Auf einer wissenschaftlichen Ebene ist die Beweislage allerdings eher dünn, daher taugt das noch nicht als gesicherte Erkenntnis; es ist aktuell eher eine Möglichkeit, die noch weiter auszuloten ist. Generell scheint sich ADHS bei Frauen dahingehend auszuwirken, dass sie eher eine Depression entwickeln, sie haben verstärkt Probleme, angefangene Arbeiten zu Ende zu bringen, häufig fällt es ihnen schwer, sich in ihrem sozialen Umfeld zu behaupten, häufig schaffen sie es nicht nein zu sagen, häufig lassen sie sich zu etwas überreden oder überrumpeln, es fällt ihnen oft schwer, die eigenen

Bedürfnisse zu beachten und auch durchzusetzen. Die Probleme im sozialen Umfeld aufgrund des eher verträumten Wesens können bis hin zu Mobbing reichen.

Oft sind Frauen mit ADHS (so einige Studienhinweise) auch durch unbedachte Handlungen geprägt, erleben früh erste sexuelle Kontakte, werden häufig auch früh ungeplant schwanger. Einige Frauen hingegen berichten von einer ausgeprägten Empfindlichkeit bei Berührungen. Möglicherweise hängt die emotionale Labilität auch zusammen mit Schwankungen des Hormonspiegels, die stärker ausgeprägt sein könnten. Häufig findet sich bei Frauen mit ADHS eine Suchterkrankung, häufig haben sie Schwierigkeiten, ihr Essverhalten ausreichend zu kontrollieren und leiden unter Untergewicht, Übergewicht oder auch Bulimie.

Frauen mit ADHS und ihre Freundschaften oder Beziehungen

Viele Frauen suchen nach engen Freundschaften, setzen aber teilweise unrealistisch hohe Erwartungen in diese Freundschaft und geben diese dann schnell auf, wenn sie sich gekränkt fühlen; schnell ziehen sie sich dann zurück, einige reagieren auch passiv-aggressiv. Häufig ist zu beobachten, dass es betroffenen Frauen in Konfliktsituationen schwerfällt, die eigenen Gefühle zu thematisieren.

Im Hinblick auf Partnerschaften scheinen Frauen mit ADHS tendenziell zu einem Überschwang der Gefühle zu neigen, sie sind schnell himmelhochjauchzend, aber ebenso schnell zu Tode betrübt. Bei Frauen mit eher hypoaktiven Tendenzen gibt es Hinweise, dass sie auch in sexueller Hinsicht weniger aktiv sind und oftmals weniger empfänglich sind für Berührungen, was natürlich für eine Beziehung schwierig ist – jedoch scheint eine solche Reizempfindlichkeit auch (hormonellen?) Schwankungen zu unterliegen.

Häufig zeigt sich, dass Frauen mit ADHS für eine gute Beziehung viel auf sich nehmen und eine hohe Duldungsfähigkeit entwickeln. Selbst wenn sich mit der Zeit zeigt, dass die Probleme nicht abnehmen und sie in der

Beziehung eher unglücklich sind, fällt es ihnen schwer, sich für die Trennung zu entscheiden. Und so quälen sich einige Frauen unnötig und auch unnötig lange in unglücklichen Beziehungen herum.

Frauen mit ADHS im Beruf

Wie bei allen Menschen mit ADHS gilt auch bei Frauen, dass ihr beruflicher Erfolg stark abhängt von den beruflichen Aufgaben und dem Umfeld mit Vorgesetzten und Kollegen. In der Regel fühlen sich Frauen in Berufen wohl, in denen sie mit Menschen arbeiten oder schöpferisch tätig sein können. Wer eher hyperaktiv ist, wird oft eine Tätigkeit wählen, in dem die Zusammenarbeit mit anderen Menschen gefragt ist, wer eher hypoaktiv ist, bevorzugt meist ein Umfeld, in dem soziale Interaktionen nicht zu den Kernaufgaben gehört.

Hilfreich ist immer, wenn die Arbeit spannend ist und Spaß macht: Wer es schafft, die eigenen Aufgaben in einem Hyperfokus zu erledigen, kann eine extrem hohe Leistungsfähigkeit an den Tag legen. Wer es dann noch schafft, die eigenen Arbeitsprozesse gut zu organisieren, dürfte überhaupt nicht als Mensch mit einer Aufmerksamkeitsstörung wahrgenommen werden. Allerdings ist wichtig, sich langfristig nicht so zu verausgaben, dass sich am Ende eine chronische Erschöpfung einstellt (das ist nämlich etwas, wozu Menschen mit ADHS neigen, wenn sie in ihrem Job voll und ganz aufgehen).

Frauen mit ADHS als Mütter

Frauen mit ADHS können liebende und liebevolle Mütter sein, aber bei einer stärker ausgeprägten ADHS dürften einige Schwierigkeiten damit haben, für ihre Kinder in puncto Organisation, Haushalt, Aufmerksamkeit, Planung und Kontrolle ein gutes Vorbild zu sein. Vor allem für alleinerziehende Mütter ohne Partner ist es kaum zu schaffen, alle Aufgaben zielgerichtet zu managen – häufig dürfte der Lebensalltag für Mutter und Kind(er) durch Chaos und Verzetteln geprägt sein, was wiederum die Belastung für die Mutter nochmals erhöht. Für die Kinder ist es ebenfalls schwieriger zu lernen, sich selbst zu organisieren und zu steuern, wenn die Mutter hier kein Vorbild sein kann. Ein wenig leichter dürfte es in einer Beziehung sein, sofern der Partner willens und fähig ist, die Schwächen durch die ADHS verständnisvoll zu kompensieren.

Meine eigene Erfahrung als Mutter mit ADHS

Aus meiner eigenen Erfahrung möchte ich hier nochmals darauf hinweisen, dass ich nach der ADHS-Diagnose für meine Tochter zu lange gewartet und damit wertvolle Zeit verloren habe bei der Frage, ob ich denn selbst ADHS habe. Denn leider habe ich es nicht geschafft, stets ein gutes Vorbild zu sein. Als sie klein war, hätte ich abends stärker darauf achten müssen, dass vor dem Zu-Bett-Gehen das Zimmer noch aufgeräumt wird, aber ich war abends einfach zu müde, mein unaufmerksames Kind noch zum Aufräumen zu bringen. Da habe ich ganz klar etwas versäumt. Jetzt in der Pubertät ist es müßig, an einen Ordnungssinn zu appellieren, zumal sie auch meine Schwächen in puncto Haushaltsorganisation sieht und damit kontert.

Mein Dasein als Mutter war stark geprägt von der Selbständigkeit: Einerseits war es ein Vorteil, da ich unter der Woche am Nachmittag viel als Mama-Taxi zu Therapeuten- und anderen Terminen unterwegs sein konnte (was in einem Angestelltenverhältnis in diesem Umfang nicht möglich gewesen wäre). Der Nachteil war jedoch, dass unter der Woche doch viel Zeit dafür verlorenging, daher musste ich am Wochenende viel nachholen, was liegengeblieben war. Die Folge war, dass es für meine Haushaltsführung keine festen Zeiten gab, alles wurde je nach Dringlichkeit der Aufträge irgendwann zwischendurch erledigt.

Im Nachhinein betrachtet, wäre es gut gewesen, wenn ich meine Diagnose früher erhalten hätte. Mit den Infos, die ich jetzt habe, hätte ich ganz andere Strategien entwickeln können. Daher möchte ich nicht nur anderen Müttern, sondern allen Eltern eines Kinds mit ADHS ans Herz legen, sich im Zweifelsfall selbst einmal testen zu lassen und dann bei Bedarf therapeutische Hilfe zu nutzen. Vielleicht hilft es ja der einen oder anderen Familie, über das Vorhandensein von ADHS besser Bescheid zu wissen.

Ältere Menschen mit ADHS

Ähnlich wie beim Thema Frauen mit ADHS steht auch die Forschung zum Thema ADHS bei älteren Menschen (oder „ADHS im Senium", wie es in Fachkreisen heißt) noch ziemlich am Anfang. Ich persönlich gehe langsam auf die 60 zu (ja, so ist das, wenn man erst später im Leben das erste Kind bekommt) und als ich meine Diagnose dann in einem doch etwas höheren Alter bekommen habe, war ich durchaus überrascht – die Fachärztin meinte aber, das wäre jetzt nicht ungewöhnlich, sie hätte schon mehrere Patienten erlebt, die noch jenseits des 60. Lebensjahrs die Diagnose ADHS bekommen haben.

Oftmals haben ältere Menschen ein ganzes Leben lang mit der ADHS-Problematik gekämpft – ohne davon zu wissen und ohne ihre individuellen Schwierigkeiten so richtig erklären oder einordnen zu können. So unterschiedlich wie die Menschen sind, so unterschiedlich sind auch die Symptome, die Schweregrade und der Einfluss auf den Lebensweg. Vielfach ist aus der Hyperaktivität der frühen Jahre später einfach nur eine innere Unruhe geworden, oft jedoch haben die Menschen mit ADHS einen Weg gefunden, das zu kompensieren: Der eine macht handwerkliche Arbeiten, der andere ackert sich durch seinen (Schreber)Garten, andere machen ausgedehnte Wanderungen durch den Wald oder sind viel auf Reisen.

Schwierig wird es oft erst dann, wenn mit zunehmendem Alter der Bewegungsdrang durch körperliche Einschränkungen ausgebremst wird. Schnell kippt die innere Unruhe dann in eine erhöhte Reizbarkeit, man bekommt Schwierigkeiten im familiären oder sozialen Umfeld.

Schwierig wird es auch dann, wenn die kognitiven Leistungen nachlassen: Man hatte sich viele Jahre ganz gut im Griff mit der Organisation von Terminen und anderen Dingen und dann kommt zur ADHS-typischen Unkonzentriertheit noch eine altersbedingte Vergesslichkeit hinzu. Bei dem einen oder anderen könnte es sein, dass die ADHS zwar ein Leben lang einigermaßen durch eigene Coping-Strategien kompensiert werden konnte, aber im höheren Alter die Kompensationsfähigkeit nachlässt und damit ein Leidensdruck entsteht.

Wer dann eines Tages so hilfsbedürftig ist, dass er in ein Seniorenheim muss und dann völlig aus der üblichen Struktur rausgerissen wird, könnte in der neuen Umgebung starke Anpassungsprobleme entwickeln. Das könnte ein Punkt sein, der in Pflegeheimen vielleicht besser berücksichtigt werden müsste als bisher. Weitere Infos zu ADHS bei Senioren auch unter dem QR-Code oder diesem Link: https://www.adhspedia.de/wiki/ADHS_bei_Senioren

Der Blick der Gesellschaft auf ADHS

Wenn man von ADHS spricht, geht es letzten Endes nicht nur um die betroffenen Menschen und ihre Symptome – es geht auch darum, wie ADHS in der Gesellschaft betrachtet wird.

Am Anfang ist in den Medien über das Thema ADHS zunächst nur im Zusammenhang mit hyperaktiven Kindern berichtet worden. Es ging um Schulen und die Probleme im Unterricht. Bei dem einen oder anderen wurde es jedoch nicht als neurologisches Problem betrachtet, sondern oft genug hieß es, ADHS wäre quasi eine Entschuldigung oder Erklärung für das Erziehungsversagen der Eltern (nein, das ist es nicht, ADHS entsteht nicht, weil Eltern ihre Kinder nicht streng genug erziehen).

Als dann mehr und mehr berichtet wurde, dass sich ADHS eben nicht mit dem Ende der Pubertät „auswächst", sondern oft genug bleibt, wenn auch mit anderen Symptomen, stieß auch das Thema ADHS bei Erwachsenen oft auf Misstrauen. Ein oft geäußertes Vorurteil war, ADHS wäre nur eine überdiagnostizierte Modeerkrankung oder es wäre ein soziales Konstrukt und das Resultat der modernen Leistungsgesellschaft oder es sei eine Erfindung der Pharmaindustrie, um zusätzliche Medikamente verkaufen zu können. Generell wird die Diskussion oft emotional geführt und ist geprägt von Vorurteilen und Meinungen, die leider nur wenig fundiert sind.

Vielen Außenstehenden fällt es schwer zu begreifen, dass ein Mensch innerlich so unruhig oder verträumt sein kann, dass sich jemand zwar gut auf spannende Aufgaben konzentrieren kann, dass es ihm jedoch schwerfällt, monotonen Aufgaben mit der nötigen Sorgfalt nachzukommen (bei mir ist das die Buchhaltung und die Steuererklärung) und es fällt Außenstehenden auch schwer zu begreifen, dass dieses Verzetteln oder das Vor-sich-Herschieben von Aufgaben keine Faulheit ist, sondern dass hier jemandem die nötigen neurologischen Ressourcen fehlen und es deshalb an den exekutiven Funktionen hapert.

Häufig ergeben sich Probleme mit dem Umfeld durch die Schwierigkeit, Dinge nach Wichtigkeit zu priorisieren oder auch sich für oder gegen etwas zu entscheiden. Diese Entscheidungs- und Priorisierungsschwäche resultiert daraus, dass alles gleich wichtig zu sein scheint. Eine Voraussetzung um eine gute Entscheidung zu treffen, liegt aber darin, wichtige von weniger wichtigen Dingen zu unterscheiden. Weil das nicht gut gelingt, fängt man mit Dingen an, die gar nicht so wichtig oder sogar ganz nebensächlich sind, wird unsicher, ob das tatsächlich richtig ist, wirft den Plan über den Haufen und fängt mit etwas anderem an, weil das womöglich doch wichtiger ist. Dabei kann es durchaus passieren, dass die wesentliche Aufgabe gar nicht wahrgenommen wird und unter den Tisch fällt.

Diese Schwierigkeit, die Aufgaben richtig zu priorisieren, trägt sicherlich bei zum Phänomen der Prokrastination oder „Aufschieberitis". Man schiebt die Aufgaben vor sich her, weil man gar nicht richtig weiß, wo man eigentlich anfangen soll. Diese Schwierigkeit eine Entscheidung zu treffen, führt oft auch dazu, dass man sich zunächst für A entscheidet, aber wenn ein Kollege oder der (Ehe-)Partner dann B favorisiert, ändert man seine Meinung dahingehend und wenn später jemand sagt, C wäre in diesem Fall eigentlich die beste Lösung, dann wird auf C umgeschwenkt. Diese Unfähigkeit sich zu etwas zu entscheiden und dann dabei zu bleiben, kann die Menschen im persönlichen Umfeld zum Wahnsinn treiben, wenn man im Urlaub erst in die Berge will, dann doch ans Meer, schließlich zur Flusskreuzfahrt tendiert, um am Ende zu sagen, am besten wäre es zu Hause.

Da die Außenwelt oft nur wenig Verständnis für betroffene Menschen mit ADHS zeigt, fühlt man sich schnell im eigenen Selbstwert beeinträchtigt, dann stellt sich das Gefühl des Versagens ein. Viele haben das Gefühl, nicht richtig dazuzugehören, weil sie eben darin beeinträchtigt sind, so zu funktionieren, wie es das Umfeld erwartet. Man schämt sich (auch vor sich selbst), weil der Haushalt nur ganz selten so aufgeräumt und durchgeputzt wie in einem Hochglanzkatalog vorzufinden ist. Oder man fühlt sich als Außenseiter, weil man dazu neigt, in einer Runde mit Kollegen oder im Freundeskreis impulsiv das Gespräch an sich zu reißen und (ohne zuvor nachzudenken) irgendwas rauszuhauen, was vielleicht als störend empfunden werden könnte. Oder man hat ein Suchtproblem. Oder man kämpft mit anderen Schwierigkeiten im Leben.

Hier wäre gut, wenn sich in unserer Gesellschaft weiter herumsprechen würde, dass Menschen mit ADHS eben nicht dumm oder faul oder sonstwas sind. Hier wäre schön, wenn mehr Menschen erfahren würden, welche Folgen fürs Leben diese Unaufmerksamkeit, oft in Verbindung mit diesem hohen Grad an Impulsivität, mit sich bringt. Wenn sich in der Gesellschaft ein höheres Maß an Verständnis für ADHS entwickelte, fiele es den betroffenen Menschen vielleicht leichter kundzutun, dass auch sie zu denen gehören, die mit ihrer Aufmerksamkeit und Konzentration zu kämpfen haben.

Möglicherweise hilft es etwas, wenn bekannter würde, welche berühmte noch lebende Menschen sich inzwischen zu ihrer ADHS-Diagnose bekannt haben und bei welchen berühmten verstorbenen Menschen im Nachhinein die Vermutung im Raum steht, sie könnten ADHS gehabt haben.

Berühmte Menschen mit ADHS heute

Emma Watson: *Als Hermine Granger ist Emma Watson mit den Harry-Potter-Filmen berühmt geworden; in einem Interview hat sie erzählt, sie hätte als Kind ADHS gehabt.*

Paris Hilton, *schillernde Erbin und schlagzeilenstarkes „It-Girl" erzählte in einem Interview, bei ihr wäre ADHS im Alter von 12 Jahren diagnostiziert worden – in einer Biografie erzählte sie später, mit ihrem rebellischen Verhalten habe sie als Kind ihre Eltern immer extrem belastet.*

Simone Biles: *Bei der Olympiade 2016 in Rio hat die Turnerin Simone Biles gleich vier Mal Gold gewonnen. Bald darauf hat sie sich öffentlich* dazu bekannt, ADHS seit der Kindheit zu haben und auch Medikamente zu nehmen – und wie sie betonte, ist das nichts, wofür man sich schämen müsse (zumal ja auch andere Spitzensportler eine ADHS-Diagnose haben).

Michael Phelps: Bei dem Schwimmsportler und Rekord-Olympiasieger (23 Goldmedaillen!) Michael Phelps wurde ADHS im Alter von 9 Jahren diagnostiziert. Das intensive Training hat ihn unterstützt in puncto Konzentration und vor allem auch bei der notwendigen Disziplin.

Jan Ullrich: Der berühmte Ex-Profi-Radfahrer hat vor einiger Zeit bekannt, dass ADHS sein Leben stark bestimmt habe, mitsamt Leistungs- und Gefühlsschwankungen, einem hohen Energielevel, aber zugleich auch einer hohen Impulsivität.

Barry Keoghan: Der aus Irland stammende Schauspieler Barry Keoghan ist unter anderem bekannt geworden durch The Killing of a Sacred Deer und auch Dunkirk und wie er berichtet, wurde ADHS bei ihm erst mit Ende 20 diagnostiziert. Mit den Medikamenten sei es für ihn nun ein deutlicher Unterschied: „Früher war es in meinem Kopf wie bei einem Stau, alles auf einmal, jetzt mit den Medikamenten ist es wie: ein Auto fährt, danach erst fährt ein anderes Auto".

Will Smith: Der Schauspieler Will Smith hat öffentlich über seine Erfahrungen mit ADHS gesprochen und wie er mit der Störung umgeht.

Bill Gates: Der Microsoft-Gründer hat in Interviews erzählt, dass er als Kind mit ADHS starke Probleme in der Schule hatte und später sein Studium in Harvard deshalb nie beendet hat.

Bereits verstorbene Menschen, die möglicherweise ADHS hatten

Emily Dickinson: Das extrem introvertierte und zurückgezogene Verhalten der berühmten Dichterin sowie ihre außergewöhnlichen Gedichte haben dazu geführt, dass einige Wissenschaftler davon sprechen, Dickinson habe womöglich ADHS gehabt – aber wer weiß das schon genau, vielleicht war auch Autismus der Grund für ihre soziale Zurückgezogenheit.

Leonardo da Vinci: Leonardo da Vinci zeichnete sich aus durch eine ungewöhnlich hohe Schaffenskraft, allerdings hat er viele Werke angefangen, aber nie beendet – in Verbindung mit seinem Interesse für ganz unterschiedliche Fachgebiete sind einige Experten der Meinung, da Vinci könnte ADHS gehabt haben.

Wolfgang Amadeus Mozart: Mozart war nicht nur bekannt für sein meisterhaftes musikalisches Schaffen, sondern auch für sein impulsives Verhalten. Einigen Berichten ist auch zu entnehmen, dass er Probleme hatte, sich an soziale Konventionen zu halten. Auch er könnte möglicherweise ADHS gehabt haben.

Thomas Edison: Als der Lehrer den 8-jährigen Thomas Edison ausschimpft, beschließt dieser, nicht wieder zur Schule zurückzukehren. Bis er 17 war, hatte man ihn bereits aus vier Lehrstellen entlassen, weil er bei Routinetätigkeiten zu schlampig arbeitete. In einem Stellwerk musste er pünktlich jede Stunde ein Signal senden, diese Disziplin passte ihm gar nicht, also bastelte er einen kleinen Apparat, der pünktlich jede Stunde ein Signal lossendete. Das war der Vorläufer des Börsetelegrafen und Thomas Edison entwickelte im Lauf seines Lebens noch tausend andere technische Erfindungen wie die Glühbirne, den Phonograph, ein Mikrophon und einen Filmprojektor.

Vincent van Gogh: Auch bei van Gogh gibt es einige Vermutungen, sein impulsives Verhalten und seine emotionale Labilität könnte möglicherweise eine Ursache haben in einer ADHS.

Herrmann Hesse: Der berühmte Schriftsteller wurde als Kind wie folgt beschrieben: „Hermann klettert verwegen auf Trippel, Bänkchen und Tischchen herum und gibt den Engelchen Arbeit, ihn zu halten, denn mir ist er zu flink und mächtig. Er steckt einen eisernen Nagel in den Mund. Er ist unbeschreiblich lebhaft und intelligent, dabei leidet er an großer Heftigkeit, sein heftiges Temperament macht uns viel Not. Er weiß stets Neues, Stoff zu allen möglichen Reden und Tatkraft zu allen guten und bösen Werken geht nie aus, oft muss man staunen, dass diese Fülle an Leben immer sprudelt."

Albert Einstein: Einstein war bekannt dafür, dass er sich nicht viel um gesellschaftliche Normen kümmerte und auch sein Privatleben schien ziemlich chaotisch gewesen zu sein – daher wird spekuliert, ob Einstein ebenfalls ADHS gehabt haben könnte.

Wie deutlich zu sehen ist, befinden sich Menschen mit ADHS heutzutage also in bester Gesellschaft – oder etwa nicht?

Zusammengefasst: Die Schwächen bei ADHS

In den letzten Kapiteln ging es über viele Seiten hinweg um die Probleme, die aus einer ADHS resultieren können. In diesem Abschnitt sind die wichtigsten Punkte noch einmal übersichtlich zusammengefasst:

Schwächen bei der Konzentration und (Selbst-)Organisation:

- sehr häufig unaufmerksam und leicht ablenkbar
- sich schnell gelangweilt fühlen
- Vergesslichkeit aufgrund Unkonzentriertheit, auch Termine werden vergessen oder Zuspätkommen, weil man nicht früh genug loskommt
- durchs Unaufmerksamkeit/Abgelenktsein wird öfter mal der Zug/Bus, die Haltestelle oder die richtige Autobahnausfahrt verpasst
- wichtige Dinge werden verlegt oder gehen verloren

- Schwierigkeiten den Haushalt in Ordnung zu halten
- Neigung zu viele Sachen anzusammeln
- auch häufig zu erleben: Prokrastination oder „Aufschieberitis"
- oft auch Probleme bei der Tagesplanung (ohne To-do-Liste geht gar nichts)
- Schwierigkeiten bei der (Selbst-)Organisation
- Chaos im Kopf durch Schwierigkeiten eine Entscheidung zu treffen (sich zu entscheiden fällt schwer, am liebsten hätte man sowohl als auch)
- durch die Schwierigkeit, Dinge oder Aufgaben nach Gewichtigkeit zu ordnen, ergeben sich auch Probleme beim Prioritätensetzen
- oft werden Arbeiten oder Vorhaben angefangen, aber nicht zu Ende geführt, weil etwas dazwischen kommt, was auch zu dem typischen „Verzetteln" führt

Der ADHS-Projektzyklus

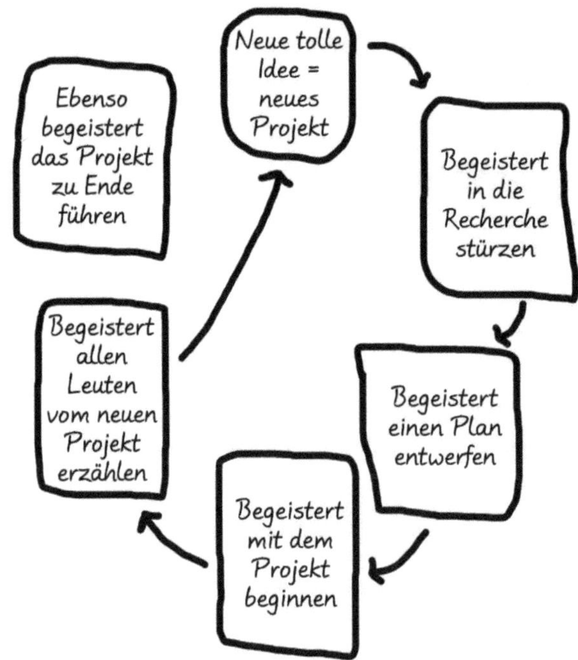

- Schwierigkeiten sich auf unliebsame Aufgaben zu konzentrieren oder längere Zeit konzentriert zu bleiben – hingegen fällt es leicht, stundenlang hochkonzentriert zu arbeiten, sofern die Arbeit den eigenen Interessen und Vorlieben entspricht
- Flüchtigkeitsfehler bei unliebsamen oder monotonen Arbeiten
- teilweise starke Antriebslosigkeit für wichtige, aber unliebsame Aufgaben
- hingegen in Phasen des Konzentriertseins wichtige Bedürfnisse wie Hunger oder Durst nicht wahrnehmen, Essen und Trinken quasi „vergessen"
- in Phasen des Konzentriertseins nicht wahrnehmen, wie die Zeit vergeht (Zeitblindheit), so dass leicht Anschlusstermine versäumt werden
- starker Bewegungsdrang (außer bei Hypoaktivität)
- innere Unruhe und Getriebenfühlen
- auch im Sitzen noch viel Bewegung (z. B. mit Fingern etwas tun oder mit Füßen wippen)
- riskantes Handeln, ohne an mögliche Folgen zu denken, sich unnötig selbst gefährden

Schwächen bei Emotionen und Selbstregulation:

- starke Gefühls- und Stimmungsschwankungen, sehr schnell emotional aufgewühlt sein und dann auch schnell ein „Überreagieren"
- vieles wird in einem Schwarz-Weiß-Denken betrachtet, es gibt ein „ganz" oder „gar nicht", entweder man ist Feuer und Flamme und legt sich ins Zeug oder man macht: nichts
- sich schnell angegriffen fühlen
- schnelle Reizbarkeit bis zu Wutausbrüchen aus nichtigen Anlässen
- geringe Belastbarkeit bei Stress
- andererseits sehr viel Empathie und Mitgefühl für andere Menschen, aber oftmals auch fehlende emotionale Abgrenzung, man lässt sich von den Gefühlen anderer „anstecken"

- impulsive Spontankäufe oder ähnliche spontane Handlungen „aus dem Bauch heraus"
- teilweise wenige Freunde, weil zu chaotisch, zu spontan, zu wenig verlässlich, oftmals auch zu direkt und ehrlich, so dass man andere ungewollt „vor den Kopf stößt" oder verletzt
- Gefahr eines negativen Hyperfokus, bei dem man in einen negativen Gedankenkreisel hineingerät und nicht mehr herausfindet
- als Folge der oft langjährigen Probleme können depressive Stimmungen mit Selbstwertproblemen auftreten, bis hin zu schwerwiegenden Depressionen

> **Wichtiger Hinweis:** Nicht alle Menschen mit ADHS haben alle diese Eigenschaften in so deutlicher Form, dass es auffällt. Häufig genug sind die Symptome so milde, dass es nur gelegentlich auffällt. Wichtig auch: Diese Liste eignet sich nicht als (Selbst-)Test, die hier aufgeführten Symptome und Verhaltensweisen für ADHS können auch bei Menschen ohne ADHS vorkommen! Für eine solide Diagnose braucht es Fachleute, umfassende Gespräche und wissenschaftlich anerkannte Testverfahren.

Auf der Gegenseite: Die Stärken von ADHS

Nun haben wir ganz viel über die problematischen Seiten der ADHS gesprochen, aber wo Schatten ist, gibt es ja auch Licht, daher ist es jetzt an der Zeit, über die guten Seiten der ADHS zu sprechen!

Ein wichtiger Punkt für die Entfaltung der eigenen Stärken ist häufig die Frage, ob der individuelle Mensch in jungen Jahren viel Unterstützung und Förderung erfahren hat und damit ein gutes Selbstwertgefühl entwickeln konnte – das erleichtert dann später im Leben, die eigenen Stärken zu entdecken und deren Potenzial voll zu entfalten. Generell zeichnen sich Menschen mit ADHS aus durch folgende Eigenschaften:

- je nach Grad der Impulsivität, Hyperaktivität und Aufmerksamkeitssteuerung reicht die Bandbreite der Persönlichkeiten vom eher

bedächtigen Einzelgänger bis zum quirligen Alleinunterhalter, von
chaotischen Menschen bis hin zum anerkannten Professor
- durch die Reizoffenheit ist ihr Gehirn empfänglich und es kann
  (sofern die Aufmerksamkeit nicht auf etwas anderes gerichtet ist) auch
  sehr feine Signale wahrnehmen – gerade hypersensible Menschen
  verfügen über ausgeprägte Sinnes- und Wahrnehmungsqualitäten
  und erfassen sogar schwächere Umweltreize
- oftmals (sofern die Aufmerksamkeit nicht auf etwas anderes gerichtet
  ist) haben sie eine feine Antenne für ihre Mitmenschen, darüber
  hinaus zeichnen sie sich aus durch ein hohes Maß an Mitgefühl und
  empathischen Fähigkeiten sowie die Bereitschaft zur Fürsorge
- Ihr Mitfühlen führt auch dazu, dass sie ein hohes Maß an Gerechtig-
  keitsempfinden haben und ihre Energie auch für diejenigen einsetzen,
  die ungerecht behandelt werden
- sie sind gewohnt, spontan und flexibel zu reagieren, daher können sie
  sich unvorhergesehenen Entwicklungen schnell anpassen
- da sie nicht immer regelkonform denken oder agieren, entsprechen
  sie oft dem Typus eines unbequemen Querkopfs, der unkonventionelle Wege geht und störenderweise Dinge in Frage stellt, damit
  aber auch neue oder innovative Entwicklungen anstößt

*„Wenn jemand kommen und sagen würde, dass ich jetzt sofort
die Wahl zwischen „normal sein" und ADHS habe, würde ich
ADHS wählen. Ich nehme erst gar keine Medikamente, denn
am Ende gefällt mir dieser Zustand doch zu gut."
David Neeleman (erfolgreicher Gründer und Unternehmer)*

- Menschen mit ADHS sind häufig sehr offen und aufgeschlossen für
  Neues, sie verfügen über eine hohe Bereitschaft, auch neue Wege zu
  gehen
- durch die oftmals divergenten und übersprudelnden Gedanken verfügen sie meist über eine enorme Kreativität und entwickeln oft ungewöhnliche und innovative Lösungen, teilweise so blitzschnell, dass
  es Außenstehende ins Staunen bringt

- findet sich ein Partner oder ein Team „auf einer Wellenlänge", können sie in einem solchen Umfeld geradezu aufblühen
- sie sind höchst begeisterungsfähig (sofern es um etwas geht, was sie wirklich interessiert oder fasziniert) und im Zustand des Hyperfokus oder Flow sind sie zu enormen Höchstleistungen in der Lage
- durch eine hohe Impulsivität werden einige Menschen mit ADHS oft als sehr energiegeladene und dynamische Menschen wahrgenommen
- Menschen mit ADHS sind häufig sehr redegewandt und sie lernen schnell, diese Gewandtheit auch für geschäftliche oder auch private Verhandlungen geschickt zu nutzen und sich durchzusetzen
- vor allem hyperaktive und bewegungsaktive Menschen treiben oft sehr viel Sport (das hilft auch, die innere Unruhe zu kompensieren) und bringen auch hier sehr viel Leistung
- viele Menschen mit ADHS zeichnen sich zudem aus durch ein hohes Maß an Humor, ein Gefühl für Situationskomik, teilweise auch sehr viel Schlagfertigkeit und (manchmal) die Fähigkeit zur Selbstironie

Als kurzes Zwischenfazit

ADHS ist nicht nur Fluch, es kann auch ein Segen sein und es gibt einige Menschen mit ADHS, die sich vor einer medikamentösen Behandlung scheuen, weil sie befürchten, sie könnten ihre Spontaneität, ihre Kreativität, ihre Lebendigkeit oder andere liebgewonnene Eigenschaften verlieren. ADHS an sich ist ja nichts Negatives, es gibt auch genug positive Seiten.

Teil IV:

Diagnose und Behandlungsmöglichkeiten bei ADHS

„Bei ADHS geht es nicht darum
zu wissen, was zu tun ist,
sondern darum, das zu tun,
was man weiß."
Dr. Russell Barkley

ADHS ist wie ein Eisberg

Teil IV: Diagnose und Behandlungsmöglichkeiten bei ADHS

Wie bereits dargestellt, ist eine ADHS meist seit der Kindheit vorhanden, auch wenn sie oftmals erst später im Leben diagnostiziert wird. Möglicherweise waren die Symptome in der Kindheit noch nicht so deutlich, weil es sich um die verträumtere Form der Unaufmerksamkeit handelte, ohne die auffallende Hyperaktivität und Impulsivität. Oder das Erscheinungsbild war nicht ausgeprägt genug, um zu spürbaren Einschränkungen zu führen. Der betreffende Mensch hat dann gelernt, die Schwächen in puncto Aufmerksamkeit zu kompensieren, oftmals indem er eine überaus hohe Einsatzbereitschaft an den Tag gelegt hat, so dass die reduzierte Leistungsfähigkeit völlig unauffällig blieb.

Diese Kompensation kann für den ganzen Lebensweg ausreichen, je nachdem, welche Anforderungen das berufliche oder das private Umfeld stellen und wie gut das alles zu bewältigen ist.

Aber manchmal wird bei einem Erwachsenen eine Überforderung deutlich, die als komorbide Störung oft zu einer Depression, einem Burn-out oder in eine Suchterkrankung führen kann. Wer zum Arzt geht, wird häufig dann diese Diagnosen hören und die Therapie wird ebenfalls auf diese Diagnosen abzielen.

Das Problem ist aber ähnlich wie bei Schiffsfahrten entlang der Eisberg-Routen: Der Teil des Eisbergs, der aus dem Wasser ragt, wird zwar beachtet, aber eigentlich kommt es darauf an, was unterhalb der Wasseroberfläche noch vorhanden ist.

So kommt es, dass vor allem bei erwachsenen Menschen mit ADHS nicht gleich auf Anhieb die richtige Diagnose gestellt wird. Fehlt es aber an der richtigen Behandlung, wird sich vermutlich auch wenig ändern (es sei denn, man wechselt auf einen passenderen Arbeitsplatz oder eine andere Änderung im Leben bringt passenderweise die nötige Entlastung).

Wie wird die Diagnose gestellt?

Wie wird ADHS eigentlich diagnostiziert? Und gibt es einen „richtigen" Zeitpunkt dafür? In der Regel spürt man als Erwachsener schon länger einen gewissen Leidensdruck, man merkt, dass man nicht mehr so gut „funktioniert": Man verzettelt sich, vergisst Termine oder wichtige Erledigungen, die Nerven liegen blank, man regt sich schnell auf und wird dann auch laut. Oft ist da eine innere Unruhe, die einen auch nachts nicht zur Ruhe kommen lässt. Weil man nachts schlecht schläft, ist man am nächsten Tag nicht fit. Und so rutscht man immer tiefer in diesen Teufelskreis des Überfordertseins hinein.

Eigentlich wäre es günstig, wenn man schon zu Beginn dieser Überforderung zum Arzt geht, man sollte wirklich nicht warten, bis man völlig mit den Nerven und der Konzentration am Boden ist.

In der Regel bekommt man vom Hausarzt eine Überweisung zu einem Facharzt für das Fachgebiet Psychiatrie/Neurologie. Im Idealfall kann der Facharzt die Diagnose selbst durchführen oder er arbeitet für die Diagnostik mit einer auf ADHS-Diagnosen spezialisierten Praxis zusammen und überweist dorthin (so war es jedenfalls bei mir).

Ist kein Facharzt in der Region bekannt, so bieten die Kassenärztlichen Vereinigungen in den verschiedenen Bundesländern einen Ärztefinder; darüber hinaus finden sich auf verschiedenen ADHS-Infoportalen weitere Anlaufstellen und Netzwerke, zum Beispiel hier: https://www.zentrales-adhs-netz .de/regionale-netze/

Was für die Diagnose zu berücksichtigen ist

ADHS wird vor allem über die Leitsymptome Unaufmerksamkeit, Impulsivität und die Hyperaktivität definiert. Jedes der Symptome allein bildet noch keine ADHS, es braucht noch einige weitere Symptome, zudem müssen bestimmte andere Erkrankungen ausgeschlossen werden. Aus diesem Grund können im Internet erhältliche Selbsttests keine exakte Diagnose liefern, sondern nur erste Anhaltspunkte. Die Diagnose selbst setzt sich zusammen aus verschiedenen Teilen: ausführliche Gespräche über die gegenwärtigen Symptome, aber auch über mögliche Symptome in der Kindheit, dazu kann es weitere Untersuchungen geben wie zum Beispiel Hör- und Sehtests, damit ausgeschlossen werden kann, dass die Symptome durch ein schlechtes Gehör oder Sehprobleme bedingt sind. Möglicherweise wird auch auf Laborwerte zurückgegriffen, um sicherzustellen, dass keine anderen organischen Ursachen (wie zum Beispiel eine Schilddrüsenfehlfunktion) in Frage kommen. Ebenso muss ausgeschlossen sein, dass die Symptome durch eine andere neurologische oder psychiatrische Störung (wie zum Beispiel ein Anfallsleiden oder eine Störung im Autismus-Spektrum) verursacht sein können.

ADHS selbst lässt sich nicht über Laborwerte bestimmen. Daher wird für die Diagnose zusätzlich auf unterschiedliche Testverfahren oder Fragebögen zurückgegriffen. Je nach individuellen Gegebenheiten können noch weitere Intelligenz- oder Aufmerksamkeitstests durchgeführt werden, entweder auf einem Testbogen oder direkt auf einem Bildschirm.

Auf welche Symptome zu achten ist

Für die Diagnose gibt es zwei unterschiedliche Klassifikationssysteme: Das *Diagnostic and Statistical Manual of Mental Disorders* (Diagnostisches und Statistisches Handbuch psychischer Störungen), abgekürzt DSM, sowie die *International Statistical Classification of Diseases and Related Health Problems* (Internationale statistische Klassifikation der Krankheiten und verwandter Gesundheitsprobleme), abgekürzt ICD. Im ärztlichen Alltag werden meist die ICD-Codes verwendet, in der Forschung wird häufig auf die DSM-Diagnosen zurückgegriffen.

Für die DSM-Diagnose gibt es jeweils neun Symptome für die Teilbereiche Unaufmerksamkeit sowie Hyperaktivität/Impulsivität.

- Zu den neun Symptomen des Teilbereichs Unaufmerksamkeit gehören unter anderem Schwierigkeiten die Aufmerksamkeit aufrechtzuerhalten und Flüchtigkeitsfehler bei der Arbeit, aber auch Organisationsschwierigkeiten, Ablenkbarkeit und Vergesslichkeit.

- Zu den neun Symptomen des Teilbereichs Hyperaktivität und Impulsivität gehören unter anderem sehr viel Bewegungsdrang, inneres Getriebensein, Dazwischenreden sowie generell sehr viel zu reden.

Sofern mindestens sechs der Symptome aus zwei Teilbereichen zutreffen, sofern diese Symptome länger als ein halbes Jahr bestehen, sofern sie deutliche Beeinträchtigungen in zwei Lebensbereichen (wie zum Beispiel im Beruf und im eigenen Haushalt oder bei Freizeitaktivitäten, in der Partnerschaft und im Freundeskreis) nach sich ziehen und sofern auch keine anderen organischen oder psychiatrischen Gründe vorliegen, dürfte am Ende der Untersuchungen und Tests die Diagnose ADHS stehen.

Endlich wissen, was los ist

Für die meisten Menschen mit ADHS dürfte die Diagnose eine Mischung sein aus Schock und „Aha, ich hab's doch geahnt". Je nachdem, wie sehr das Berufs- und auch Privatleben bereits beeinträchtigt war, je nachdem, wie lange schon nach der Ursache gesucht worden ist, kann es eine Erleichterung sein, endlich zu wissen, was los ist.

Wer jahrelang gegen Unaufmerksamkeit und Unordnung gekämpft hat, wem viel zu oft vorgehalten worden ist, sich nicht ordentlich im Griff zu haben oder Dinge viel zu planlos und chaotisch anzugehen, wer immer wieder mit Vorwürfen konfrontiert war, zu schnell mit etwas rauszuplatzen, wird erleichtert sein zu erfahren, dass dies alles nicht auf eine Charakterschwäche zurückzuführen ist, sondern handfeste Ursachen hat.

Falls jemand Zweifel hat an der Diagnose, kann es ratsam sein, eine zweite fachkundige Meinung einzuholen. Ansonsten geht es im nächsten Schritt darum zu schauen, wie eine passende Behandlung aussehen könnte – oder ob es überhaupt eine braucht …

Welche Behandlungsmöglichkeiten gibt es?

Nach einer positiven ADHS-Diagnose wird der behandelnde Arzt zunächst genauer über ADHS aufklären. Danach geht es um die Frage nach der passenden Behandlung.

Grundsätzlich ist zu betonen, dass ADHS nach derzeitigem Stand der Dinge nicht „heilbar" ist, es wird nicht verschwinden.

Das Ziel besteht daher darin, die Symptome zu behandeln, die zu einem Leidensdruck führen. Falls es keinen allzu großen Leidensdruck gibt, wäre die Frage, ob eine Behandlung überhaupt notwendig ist. Anders als beispielsweise Bluthochdruck oder Diabetes ist eine ADHS-Diagnose nicht zwingend therapiebedürftig. Die Behandlungsbedürftigkeit bei ADHS hängt vor allem ab vom Schweregrad.

Die Schweregrade der ADHS

ADHS wird in verschiedene Schweregrade unterteilt, um die Behandlung bestmöglich anzupassen:

Leichte Ausprägung

Sehr viele Menschen mit ADHS haben ADHS in einer nur leichten Ausprägung. Die ADHS-Symptome sind kaum wahrnehmbar, das Alltagsleben funktioniert daher weitgehend störungsfrei und die ADHS-Symptome werden eher als Teil einer normalen Persönlichkeit oder als eine Persönlichkeitsakzentuierung wahrgenommen. Diese Menschen werden nicht als störend hyperaktiv empfunden, sondern als erfrischend temperamentvoll und energiegeladen. Womöglich waren sie früher in der Schule ziemlich unauffällig, kommen heute im Beruf und im Alltag gut klar und auch ihr soziales Leben ist in Ordnung.

In solchen Fällen, bei nur leichten Symptomen und sofern kein Leidensdruck vorhanden ist, würde eine Psychoedukation ausreichen. Damit wäre die betreffende Person (und gegebenenfalls auch das familiäre Umfeld) informiert, falls sich einmal durch persönliche Lebenskrisen (Wechsel des Arbeitsplatzes, Wechsel des Vorgesetzten, erhöhter Stress, Beziehungsprobleme u.ä.) die Symptomatik verschlimmern sollte und zu einem späteren Zeitpunkt eine Behandlung notwendig werden sollte. Ansonsten wäre eine Behandlung zu diesem Zeitpunkt gar nicht erforderlich.

Mittelschwere Ausprägung

Eine ADHS mit mittelschwerer Ausprägung beeinträchtigt bereits mehrere Lebensbereiche wie das Berufsleben, den Alltag, Partnerschaft und Familie usw. Hier sollte nach der Psychoedukation eine weiterführende Behandlung folgen. Oftmals reicht eine Verhaltenstherapie. Eine medikamentöse Therapie wird notwendig, wenn die Störung möglicherweise zu schlimmen Folgen führt wie zum Verlust des Arbeitsplatzes. Ohne eine Behandlung könnte sich die Symptomatik verschlimmern und weitere Folgen nach sich ziehen. Mit einer erfolgreichen Therapie können sich die mittelschwer ausgeprägten Symptome zu Symptomen leichter Ausprägung zurückbilden, so dass der Alltag auch ohne eine Behandlung zu bewerkstelligen ist.

Schwere Ausprägung

Bei einer ADHS-Symptomatik mit schwerer Ausprägung leiden Betroffene deutlich unter einer Beeinträchtigung ihres Lebens, sie haben häufig stark ausgeprägte komorbide Symptome wie Depressionen, Suchterkrankungen oder andere Verhaltensstörungen. In diesen Fällen ist oft wichtig, auf eine medikamentöse Behandlung zurückzugreifen, um die schlimmsten Auswirkungen möglichst gut eindämmen zu können. In ganz gravierenden Fällen könnte sogar eine stationäre Therapie am Anfang der Behandlung stehen.

Multimodales Vorgehen

Auch wenn eine ADHS mit leichter Ausprägung nach einer Psychoedukation meist keine weitere Behandlung benötigt, können weitere Therapien bei der mittelschweren und schweren Ausprägung notwendig sein. Dabei geht jedoch die Bandbreite der Symptome und individuellen Gegebenheiten so stark auseinander, dass es diese eine Behandlung für alle Menschen mit ADHS nicht gibt. Bei manchen Kleidungsstücken (wie Mützen) gibt es manchmal dieses „one size fits all", also eine recht dehnbare Größe für alle, aber bei der Behandlung störender ADHS-Symptome gibt es das natürlich nicht. Daher empfehlen Fachkreise ein „multimodales" Therapiekonzept, das heißt die Kombination mehrerer Therapien, die jeweils auf den Betroffenen und seinen individuellen Therapiebedarf abgestimmt sind.

Die multimodale Behandlung

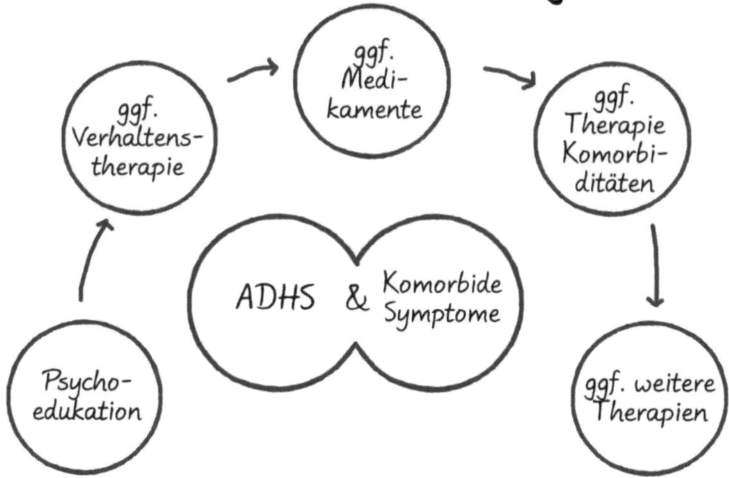

Je nach Bedarf würde man nach der Psychoedukation auf unterschiedli-che Therapie-„Bausteine" zurückgreifen, angefangen bei einer Verhaltens-therapie oder einer medikamentösen Behandlung der ADHS-Symptome, eventuell auch der gesonderten Behandlung komorbider Störungen bis zu weiteren möglichen Therapien. Statt einer Verhaltenstherapie wäre auch ein Coaching oder eine Ergotherapie möglich, was beispielsweise bei der Alltagsorganisation hilft. In besonders schweren Fällen könnte auch ein sta-tionärer Aufenthalt oder ein Aufenthalt in einer Reha-Klinik hilfreich sein. So werden alle bedarfsgerechten Maßnahmen modular in das individuelle Behandlungskonzept aufgenommen.

Psychoedukation

Der Begriff Psychoedukation steht für die Aufklärung eines Menschen und gegebenenfalls auch seines engeren Umfelds über eine Störung oder Er-krankung. Diese Aufklärung dient dazu, dass Betroffene und ihre Familien die Krankheit besser verstehen und die Symptome besser einordnen kön-nen. Im Rahmen einer ADHS-Diagnose wird von den Fachverbänden vor allem eine umfassende Psychoedukation empfohlen, bevor weitere Be-handlungsschritte ins Auge gefasst werden.

Die Psychoedukation kann sowohl als Einzelfallgespräch stattfinden, aber auch im Rahmen eine Gruppe. Oftmals sind es nicht nur Ärzte, die ein solches Gespräch leiten, sondern auch Psychologen, Pädagogen oder entsprechend geschulte Pflegekräfte. Eine Psychoedukation in einer Gruppe bietet den Vorteil, dass sich Betroffene auch untereinander austauschen können. Allerdings ist nicht jeder Betroffene bereit, in einer Gruppe über sich zu sprechen. In einem solchen Fall würde ein Einzelgespräch stattfinden, um hier besser auf die individuellen Fragen eingehen zu können.

Bei einer ADHS-Diagnose würde durch eine Psychoedukation zunächst über die möglichen Thesen zur Entstehung einer ADHS gesprochen, einschließlich Hinweise auf Gene, auf mögliche familiäre Umstände sowie die Bedeutung der Neurotransmitter als Botenstoffe. Auch würden die Symptome genauer erklärt und auch geklärt, inwiefern die betroffene Person damit eigene Erfahrungen gemacht hat. Ebenso würde über Komorbiditäten gesprochen und schließlich auch über die unterschiedlichen Behandlungsmöglichkeiten.

Je nach individueller Situation kann es auch hilfreich sein, das familiäre oder soziale Umfeld einzubeziehen. Oftmals hilft es, wenn auch das Umfeld die Symptome versteht und einordnen kann. Vielleicht wurde der betreffenden Person viele Male vorgehalten, sie wäre faul, schlampig, unzuverlässig oder jähzornig. Mit dem Wissen über die Symptomatik der ADHS wäre es hilfreich, wenn die bisherige Sichtweise aufgebrochen und durch eine andere Sichtweise ersetzt würde. Selbstverständlich muss diese Psychoedukation so gestaltet sein, dass die Fülle an neuen Informationen nicht überfordernd wirkt, daher ist hilfreich, für diese Aufklärung mehrere Gesprächstermine zu nutzen.

Verhaltenstherapie

In den letzten Jahren wird ADHS nicht mehr nur als Aufmerksamkeitsproblem betrachtet, sondern als eine Störung der exekutiven Funktionen und der Selbstregulation. ADHS kann sich störend auf unterschiedliche Lebensbereiche auswirken, vor allem auch, wenn viele Betroffene im Laufe der Zeit negativ wirkende Verhaltensmuster entwickelt haben. Die Ursache dafür kann darin liegen, dass es in frühen Jahren zu wenig Förderung und zu viel Überforderung gegeben hat.

Die Betroffenen haben nicht richtig verinnerlicht, eine Struktur und Ordnung aufzubauen, sie können sich nicht gut selbst organisieren, sie können sich nicht gut selbst kontrollieren und diese mangelnden Fähigkeiten haben ein teilweise sehr negatives Selbstbild entstehen lassen: Am Ende traut man sich selbst viel zu wenig zu, schiebt Aufgaben vor sich her und hat daher teilweise massive Schwierigkeiten im Alltag. Oft kommen auch noch Schwierigkeiten in der Kommunikation mit anderen hinzu. Hier hilft es im Rahmen einer kognitiven Verhaltenstherapie oder auch eines Impulskontrolltrainings, die eigene Sozialkompetenz zu verbessern.

Häufig kommt auch noch das Problem einer Überkompensation hinzu: Ein Mensch mit ADHS versucht sich anzupassen, indem er (zumindest in Teilbereichen) mehr als eigentlich nötig auf Ordnung achtet und zum Beispiel in der Küche die Tassen nach Farben oder Größen im Schrank sortiert. Auf diese Weise schafft er sich das Gefühl, wenigstens in einem Bereich die nötige Ordentlichkeit an den Tag zu legen.

Die Überkompensation kann soweit gehen, dass der Betroffene sich und seine echten Eigenschaften wie hinter einer Maskierung versteckt. Um vor anderen Menschen nicht unangenehm aufzufallen oder um nicht anzuecken, werden bei diesem „Masking" gesellschaftlich nicht erwünschte Eigenschaften unterdrückt oder modifiziert und stattdessen gesellschaftlich erwünschte Eigenschaften nach außen gezeigt. Das funktioniert häufig, indem das Verhaltensmuster von gesellschaftlichen anerkannten Personen imitiert wird. Ähnlich wie ein Chamäleon sich an seine Umgebung anpasst, versuchen auch Menschen mit ADHS durch ihr Masking sich an die Erwartungen ihrer Umgebung anzupassen, um zu gefallen und um ihr Umfeld zufriedenzustellen. Im Englischen gibt es den Begriff „people pleaser" dafür.

Diese Strategie des Masking und People-Pleasing funktioniert oft erstaunlich gut, allerdings kostet das enorm viel Kraft, was vielleicht auch ein Grund für komorbide Störungen wie chronische Müdigkeit und Erschöpfung oder auch ein Grund für psychische Störungen ist. So gesehen ist das

Masking nicht immer die beste Lösung und bei einer Verhaltenstherapie könnte auch versucht werden, eine bessere Coping-Strategie zu entwickeln.

Vielen Menschen mit ADHS hilft es bereits, wenn sie es schaffen, bestimmte schädliche Verhaltensmuster zu ändern. Eine Verhaltenstherapie kann helfen, unpassendes Verhalten zu erkennen, zu verstehen und zu ändern. Dabei werden konkrete Anleitungen und Strategien vermittelt, um den Umgang mit individuellen Problemen zu erleichtern. Der Therapeut hilft im Lauf der Behandlung dabei, neue Verhaltensweisen zu trainieren, den Glauben an die eigene Selbstwirksamkeit zu verbessern und darüber hinaus auch zu überlegen oder zu üben, wie man beispielsweise im Job oder im sozialen Umfeld auf schwierige Situationen reagieren kann.

Ergotherapie

Auch Ergotherapie kann helfen, das ADHS-typische Verhalten gezielt zu verbessern, indem individuell besprochen wird, wie man Abläufe besser plant und einhält, wie man motorische Schwächen verbessern kann, wie sich die Aufmerksamkeit und Konzentration stärken lässt, wie das Arbeitsumfeld optimal gestaltet wäre und so weiter.

Medikamentöse Behandlung

Bei einer mittelschweren oder schweren Ausprägung der ADHS ist oft auch die Gabe von Medikamenten hilfreich. Dies gilt vor allem, wenn die Auswirkungen der ADHS auf die Lebensbereiche äußerst negativ sind wie zum Beispiel bei extremer Unruhe, schweren Depressionen oder Suchtverhalten, der mangelnde Fähigkeit, den eigenen Alltag noch zu bewältigen bzw. bei einem drohenden Verlust des Arbeitsplatzes. In solchen Fällen kann es tatsächlich eine große Hilfe sein, die Folgen der ADHS abzumildern.

Für die Behandlung von Erwachsenen sind drei verschiedene Wirkstoffe zugelassen, nämlich Methylphenidat, Atomoxetin und Lisdexamfetamin.

- Methylphenidat wirkt auf den Dopaminspiegel im Gehirn und erhöht damit die Konzentration und Aufmerksamkeit
- Atomoxetin wirkt auf den Noradrenalin-Stoffwechsel und verbessert die Kernsymptome Impulsivität, Hyperaktivität und Unaufmerksamkeit

- Lisdexamfetamin erhöht die Verfügbarkeit der Neurotransmitter Noradrenalin und Dopamin und fördert damit die Konzentration bzw. reduziert Hyperaktivität und Bewegungsdrang

Diese Wirkstoffe sind jeweils in verschiedenen Medikamenten und in verschiedenen Dosierungen verfügbar, allerdings nur über ein spezielles Rezept (Betäubungsmittelrezept, abgekürzt BtM-Rezept) erhältlich.

In der Regel wird zunächst ein Medikament mit dem Wirkstoff Methylphenidat verordnet. Allerdings gibt es vor allem bei einem vorwiegend unaufmerksamen Erscheinungsbild auch Personen, bei denen der Wirkstoff nicht greift (sogenannte Non-Responder). In diesem Fall würde ein Medikament mit einer anderen Dosis oder mit einem anderen Wirkstoff verschrieben.

In der Regel entfalten die Medikamente eine positive Wirkung: Das Gehirn verfügt über mehr Botenstoffe, kann sich besser regulieren, die Aufmerksamkeit und auch die Motivation wird erhöht, das hyperaktive und impulsive Verhalten wird reduziert. Allerdings können in einigen Fällen auch Nebenwirkungen auftreten, angefangen von leichtem Unwohlsein und Nervosität bis hin zu Herz-/Kreislaufproblemen und anderen unangenehmen Effekten. Meistens überwiegen jedoch die positiven Wirkungen.

Wichtig zu beachten: die Medikation hilft zwar bei den Kernsymptomen Unaufmerksamkeit, Impulsivität und auch Hyperaktivität, aber die Medikation allein verbessert nicht notwendigerweise die exekutiven Funktionen wie beispielsweise die Fähigkeit, die eigenen Handlungen zu steuern und zu kontrollieren. Daher ist es oft hilfreich, Medikamente zu kombinieren mit einer Verhaltenstherapie oder auch mit einer Ergotherapie oder einem Coaching, um gleichzeitig für das Coping auch Strategien und Techniken zu lernen, wie man künftig besser mit Erledigungen und Terminen umgeht, welche Strategien helfen, mehr Struktur und Ordnung ins Leben zu bekommen etc. Wer aufgrund seiner ADHS nie gelernt hat, sein Leben gut zu strukturieren, braucht oft auch in dieser Hinsicht eine alltagspraktische Unterstützung zusätzlich zur Medikation.

Gruppentherapie und Selbsthilfegruppen

Eine weitere Möglichkeit könnte sein, an einer Gruppentherapie teilzunehmen, die von Therapeuten oder anderen medizinischen Einrichtungen angeboten werden, oder aber sich einer ADHS-Selbsthilfegruppe anzuschließen.

Eine Gruppentherapie folgt den Leitlinien zu Behandlung der ADHS; der leitende Therapeut wird in der Gruppe sowohl über ADHS informieren als auch verschiedene Maßnahmen vorstellen zur Verbesserung der Aufmerksamkeit und der Impulskontrolle, zum Stressmanagement, zur Alltagsorganisation oder auch für ein Achtsamkeitstraining. Natürlich gibt es in der Gruppenstunde auch Gelegenheit, sich innerhalb der Gruppe zu dem Thema auszutauschen.

Zusätzlich zu einer therapeutisch orientierten Gruppenstunde besteht auch die Möglichkeit, sich einer der zahlreichen ADHS-Selbsthilfegruppen anzuschließen – mit einer Suche im Internet nach diesem Stichwort sowie als weiteres Suchwort eine größere Stadt in der Umgebung sollte sich eine passende Selbsthilfegruppe finden lassen.

In einer Selbsthilfegruppe steht der zwanglose Austausch über Probleme und über Lösungsstrategien im Vordergrund. Man fühlt sich umgeben von Menschen mit ähnlichen Problemen, man hat das Gefühl verstanden zu werden, man kann sich entspannt austauschen und sich gegenseitig Tipps geben. Auch das bringt einiges an Unterstützung für die eigene ADHS-Geschichte und die Art und Weise, wie man damit umgeht.

Weitere Behandlungsformen

An dieser Stelle sollen kurz noch weitere Behandlungsmöglichkeiten aufgezeigt werden – jedoch ohne einen Anspruch auf Vollständigkeit, vielleicht gibt es eine Methode, die ich selbst noch gar nicht kenne?

Akupunktur

Eine Behandlung von ADHS mit Akupunktur gehört nicht zu den ärztlichen Behandlungsleitlinien und wird daher in der Regel auch nicht von Krankenkassen übernommen. In einer Metastudie scheint es Hinweise zu geben auf eine Wirksamkeit von Akupunktur bei ADHS. Allerdings ist die Qualität der untersuchten Studien bislang nicht ausreichend, daher wird hier keine klare Empfehlung ausgesprochen. Interessanterweise zeigte sich in der Metastudie jedoch, dass Akupunktur bei Schlafstörungen zu helfen scheint. Möglicherweise könnte es dem einen oder anderen AHDS-Betroffenen also zumindest bei diesem oder ähnlichen Begleitsymptomen helfen.

Homöopathie

Auch eine Behandlung durch homöopathische Mittel gehört nicht zu den ärztlichen Leitlinien und wird daher in der Regel nicht von Krankenkassen übernommen. Viele ADHS-Betroffene haben auf Empfehlung eines Homöopathen oder auf Empfehlung im Bekanntenkreis homöopathische Mittel ausprobiert, mit unterschiedlichem Erfolg. Bei einigen Betroffenen hilft es nicht, bei anderen scheint eine positive Wirkung vorhanden zu sein. Es gibt allerdings keine Studien, die einen Nachweis über die Wirksamkeit einer homöopathischen Behandlung erbringen konnten. Vor diesem Hintergrund wird von einem Einsatz der Homöopathie nicht abgeraten, aber es wird empfohlen, Homöopathie nicht als alleinige Behandlungsmethode zu betrachten, sondern die Homöopathie nur als zusätzliches Mittel zu einer anderen Behandlungsmethode zu nutzen.

Coaching

Während eine Psychotherapie oder Verhaltenstherapie nicht nur darauf abzielt problematische Verhaltensmuster zu erkennen und zu ändern, sondern auch emotionale Probleme anzugehen, geht es bei einem Coaching mehr um alltagspraktischere Fragen wie die Selbstorganisation.

Als Ausgangspunkt sind realistische Ziele und konkrete Wege zu entwickeln, um diese individuellen Ziele zu erreichen. Bei alltagspraktischen Beeinträchtigungen durch ADHS könnte ein Coaching helfen, individuelle Strategien ausfindig zu machen, um die Auswirkungen der ADHS durch Gegenmaßnahmen abzumildern – beispielsweise Strategien, um Termine und Erledigungen effektiver zu organisieren, bessere Lern- und Arbeitsmethoden einzusetzen und allgemein das Selbstmanagement zu stärken. Positive Rückmeldungen erhöhen gleichzeitig das Selbstvertrauen.

Angesichts der Tatsache, dass es bei Psychotherapeuten oft zu längeren Wartezeiten kommt, bis Termine frei sind, könnte die Unterstützung durch einen Coach durchaus hilfreich sein. Allerdings werden die Kosten von den Krankenkassen in der Regel nicht übernommen. Wichtig zu beachten ist auch, dass „Coach" kein geschützter Begriff ist und „Coaching" daher auch von Personen angeboten wird, die lediglich mal kurz ein Seminar besucht haben. Daher wäre auf alle Fälle ratsam, sich bei dem jeweiligen Coach über dessen Qualifikation und die Erfahrung zu informieren.

Ernährung und Mikronährstoffe

Es gibt verschiedene Ärzte und andere Wissenschaftler, die einen Zusammenhang sehen zwischen dem Auftreten von ADHS und der Ernährungsweise bzw. der Zufuhr bestimmter Mikronährstoffe. Bislang sind verschiedene Studien durchgeführt worden, die zu unterschiedlichen Ergebnissen geführt haben. Bei einigen Studien war durch spezielle Ernährungsformen ein leicht positiver Effekt zu verzeichnen, bei anderen Studien war ein solcher Effekt nicht feststellbar.

Verschiedene Substanzen auf dem Prüfstand

Unter anderem ging oder geht es bei diesen Diskussionen um Diätformen bzw. um Mikronährstoffe wie Fettsäuren, vor allem Omega-3-Fettsäuren. Hier haben Studien zu recht unterschiedlichen Ergebnissen geführt, allerdings wurden die Studien vor allem an Kindern und Jugendlichen durchgeführt, so dass nicht sicher ist, wie es bei Erwachsenen aussähe. Prinzipiell schadet es sicher nicht, Omega-3-Fettsäuren zu sich zu nehmen, aber es lässt sich auch nicht genau vorhersagen, ob die erhoffte Wirkung im individuellen Fall eintritt oder nicht.

Durch mehrere Studien standen eine Weile auch Fluoride im Verdacht, an ADHS sowie anderen neurologischen Störungen beteiligt zu sein, daher wurde empfohlen, man solle diese Substanzen meiden. Eine Überprüfung dieser Studien führte jedoch zu dem Ergebnis, die Studien hätten vielfach

Schwachstellen, die Studienergebnisse wären daher zweifelhaft. Ähnlich verhält es sich mit einer These aus den 1970er Jahren, derzufolge einige Farbstoffe in Lebensmitteln zu ADHS beitragen könnten. Auch diese These ließ sich durch weitere Studien nicht bestätigen.

Könnten Mikronährstoffe eine Rolle spielen?

Möglicherweise, so einige Ärzte, könnten Mikronährstoffe eine Rolle spielen. Bei diesen Stoffen handelt es nicht um Nährstoffe wie Kohlenhydrate, Eiweiß oder Fett, sondern es sind zusätzliche Stoffe, die der Körper nur in Mikro-Mengen benötigt. Zu diesen Mikronährstoffen gehören Mineralstoffe (z. B. Kalzium, Magnesium) als auch Vitamine (z. B. A, B, C, D, E und K) und Spurenelemente (z. B. Eisen, Selen, Mangan und Zink). In der Regel ist der Körper ausreichend mit diesen Stoffen versorgt, aber es ist möglich, dass es beispielsweise durch einseitige Diäten oder durch die Einnahme bestimmter Medikamente in individuellen Fällen zu einem Mangel kommen kann, der sich durch unterschiedliche Symptome bemerkbar macht.

Diese individuelle Versorgung und Verstoffwechslung von Nährstoffen macht es auch schwierig, wissenschaftlich fundierte Studien zu erstellen. Der eine Organismus hat alles, was er braucht, und trotzdem starke ADHS-Symptome; ein anderer Organismus hat womöglich zwar ein leichtes Defizit, aber das hat keinen Einfluss auf die Symptome. Vor diesem Hintergrund ist es nicht einfach, passende Studien zu entwickeln und durchzuführen. Eine Ausnahme mag eine frühere Studie bei Kindern sein, die Hinweise erbrachte, dass die Zufuhr von Vitamin D3 hilfreich sein könnte, um die Symptome der Unaufmerksamkeit und teilweise auch der Hyperaktivität zu verbessern – das heißt aber nicht, dass dieser Nährstoff nun in allen Fällen hilft.

Fazit zu Diäten und Nährstoffen

Studien konnte bislang nicht abschließend klären, ob eine bestimmte Diät oder ein bestimmter Nährstoff die Symptome der ADHS bei betroffenen Menschen verbessern kann – oder auch nicht. Generell ist die relativ niedrige Teilnehmerzahl bei diesen Studien heikel. Es mag zwar sein, dass bei einer Studie mit 20 oder 30 Personen ein Ergebnis zutage tritt, das für oder gegen die Einnahme einer Substanz zu sprechen scheint. Aber eine so niedrige Teilnehmerzahl ist nicht groß genug, um repräsentativ zu sein – das vermeintlich positive Ergebnis könnte auch einfach auf eine zufällig passende Zusammensetzung der Teilnehmer zurückzuführen sein. Bei sehr strikten Diäten besteht hingegen die Gefahr, dass sie langfristig mehr Schaden als Nutzen bringen.

Ganz allgemein hängt die Frage von ADHS und Nährstoffen immer stark vom Einzelfall ab. Komorbide Störungen wie Müdigkeit und Antriebslosigkeit könnten von einem Nährstoffmangel kommen; wird der Mangel behoben, könnten sich die Symptome wieder verbessern. Es ist jedoch immer ratsam, diesen Verdacht genau überprüfen zu lassen und nicht einfach ziellos irgendwelche Nährstoffpillen oder -pulver einzunehmen, denn auch eine Überdosierung kann zu gesundheitlichen Problemen führen.

Neurofeedback

Mit Hilfe von Neurofeedback erhalten Menschen mit ADHS ein direktes Feedback über ihre Gehirnaktivität. Über Elektroden auf der Haut werden die elektrischen Impulse des Gehirns anhand verschiedener Gehirnwellen sichtbar gemacht. Es gibt verschiedene Methoden, um die Aufmerksamkeit zu fordern und wenn diese wieder nachlässt, über visuelle oder akustische Signale eine entsprechende Rückmeldung zu geben.

So kann beispielsweise ein Video abgespielt werden und sobald die Messung ergibt, dass die Aufmerksamkeit nachlässt, stockt das Video mit der Tonspur, die Wiedergabe des Videos wird unangenehm „ruckelig". Auf diese Weise wird dem Gehirn zurückgemeldet: „Achtung, die Aufmerksamkeit schwindet", woraufhin das Gehirn wieder in die Aufmerksamkeit zurückkehrt. So „lernt" das Gehirn mit der Zeit, aufmerksamer zu sein.

Zum Neurofeedback speziell bei ADHS gibt es bislang noch keine umfassende Studie mit einer ausreichend großen Anzahl an Teilnehmern, die repräsentativ wäre. Insofern ist hier sicherlich noch weitere Forschung nötig, um die Wirksamkeit wissenschaftlich zu prüfen.

Teil V:

Das Leben mit ADHS besser bewältigen: Coping-Strategien

„Wir alle brauchen zwar eine äußere Struktur in unserem Leben - ein gewisses Maß an Vorherseh-barkeit, Routine, Organisation -, aber Menschen mit ADHS brauchen sie viel mehr als die meisten Menschen. Sie brauchen die äußere Struktur so sehr, weil es ihnen an innerer Struktur mangelt."
Edward Hallowell

Teil V: Das Leben mit ADHS besser bewältigen: Coping-Strategien

So, nun hat man die Diagnose bekommen und eine multimodale Therapie begonnen – und jetzt? Gibt es da nicht noch mehr?

In diesem Abschnitt werden die verschiedenen Lebensbereiche mit den jeweiligen Herausforderungen in den Blick genommen. Hauptsächlich geht es darum, sich für den Alltag hilfreiche Strategien zu suchen. Folgende Kriterien der ADHS, definiert durch den Psychologen und Forscher Paul Wender, zeigen die mehr oder weniger starke Auswirkungen auf den Alltag:

- Aufmerksamkeitsstörung
- motorische Hyperaktivität
- Affektlabilität
- desorganisiertes Verhalten
- mangelnde Affektkontrolle
- Impulsivität
- emotionale Überreagibilität

Diese Kriterien wirken sich sowohl im Beruf als auch im Privatleben aus. Neben beruflichen Problemen können sie zu Konflikten in Partnerschaft und Familie sorgen, sie beeinträchtigen die Eltern-Kind-Beziehung, Haushaltsführung sowie Freizeit und weitere soziale Kontakte. Viele Menschen mit ADHS haben das Gefühl, schon ihr ganzes Leben lang in den verschiedenen Lebensbereichen mit unterschiedlichen Problemen zu kämpfen, auch wenn man in anderer Hinsicht durchaus erfolgreich agiert.

In diesem Abschnitt sollen nochmals konkrete Lebensbereiche mitsamt den jeweiligen Herausforderungen aufgezeigt werden – und im Anschluss daran gibt es zahlreiche Hinweise und Tipps, aus denen sich ein individuelles „Coping-Strategien-Paket" zusammenstellen lässt.

Herausforderungen im beruflichen Bereich

Für Menschen mit ADHS kann es entscheidend sein, einen Beruf und einen Arbeitsplatz zu finden, der den Fähigkeiten entspricht. Das hat nicht zuletzt damit zu tun, dass man von Montag bis Freitag oft mehr Zeit am Arbeitsplatz verbringt als mit Partner oder Freunden, daher beeinflusst das, was in der Arbeitszeit passiert, in hohem Maß die psychische Gesundheit und damit auch die Lebensqualität. Daher geht es in den nächsten Abschnitten um den beruflichen Bereich und auch um den Weg dorthin.

Herausforderung Berufswahl mit Ausbildung oder Studium

Wer als Jugendlicher oder junger Erwachsener mit ADHS vor der Frage steht, welchen Beruf er ergreifen sollte oder könnte, dem stehen in dieser Lebensphase viele Möglichkeiten offen. Das Thema ADHS und Beruf ist schwieriger für die Menschen, die bereits in einem Beruf sind und dann erst merken, dass ihr Beruf aufgrund von ADHS nicht wirklich zu ihnen passt. Daher an dieser Stelle der Hinweis, wie wichtig es ist, einen passenden Beruf zu finden und auszuüben.

„Junge Menschen, die am Anfang ihres Berufswegs stehen, müssen erkennen, dass es im Leben viele „Busse" zum Einsteigen gibt. Die Wahl des Busses entscheidet häufig über Erfolg oder Misserfolg, Freude oder Verzweiflung."
Edward Hallowell

Grundsätzlich ist es schwierig für jemanden mit ADHS, einen Beruf zu wählen, in dem eine dauernde Aufmerksamkeit (auch Vigilanz genannt) erforderlich ist. Ein Chirurg zum Beispiel muss sich bei einer OP teilweise über viele Stunden hinweg stark konzentrieren können, ähnlich ist es als Pilot, Lokführer oder Fluglotse. Aus diesem Grund sind Berufe mit erforderlicher Daueraufmerksamkeit, wo es vielleicht auch noch um eine Sicherheit geht bis hin zur Frage von Leben und Tod, eher heikel für jemanden mit der ADHS-Unaufmerksamkeit. Aber auch Berufe, in denen extrem penibel und sorgfältig gearbeitet werden muss, wie in der Verwaltung oder im Finanzwesen, oder wo es um stupide Überwachungs- und Kontrollarbeiten geht, sind eher wenig geeignet für jemandem mit ADHS.

Abgesehen von der Empfehlung, einen Beruf mit Daueraufmerksamkeit und mit extremer Sorgfalt zu meiden, ist es generell hilfreich, einen Beruf nach Neigung zu wählen, denn: Wenn eine Aufgabe den eigenen Interessen entspricht, dürfte die Aufmerksamkeit prinzipiell höher sein als in einem Beruf, der als langweilig empfunden wird. Die Bandbreite der möglichen Berufsfelder ist dabei enorm:

- geistige und kreative Tätigkeiten mit wechselnden Aufgaben wie Journalismus, Beratungsberufe oder die verschiedenen kreativen Berufe wie gestaltende oder darstellende Künste
- Dienstleistungsberufe in Bereichen wie Gastronomie, Tourismus- und Freizeitwirtschaft, im Messe- und Veranstaltungsmanagement sowie Veranstaltungstechnik, Berufe rund um Kosmetik und Körperpflege, Berufe rund um Haushalt, Sauberkeit und Hygiene, pflegende oder pädagogisch geprägte Berufe und vieles mehr
- handwerkliche Berufe mit ihrer ganzen Vielfalt von Augenoptiker, Bootsbauer, Dachdecker, Elektroniker, Fahrradmonteur, Friseur, Gebäudereiniger, Hörgeräteakustiker, Maler und Lackierer, Orthopädieschuhmacher, Schneider, Tischler, Uhrmacher bis zum Zimmerer – wer Lust hat, der hat die Möglichkeit weiterzumachen und den Fachwirt zu machen oder den Meistertitel zu holen
- auch wissenschaftliche und forschende Berufe können, wenn sie den jeweiligen Neigungen und Interessen entsprechen, hohen beruflichen Erfolg mit sich bringen
- generell eignen sich auch Berufe, die mit Bewegung oder auch mit Reisen verbunden sind oder die oft auch im Freien ausgeübt werden – in einem Großraumbüro hingegen dürfte die Reizoffenheit dazu führen, dass die Aufmerksamkeit nur schwer aufrechtzuerhalten ist

Herausforderungen bei der Ausbildung

Hat man sich für einen Ausbildungsberuf (oder für ein duales Studium) entschieden, geht es im nächsten Schritt darum, einen passenden Ausbildungsbetrieb zu finden. In der Regel dürften kleinere Betriebe besser passen, da man hier eher auf individuelle Gegebenheiten eingeht als in einem größeren Betrieb mit starren Strukturen und Vorgaben.

Vor allem ist das Verhältnis zum Ausbilder und zu den jeweiligen Kollegen wichtig: Wenn hier „die Chemie stimmt", dürften diese auch eher die Schwächen einer Unaufmerksamkeit tolerieren, solange diese noch in einem akzeptablen Rahmen sind. Aber klar ist auch, dass man nicht ständig schlampig arbeiten darf, das könnte am Ende zur Kündigung führen. Wer merkt, dass es hier hapert, sollte sich aktiv um eine Lösung bemühen; möglicherweise helfen Medikamente dabei, den Arbeitsabläufen mehr Aufmerksamkeit zu schenken.

Für einen Azubi mit ADHS wäre es ideal, wenn der Ausbilder gleichzeitig auch eine Art Mentor ist, der lobt, motiviert und positiv anleitet. Konstruktive Kritik ist wichtig (als Azubi muss man ja lernen Fehler auszubügeln), aber da viele Menschen mit ADHS sehr empfindlich auf Kritik reagieren, wäre es hilfreich, wenn die Kritik nicht negativ, sondern positiv formuliert ist. Das ist leider nicht bei jedem Ausbilder der Fall, daher hängt der Erfolg einer Ausbildung auch davon ab, wie gut das Verhältnis zwischen Ausbilder und Azubi ist und ob der Ausbilder motivierend oder demotivierend auf den Azubi einwirkt.

Bei einer Ausbildung kommt natürlich noch der schulische Teil hinzu (bzw. bei einem Dualen Studium wäre das der Hochschulanteil) und auch hier wäre wichtig, dass der Azubi es schafft, die erforderlichen Leistungen zu erbringen. Falls es hier an der nötigen Konzentration hapert, wäre die Frage, ob ein Medikament hier unterstützend wirken könnte. Schließlich geht es darum, nicht nur die Zwischenprüfungen, sondern am Ende auch die Abschlussprüfung sowohl im theoretischen als auch im praktischen Teil zu schaffen, um bestmöglich ins spätere Berufsleben durchzustarten.

Herausforderungen im Studium

Falls zum Zeitpunkt der Studienwahl die Diagnose ADHS schon vorliegt, so geht es (ähnlich wie bei der Frage nach der passenden Ausbildung) auch bei dieser Auswahl darum zu überlegen, wie gut der Beruf später geeignet ist für jemanden mit ADHS. Und es geht auch um die Frage, ob das Studium den eigenen Interessen und Neigungen entspricht, schließlich braucht es das Studium hindurch immer wieder ein hohes Maß an Selbstmotivation.

Falls der Studienort weiter entfernt ist vom Heimatort, bedeutet der Studienbeginn einen enormen Umbruch in den gewohnten Strukturen: Es ist nicht nur das Elternhaus, das plötzlich fehlt, sondern auch die Freunde und alles andere. Auf einmal muss man einen eigenen Haushalt führen und sich selbst um alles kümmern. Dazu ändert sich die Tagesstruktur durch unregelmäßige Zeiten für Vorlesungen oder Seminare. Womöglich ist man konfrontiert mit der Unruhe in einem übervollen Hörsaal und wenn dann noch Prüfungen hinzukommen mit viel Lernstoff in engen Intervallen, fühlen sich viele Erstsemester schnell alleingelassen und überfordert.

In diesem Fall ist es wichtig, den Kopf nicht in den Sand zu stecken, sondern sich Hilfe zu suchen. Oftmals hilft bereits eine Medikation, darüber hinaus bieten viele Hochschulen auch Lerngruppen oder andere Angebote für ein besseres Zeit-, Lern- und Selbstmanagement. Für ein erfolgreiches Studium ist wichtig zu lernen

- Abgabefristen und Prüfungstermine nicht aus dem Auge verlieren
- die „Aufschieberitis" (Prokrastination) beenden
- bei mehreren Aufgaben die Prioritäten richtig setzen (statt kopflos dazwischen hin- und herzuspringen und sich dabei zu verzetteln)
- große Aufgaben in kleinere Teilaufgaben aufgliedern und sich für erfolgreich absolvierte Zwischenschritte eine kleine Belohnung zu gönnen
- sich klare Strukturen und feste Alltagsroutinen schaffen (und dabei vor allem auch an feste Ess- und Schlafenszeiten denken)
- dem Stress mit Entspannungsübungen begegnen, um sich selbst besser regulieren zu können
- falls notwendig ist zu überlegen, bei der Hochschule einen Antrag auf Nachteilsausgleich zu stellen, um beispielsweise für Prüfungen mehr Zeit eingeräumt zu bekommen

Herausforderungen im Berufsleben

Für Menschen mit ADHS kann es entscheidend sein, einen Beruf und einen Arbeitsplatz zu haben, der ihren Fähigkeiten und Neigungen entspricht – immerhin verbringt man unter der Woche mehr Stunden am Arbeitsplatz als mit dem Partner oder mit Freunden.

Die Arbeitszeit spielt damit eine große Rolle für das ganze Leben und wer mit seinem Team und mit seiner Arbeit gut klarkommt, wer hier vielleicht sogar Erfolge erzielen und Anerkennung bekommen kann, hat bessere Voraussetzungen für ein psychisch gesundes Leben (Stichwort hier: die Selbstwirksamkeit bzw. die Selbstwirksamkeitserwartung) als jemand, bei dem es in diesem Lebensbereich spürbar hakt und klemmt.

Allerdings ist das (leider) nur im Idealfall tatsächlich so. Wie die statistischen Zahlen zeigen, haben viele Menschen mit ADHS leichte bis starke Probleme in ihrem Job. Das kann am Aufgabengebiet selbst liegen, wenn nämlich die Aufgaben öde und langweilig sind, geht die Aufmerksamkeit verloren und Flüchtigkeitsfehler stellen sich ein, oftmals kommen noch Desorganisation und Zeitprobleme hinzu.

„Viele Menschen verharren im falschen Beruf und versuchen Jahr für Jahr, gut zu werden in etwas, was sie schlecht können oder was sie nicht mögen. Ähnlich wie mit der falschen Person verheiratet zu sein ist auch im falschen Beruf zu arbeiten wie eine Verschreibung für ein Leben mit Mühsal und Jammer.“
Edward Hallowell

Stehen mehrere Aufgaben oder Projekte gleichzeitig an, fehlt aufgrund der Priorisierungsschwäche der Überblick, was aktuell gerade wichtig ist oder was am dringlichsten erledigt werden müsste. Irgendwie erscheint alles gleich wichtig zu sein.

Entweder führt diese Priorisierungs- und Entscheidungsschwäche in eine Prokrastination, in der man die Aufgaben möglichst lange vor sich herschiebt. Oder man beginnt spontan mit irgendeiner Teilaufgabe, stellt fest, man kommt nicht weiter oder etwas kommt dazwischen, also wendet man sich einer anderen Aufgabe zu, die aber womöglich nur nebensächlich ist und gar nicht weiterführt. Sehr häufig gehen Menschen mit ADHS nicht systematisch genug vor und bearbeiten ihre Aufgaben daher umständlich und ineffizient, verzetteln sich dabei und verlieren die wesentlichen Sachen aus dem Blick.

Ein wenig muss man auch unterscheiden zwischen dem unaufmerksamen und eher hyperaktiv-schnellen und dem unaufmerksamen und eher verträumt-langsamen Erscheinungsbild. Während die einen kaum stillsitzen können und ständig aktiv sind, dabei aber auch ihre Flüchtigkeitsfehler machen, verlieren sich die eher langsameren Menschen mit ADHS in den vielen Details, sie wollen alles ganz genau und korrekt machen, brauchen dafür aber doppelt so lange wie die anderen – was dann ebenfalls zu Konflikten führen kann.

Manchmal gelingt es den Betroffenen, erstaunliche Höchstleistungen zu erreichen. Diese Höhenflüge halten aber nur solange an, wie die Aufmerksamkeit und die Selbstregulation einigermaßen funktionieren. Sobald die Aufmerksamkeit verloren geht, kommt es wieder zu Fehlern bei der Arbeit. Für die anderen im Team sind diese extremen Höhen und Tiefen nicht nachvollziehbar und das Verhältnis zum Team leidet oft durch die Widersprüchlichkeiten aufgrund inkonstanter Leistungen.

Weil ja gute Leistungen möglich sind, werden die mangelnden Leistungen vom Vorgesetzten oder von Kollegen als Schlampigkeit oder Unlust aufgefasst und negativ bewertet, was natürlich die Motivation weiter herabsinken lässt, wodurch noch mehr Fehler entstehen, die natürlich weitere Konsequenzen nach sich ziehen, schlimmstenfalls bis zur Kündigung. Möglicherweise reagiert der eine oder andere auf die geäußerte Kritik sehr impulsiv, was zu Spannungen und Konflikten führt. Das ist Stress pur und so ist es kein Wunder, wenn sich bei einem solchen Teufelskreis früher oder später noch komorbide psychische Erkrankungen einstellen.

Wie kann man mit gravierenden ADHS-Problemen umgehen?

Viele Menschen mit ADHS haben häufige Jobwechsel hinter sich, weil es früher oder später oft zu solchen Konflikten kommt. Juristisch betrachtet gehört ADHS nicht zu irgendwelchen meldepflichtigen Erkrankungen, daher ist niemand verpflichtet, den Arbeitgeber, den Vorgesetzten oder die Kollegen zu informieren. Aber wenn Schwächen zu deutlich werden, könnte es möglicherweise helfen, hier ein klärendes Gespräch zu führen und über die ADHS sowie die generellen Symptome zu informieren. Vielleicht hilft es ja, wenn man in der Firma ein anderes Arbeitsgebiet zugeteilt bekommt, das den eigenen Fähigkeiten besser entspricht, weil diese Position mit spannenderen Aufgaben verknüpft ist.

Bei ADHS schwerer Ausprägung und/oder mit einer starken komorbiden Erkrankung, kann natürlich versucht werden, über eine Therapie oder auch einen Reha-Aufenthalt eine Besserung zu erreichen. Sollte die ADHS oder die Begleitsymptomatik so gravierend sein, dass eine Berufstätigkeit kaum noch möglich ist, wäre es günstig, wenn eine Berufsunfähigkeitsversicherung (BU) besteht. Wichtig dabei: dieser Vertrag muss VOR der Diagnose abgeschlossen worden sein, denn wer in den letzten Jahren vor diesem Vertragsabschluss bereits in psychiatrischer Behandlung war, wird keine BU-Versicherung abschließen können. Möglicherweise könnte eine Erwerbsminderungsrente in Frage kommen, aber das hängt natürlich vom individuellen Einzelfall ab.

Wichtige Tipps und Strategien fürs Berufsleben

- wichtig ist die Bereitschaft, am eigenen Zeitmanagement oder an der eigenen Organisationsfähigkeit zu arbeiten
- bei der Neigung zur Aufschieberitis (Prokrastination) ist es oft hilfreich, größere Arbeiten in kleinere Einheiten aufzuteilen und diese nacheinander abzuarbeiten
- gibt es wiederkehrende (Teil-)Aufgaben, könnte es hilfreich sein, sich Checklisten zur Selbstkontrolle zu entwickeln und beim Arbeiten die bereits erledigten Teil-Aufgaben damit abzugleichen
- ist um eine spätere Uhrzeit ein wichtiger Termin, der nicht versäumt werden darf, am besten einen Alarm einstellen
- manche Menschen mit ADHS neigen zu einem Perfektionismus, hier sollte man sich das Pareto-Prinzip vor Augen führen: 80 Prozent von der perfekten Lösung sind in der Regel ausreichend

- wer es schafft, in einem Hyperfokus zu arbeiten, sollte Essen, Trinken und angemessene Arbeitspausen nicht vergessen – und auch aufpassen, auf Dauer nicht zu einem Workaholic zu werden
- soziale Ressourcen aktivieren: bevor alle Stricke reißen, wäre die Frage, ob es hilfreich sein könnte, den Vorgesetzten und/oder das Team über die Leistungseinschränkungen durch ADHS und über ADHS allgemein informieren (ohne dabei eigenes Fehlverhalten mit ADHS zu entschuldigen), damit mehr Verständnis vorhanden ist, wenn man mal supergute und ein anderes Mal eher schlechte Leistungen erbringt
- möglicherweise besteht die Möglichkeit, Aufmerksamkeitsstörungen am Arbeitsplatz zu reduzieren, zum Beispiel der Wechsel von einem Großraumbüro an einen eher abseits gelegenen Arbeitsplatz oder indem man sich spannendere Aufgaben zuteilen lässt
- oftmals wirkt eine kleine Belohnung motivierend … hat man jedoch das Gefühl, die eigene Leistung wird übersehen und nicht genug gelobt, dann hilft es womöglich, sich selbst für das Erreichen einzelner Arbeitsschritte nach selbst festgelegten Vorgaben zu „belohnen" (siehe später der Abschnitt zum Token- oder Belohnungssystem)
- nicht zuletzt: die eigene Leistungsfähigkeit hängt auch eng mit der Lebensweise zusammen, daher sollte man nicht vergessen, auf gesunde Ernährung, viel Bewegung zum Ausgleich und auf regelmäßigen Schlaf zu achten!

Herausforderungen im privaten Bereich

Auch wenn heutzutage viele Stunden der Lebenszeit im beruflichen Umfeld verbracht werden, so wird unser Leben doch viel stärker geprägt vom privaten Lebensbereich. Je nachdem wie sehr die ADHS ausgeprägt ist, kann mangelnde Aufmerksamkeit in Kombination mit Impulsivität und Hyperaktivität auch das eigene Umfeld – vom Partner über die Familie bis zum Freundeskreis – ziemlich belasten. Folgende Verhaltensweisen führen oft zu Unverständnis, Missverständnissen und anderen Problemen:

**Unaufmerksamkeit sowie ein schlechtes Arbeitsgedächtnis
mit der typischen Vergesslichkeit:**

- oft fällt es dem Betroffenen schwer, einem längeren Gespräch zu folgen, ohne dabei abzuschweifen, was häufig fehlinterpretiert wird als Desinteresse am anderen – ähnlich ist es, wenn der Betroffene sich in seiner Konzentration gerade überlastet fühlt und sich zurückzieht
- Absprachen werden oft vergessen oder nach hinten verschoben, wodurch der Eindruck der Unzuverlässigkeit entsteht, auch Egoismus ist dann ein häufiger Vorwurf
- Gespräche oder Absprachen werden manchmal im Arbeitsgedächtnis nur unvollständig oder falsch erinnert, teilweise werden (durch das divergente Denken bedingt) auch Antworten gegeben, die nicht ganz zur Situation passen, was häufig zu Diskussionen und Konflikten führt
- vorhandene Erinnerungslücken an Gespräche oder Ereignisse werden häufig aufgefüllt durch kompensatorisches Konfabulieren, d.h. die Lücken werden blitzschnell und ohne weiteres Nachdenken gefüllt durch Erklärungen, die irgendwie passend erscheinen, was im Fall von Nachfragen häufig zu unnötigen Lügereien führt
- auch das Thema Pünktlichkeit ist ein häufiger Streitpunkt, ausgelöst durch ein mangelhaft entwickeltes Gefühl dafür, wie schnell die Zeit vergeht und wann man eine Tätigkeit beenden müsste, um rechtzeitig irgendwo hinzukommen
- die fehlende Aufmerksamkeit führt nicht zuletzt auch zu einem Zustand der Desorganisation, der für das Umfeld ziemlich belastend sein kann, vor allem wenn hier noch eine „Aufschieberitis" hinzukommt und Absprachen womöglich nicht eingehalten werden
- nicht zu vergessen eine teilweise recht stark ausgeprägte Schwäche, unter vermeintlich gleich wichtigen Dingen die richtigen Prioritäten zu setzen und Entscheidungen zu treffen – bei Außenstehenden führt auch häufig zu Irritationen, wenn Meinungen schnell gewechselt und getroffene Entscheidungen urplötzlich verworfen werden, um dann zu einer ganz anderen Entscheidung zu kommen

**Impulsivität und emotionale Affektlabilität,
teilweise verknüpft mit Hyperaktivität:**

- ein stark impulsives Reagieren wird vom Gegenüber häufig nicht als lebhaftes Temperament wahrgenommen, sondern als aggressiv oder attackierend – aus diesem Missverständnis entstehen häufig Konflikte
- fühlen sich Menschen mit ADHS ungerecht behandelt, gehen sie in eine Abwehr und Gegenwehr, fangen an zu diskutieren, machen dabei aus einer Mücke noch einen Elefanten; sie reagieren dann trotzig und verbohrt, können sich in ihrer Erregung nicht mehr abbremsen und weichen dann oft vom eigentlichen Thema ab; führen die Diskussion in eine Richtung, die gar nicht mehr zur Sache gehört
- den Betroffenen fällt es schwer sich herunterzuregulieren, selbst wenn das Gegenüber deutlich macht, dass die Situation beendet werden sollte, so dass es dann schnell zu einem Grenzen überschreitenden Verhalten kommt
- teilweise rutschen jemandem mit ADHS auch impulsive Überreaktionen heraus, die beleidigend sind, teilweise passieren durch die Impulsivität auch körperliche Übergriffe, wodurch schon die eine oder andere Freundschaft in die Brüche gegangen ist
- die Hyperaktivität führt zu einer motorischen Unruhe, die auf Außenstehende oft störend wirkt, ebenso wie der häufig sehr starke Redefluss mit einem enormen Mitteilungsbedürfnis
- die Hyperaktivität kann aber auch zu einer inneren Unruhe führen, wodurch die Betroffenen wirken, als stünden sie ständig unter Strom, als wären sie ständig auf dem Sprung …

Zu all diesen Auswirkungen der Leitsymptome kommen häufig noch komorbide Störungen hinzu, angefangen bei einem teilweise extrem negativen Selbstbild, Depressionen und Schlafstörungen, einer hohen emotionalen Labilität oder sogar dissozialen Störungen bis zu Suchtproblemen, die das Leben in einer Partnerschaft und im engen sozialen Umfeld massiv beeinträchtigen und sogar ruinieren können (wie Alkohol oder andere harte Drogen, Online-Sucht, Spielsucht, Essstörungen usw.) – für viele Familien und Lebenspartner kann das so belastend werden, dass sie selbst an verschiedenen Störungen erkranken, so dass teilweise das ganze engere Umfeld in die Problematik hineingezogen wird.

Herausforderungen in bzw. für Partnerschaft und Familie

Menschen mit ADHS sind ja nicht 24 Stunden und 7 Tage die Woche unaufmerksam und unkontrolliert, sondern meist reduzieren sich diese negativen Seiten auf einzelne Episoden. In der Zwischenzeit stecken auch ganz viele positive Charakterzüge und Verhaltensweisen in ihnen. Sie können höchst einfühlsam und liebevoll sein, charmant und bezaubernd, temperamentvoll und mitreißend, während ein Feuerwerk witziger oder kurioser Ideen aus ihnen heraussprudelt. Menschen mit ADHS können absolut faszinierend sein, sie können enthusiastisch sein und voller Lebensfreude. Ihr hohes Energielevel trägt dazu bei, andere zu begeistern und mitzureißen.

Alles auf extrem

Aber leider kann diese Stimmung auch schnell wieder umschwenken: Menschen mit ADHS sind oft sehr empfindlich und dünnhäutig, sie fühlen sich schnell angegriffen. Das in Verbindung mit Impulsivität und einer eher kurzen Zündschnur führt schnell zu einer Explosion – oder aber derjenige ist beleidigt und rennt schnurstracks davon.

Was bei diesen Problemen oft deutlich wird, ist eine teilweise recht ausgeprägte Gratwanderung zwischen Selbstzweifel und Selbstüberschätzung. Aufgrund negativer Erfahrungen und der häufigen Kritik seit der Kindheit trauen sich Menschen mit ADHS oft selbst nicht viel zu. Das kann aber auch überraschend umschwenken in Momente der Selbstüberhöhung und Selbstüberschätzung, in denen sie denken, sie könnten Bäume ausreißen oder die ganze Welt erobern. Und wenn das dann doch nicht gelingt, kommen gleich wieder die starken Selbstzweifel. Für einen Menschen mit ADHS gibt es nur ein Entweder-Oder, kaum ein Dazwischen. Ein solches Schwarz-Weiß-Denken kann auf Dauer auch sehr stressig sein.

Auch noch typisch für Probleme in Familie und Partnerschaft ist das hohe Maß an Vergesslichkeit für Konflikte oder Kränkungen – zumindest sofern derjenige selbst die Ursache dafür war.

Auf der einen Seite kann jemand mit ADHS superempfindlich sein, wenn er sich angegriffen oder gekränkt fühlt, und er kann dieses Gefühl auch noch lange Zeit mit sich herumschleppen (in meiner Familie gibt es jemanden, der einem noch jahrzehntelang später vorhalten kann, was man einmal im Trotz während der Pubertät gesagt hat).

Auf der anderen Seite schafft es ein Menschen mit ADHS auch, schnell ausfallend zu werden, teilweise auch kränkend oder beleidigend, und kurz darauf ist das alles vergessen und wenn man denjenigen darauf anspricht, dann ist das doch gar nicht so schlimm gewesen. Wenn man weiter nachbohrt, kommt es dann schnell auch zu einer Umkehr der Schuldfrage.

Herausforderungen im Leben

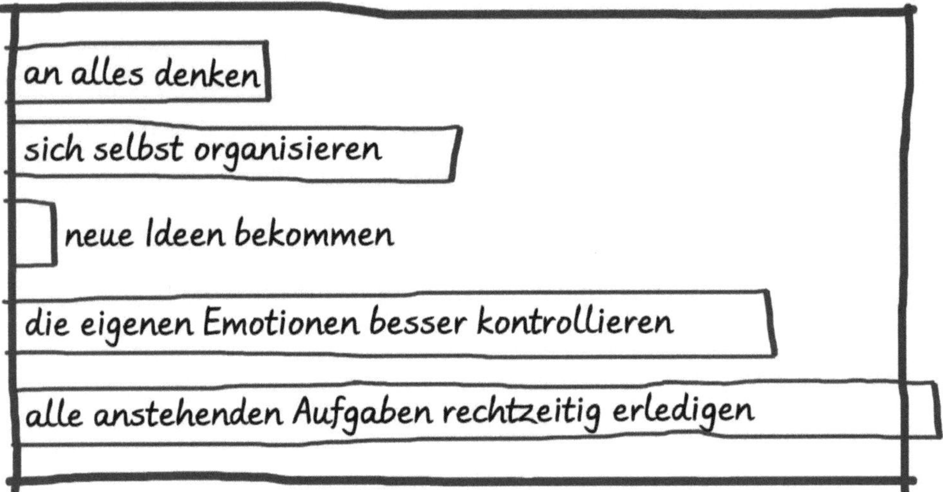

Schwierig fürs gemeinsame Zusammenleben

So gesehen sind Menschen mit ADHS immer für eine Überraschung gut. Und weil der Partner nicht vorhersehen kann, was als nächstes passiert,

176

kann das Zusammensein mit einem Menschen mit AHDS auf Dauer auch sehr stressig und kräftezehrend sein – vielleicht weniger, wenn die ADHS nur schwächer ausgeprägt ist, aber ganz bestimmt bei einer stärker ausgeprägten ADHS.

Ob in einer Partnerschaft zu zweit oder in einer Familie mit weiteren Angehörigen: Ein Leben mit einem Menschen mit ADHS ist definitiv nicht leicht, man gerät häufig in Diskussionen, die zu weiteren Konflikten führen können. Das erklärt auch, warum die Zahl der Ehescheidungen bei Menschen mit ADHS viermal so hoch ist wie bei Menschen ohne ADHS. Bereits das spricht Bände. Da ADHS oft auch erblich bedingt ist, kann durchaus sein, dass neben dem Vater oder der Mutter auch ein oder mehrere Kinder von ADHS betroffen sind – das bedeutet für alle Beteiligten ein hohes Maß an Stress, der leider auch weitere Störungen zur Folge haben kann. Besonders schwer dürfte es für Alleinerziehende mit ADHS sein, die ein (oder mehr) Kind(er) mit ADHS haben.

Vor allem die Desorganisation und die Impulsivität können in einer Beziehung viel ungewollten Schaden anrichten. Die Desorganisation (mitsamt den weiteren Schwierigkeiten im Alltagsmanagement), weil dann der andere Partner das Gefühl hat, es hänge alles an ihm oder ihr. Und die Impulsivität, wenn bei Diskussionen über die Alltagsorganisation durch unbedachte Äußerungen noch Öl ins Feuer gekippt wird und der überforderte Partner sich dann verletzt fühlt und vielleicht sogar zurückzieht (was der überforderte Mensch mit ADHS dann gar nicht verstehen kann, denn eigentlich ist doch er derjenige, der hier missachtet und verletzt wird). Die Stimmungsschwankungen oder die Probleme aufgrund möglicher komorbider Verhaltensstörungen kommen dann oft noch obendrauf.

Ähnlich wie im beruflichen Bereich wäre auch hier nochmal zu unterscheiden zwischen dem unaufmerksamen und eher hyperaktiv-schnellen und dem unaufmerksamen und eher verträumt-langsamen Erscheinungsbild der ADHS.

- Der hyperaktive und rasch reagierende Typus neigt häufig dazu, viel in Angriff zu nehmen und alles nur oberflächlich zu erledigen oder mittendrin aufzuhören, weil ein anderer Impuls die Aufmerksamkeit auf etwas ganz anderes gerichtet hat. Das Ergebnis ist eine Art von Schlamperei, die in einer Partnerschaft auf Dauer schädigend wirken kann.

- Der eher hypoaktiv-verträumte Typus hingegen gibt sich viel Mühe, versucht alles ordentlich zu machen, aber legt dabei ein recht langsames Tempo an den Tag. So kann es passieren, dass eine Stunde an Hausarbeit von einem hyperaktiven Menschen mit ADHS schon nach einer halben Stunde erledigt ist (aber leider oft nur oberflächlich), während ein verträumter Mensch mit ADHS zwei Stunden braucht (und das dann wirklich picobello). Wenn die Arbeit in einer Partnerschaft aufgeteilt wird, so möchte der verträumtere Mensch dann zwei Stunden angerechnet haben (die er ja tatsächlich auch gebraucht hat), während ein Partner mit einem schnelleren Arbeitstempo argumentieren würde, dass die Arbeit gut und gern in einer Stunde hätte erledigt werden können. Wie kann man Arbeitszeiten so aufteilen, dass es gerecht ist? Vielleicht über eine Art von Punktesystem mit einer bestimmten Anzahl von Punkten für eine bestimmte Erledigung?

An der Beziehung arbeiten

Aufgrund der Schwächen auch bei der Haushaltsarbeit kommt es in einer Beziehung oft dazu, dass der Partner ohne ADHS die nicht erledigten Dinge dann doch selbst erledigt, weil das oft schneller und effizienter ist als eine Diskussion darüber zu führen. Wenn dieses Verhaltensmuster zu stark wird, ist es, als ob der Partner eine Elternrolle einnimmt. Einige übertragen dem Partner zwar eigene Aufgaben, aber sie fragen ständig nach und kontrollieren, ob es erledigt ist oder nicht – und falls nicht, wird ständig daran erinnert. Der Partner mit ADHS wird es zunehmend wie das Bevormunden der Eltern empfinden und möglicherweise anfangen, sich dagegen zu wehren. Vielfach übernimmt dann der Partner ohne ADHS alle wichtigen Erledigungen selbst, fühlt sich aber in dieser Schieflage nicht wohl und gerät in ein ständiges Meckern und Kritisieren hinein, was dann wiederum dazu führt, dass keiner der Partner in der Beziehung wirklich glücklich ist.

178

Aber auch das Freizeitverhalten kann zu Konflikten führen. Der eher hyperaktive Typ will auch in seiner Freizeit noch Action, am Wochenende ist Sport angesagt oder auch Ausflüge irgendwohin, wo man noch nicht war. Selbst im Urlaub kann er nicht im Liegestuhl liegen bleiben, sondern muss ständig auf Achse sein und sich bewegen oder etwas entdecken. Erholung oder Entspannung gibt es auf diese Weise nicht, was für erholungsbedürftige Familienmitglieder dann oft in Stress ausartet. Hier hilft nur, Kompromisse zu schließen, indem man phasenweise etwas gemeinsam unternimmt und phasenweise jeder für sich etwas macht.

Der eher verträumte Typ hingegen will meist nicht so viel Action haben, das ist viel zu anstrengend, die vielen Reize zu verarbeiten, die oft ungefiltert hineinströmen. Sie bleiben lieber in einer ruhigen und ungestörten Umgebung, um dieser Reizüberflutung zu entgehen. Falls der Partner auch nur Ruhe und Erholung will, kann das gut passen, schwierig wird es jedoch, wenn der Partner nicht immer in einer reizarmen Umgebung sein will, sondern was von der Welt sehen oder erleben will.

Damit die Beziehung für einen Menschen mit ADHS bzw. mit einem Menschen mit ADHS langfristig gelingt, ist es unendlich wichtig, sie möglichst „heilsam" zu gestalten. Sobald ein Partner die Diagnose ADHS erhalten hat, wäre es wichtig, wenn beide Partner bzw. auch schon etwas größere Kinder über eine Psychoedukation genauer über ADHS informiert werden und auch individuelle Fragen klären können. Nur wenn die Beteiligten verstehen, was ADHS für das Alltagsleben bedeutet, können sie verstehen, warum der Partner oder die Partnerin oder ein Elternteil so tickt und warum dies oder das nicht so klappt, wie man es gedacht oder besprochen hat oder wie es fest zugesagt war.

Wichtig ist, dass alle Beteiligten eigene Möglichkeiten zur Stressbewältigung entwickeln und ebenso ihre Kommunikations- und die Problemlösungsfähigkeiten stärken. Der Partner mit ADHS müsste für sich lernen, nicht sofort und aus dem Bauch heraus zu reagieren, sondern sich in Gelassenheit zu üben und nicht nur die Schuld am anderen zuzuweisen, sondern auch den eigenen Anteil am Konflikt sowie das eigene Verhalten zu analysieren und zu reflektieren.

Das ganze Beziehungs- und Familienleben sollte so organisiert werden, dass es den individuellen Gegebenheiten gerecht wird, es müssen klare Regeln und auch Zeitpläne für Einkäufe und andere Erledigungen aufgestellt werden. Die Partner (und ggf. auch die anderen Familienmitglieder) müssten sich auch individuelle Regeln für das Miteinander und die Kommunikation aufstellen. Dazu könnte unter anderem gehören:

- ein grundsätzliches Aufräum-, Ablage- und Organisationssystem inkl. der jeweiligen Erledigungszeit zu entwickeln und zum Beispiel an die Küchentür zu hängen
- wird ein wichtiges Gespräch über Alltagsorganisation oder das Familienleben geführt, werden Störfaktoren wie Handy ausgeschaltet
- zur Not werden wichtige Punkte schriftlich festgehalten, damit es nicht so schnell in Vergessenheit gerät
- in kritischen Gesprächen werden Aussagen so getätigt, dass sie nicht als Vorwurf interpretiert werden können, damit es kein emotionales Aufbrausen gibt … das bedeutet, dass man eine Situation möglichst nüchtern beschreibt, aber auf keinen Fall eine Bewertung einfließen lässt … es kann auch helfen, wenn Botschaften positiv formuliert werden, also anstatt zu sagen „Du hast schon wieder Deine Schuhe mitten im Flur stehen lassen" besser in der Art formulieren wie „Schatz, es wäre schön, wenn Du nächstes Mal daran denkst, Deine Schuhe in den Schrank zu stellen" oder ähnlich …
- natürlich werden solche guten Vorsätze nicht von heute auf morgen umgesetzt werden sein – daher ist es dann ganz wichtig, ruhig und gelassen zu bleiben und vielleicht auch zu versuchen, das alles mit ein wenig Humor zu nehmen
- ganz wichtig ist auch, sich darauf zu verständigen, noch vor einer emotionalen Eskalation eine Auszeit zu nehmen – die beteiligten Parteien ziehen sich dann am besten in andere Räume zurück oder gehen nach draußen, um frische Luft zu schnappen, und beruhigen sich wieder; zu einem späteren Zeitpunkt kann man versuchen, die Situation möglichst ruhig und rational nochmals zu besprechen, um (hoffentlich) zu einem konstruktiven Ergebnis zu kommen

- hilfreich kann auch sein, ein „internes Stopp-Signal" zu vereinbaren, entweder eine humorige Formulierung oder eine besondere Handbewegung, um dem anderen eine knappe Rückmeldung zu geben, wenn dieser aus Gewohnheit in ein beziehungsbelastendes Verhalten zurückfällt oder wenn die Diskussion anfängt, sich (wieder mal) im Kreis zu drehen … wichtig ist nur, dass beide Parteien diese Wörter oder diese Bewegung besprechen und auch für gut befinden, damit sich der Angesprochene in der jeweiligen Situation nicht angegriffen fühlt, sondern das Stopp-Signal mit Humor nehmen kann
- und ganz besonders wichtig: die eigene ADHS kann Dinge erklären, aber man sollte sie nicht als Ausrede gebrauchen im Sinne von „so bin ich halt", sondern man sollte versuchen, über das eigene Verhalten nachzudenken und bemüht sein, sich in den Punkten zu verbessern, die für die Partnerschaft oder die Familie belastend sein können – wenn das Umfeld spürt, dass man bereit ist, an sich selbst zu arbeiten, bietet das gute Voraussetzungen, damit die Beziehung auch besser gelingt

Herausforderungen als Mutter oder Vater

ADHS ist aber nicht nur eine Herausforderung für eine Partnerschaft, sondern mindestens ebenso (wenn nicht noch mehr) für das Verhältnis von Eltern und Kindern. Je nach Schweregrad könnte eine Mutter oder ein Vater mit ADHS große Schwierigkeiten haben mit der Selbstorganisation und dem eigenen Zeitmanagement. Unter Stress und Zeitdruck dürfte auch die eigene Selbstkontrolle leiden, so dass es bei Problemen und Konflikten schnell laut wird, wenn jemand gestresst vor sich hin flucht oder schreit. Für kleinere oder sensiblere Kinder könnte sich das schlimm anfühlen, auch wenn sie gar nicht direkt gemeint sind, denn meist ist dieses Lautwerden nicht gegen eine Person gerichtet: Das Lautwerden ist eher wie ein Ventil, um nicht aus Frust oder Stress gleich zu platzen, sondern sich selbst Luft zu machen.

Vor allem beim ersten Kind wird der Alltag plötzlich anders und schwierig, wenn man sich fürs Leben und den Beruf schon gewisse Strategien angeeignet hat, die plötzlich im Elternalltag gar nicht mehr funktionieren.

Wie schnell gehen Zeitpläne verloren, wenn (vor allem in den ersten Jahren) das Kind einen Infekt bekommt oder zahnt. Oder die Situation, dass man mit einem Säugling oder kleinem Kind pünktlich aus dem Haus muss und plötzlich kommt ein Erbrechen in die Quere, mitsamt dem Wechsel der Kleidung. In ein solches Chaos gelassen zu bleiben und die nötige Struktur reinzubringen ist enorm schwer. Dabei brauchen Kinder (vor allem ADHS-Kinder!) ganz viel Struktur im Tagesablauf sowie klare Regeln, die auch eingehalten werden. Das mit dem Einhalten von Strukturen und Regeln wird aber schwierig, wenn das Kind diese Strukturen und Regeln nicht übernimmt, weil es selbst ADHS hat und dann alles durcheinander geht.

Es braucht aber noch nicht einmal diese extrem chaotischen Tage, sondern auch das normale Alltagsleben leidet häufig unter der mit ADHS verknüpften Desorganisation, dem Verzetteln, der Schwierigkeit, die richtigen Prioritäten zu setzen: Häufig werden Aufgaben angefangen und nicht zu Ende geführt, weil plötzlich etwas noch Dringlicheres zwischenrein kommt und so weiter. Wenn man als Mutter oder Vater mit ADHS und Organisationsproblemen dann dem Kind abverlangt, sein Zimmer aufzuräumen oder sich in seinen anderen Aufgaben richtig zu organisieren, dann wird das nicht funktionieren – denn man selbst ist ja in dieser Hinsicht kein gutes Vorbild!

Wer Glück hat, lebt in einer Ehe oder Beziehung, in der das andere Elternteil diese Organisationsschwächen geschickt ausgleicht. Das Kind oder die Kinder haben dann ein gutes Vorbild, das für die nötige Ordnung und Struktur sorgt. Wer dieses Glück nicht hat (und auch nicht genug Geld für eine Putzhilfe, die den Haushalt regelmäßig auf Vordermann bringt), wird Schwierigkeiten damit haben, sein Kind in einem gut strukturierten und organisierten Umfeld aufwachsen zu lassen, an dem sie sich für ihre eigene Entwicklung orientieren können.

Es ist schwierig, ein gutes Vorbild für Kinder zu sein, wenn man selbst mit diesen Schwächen zu kämpfen hat. Durch die ADHS des Kindes kommen auf den eigenen vollen Terminkalender noch gefühlt tausend Therapeuten-Termine zusätzlich obendrauf, angefangen von den Terminen zur Diagnostik bis zur oft jahrelangen Begleitung, wenn zum Beispiel das Medikament nicht gut vertragen wird, wenn alle paar Wochen eine neue Dosierung probiert wird, wenn zusätzliche Therapien versucht werden.

Wer in einer solchen Situation eine diagnostizierte ADHS hat, weiß wenigstens Bescheid und kann sich therapeutische Hilfe holen. Wer in einer solchen Situation eine nicht-diagnostizierte ADHS hat, kann sich jahrelang abzappeln und damit die eigene ADHS noch verstärken, bis irgendwann vor lauter Stress und Erschöpfung gar nichts mehr geht.

Auch wenn es bereits gesagt worden ist, so ist es doch wichtig genug, um es nochmals zu betonen: Wenn bei einem Kind eine ADHS diagnostiziert worden ist und bei den Eltern (noch) nicht, dann wäre es wichtig zu überlegen, ob ein Elternteil oder welcher Elternteil womöglich selbst eine ADHS haben könnte. Es ist besser, die Diagnose früher zu bekommen als später: Denn eine frühzeitige Therapie hilft allen Beteiligten, eine so herausfordernde familiäre Situation besser in den Griff zu bekommen. Wünschenswert dabei wäre, wenn auch Ärzte oder Therapeuten eines ADHS-Kindes den Eltern den Hinweis geben, sich eventuell testen zu lassen – für das eine oder andere Elternteil könnte das durchaus wertvoll sein.

Herausforderungen im und für das soziale Umfeld

Bei einem Menschen mit ADHS sind in erster Linie diejenigen betroffen, die im gleichen Haushalt leben, weil sie täglich mit der Unaufmerksamkeit oder der Vergesslichkeit oder der mangelnden Impulskontrolle konfrontiert sind. Aber auch diejenigen, die nicht mit einem Menschen mit ADHS zusammenleben, können von den Auswirkungen betroffen sein.

Die eher verträumten Menschen mit ADHS suchen zwar nicht unbedingt die große Gesellschaft, aber eine verlässliche Freundschaft wissen sie meist sehr zu schätzen. Viele hyperaktive Menschen hingegen blühen in Gesellschaft geradezu auf, für sie ist es wichtig, eine Vielzahl sozialer Kontakte und auch Freundschaften zu haben.

Leider versemmeln sie diese Freundschaften jedoch oft durch ihre unkonventionelle und manchmal auch störende oder unzuverlässige Art. So gehen viele Freundschaften durch die ADHS-Symptomatik wieder verloren.

Wer etwas oberflächlicher ist, wird sich nicht so viel daraus machen, sofern es gelingt, neue Freundschaften zu schließen. Wem jedoch wirklich an einer Freundschaft gelegen war, wird es als einen weiteren von vielen Rückschlägen im Leben empfinden. Wer etwas unsicherer ist, läuft dann Gefahr, sich selbst zurückzuziehen und sich sozial zu isolieren, weil man Angst hat sich zu blamieren oder um nicht wieder enttäuscht zu werden. Teilweise neigen die Betroffenen mit ihren Ängsten dazu, sich wie in ein Schneckenhaus zu verkriechen, wodurch sich eine soziale Phobie entwickeln oder verstärken kann.

Angesichts dieser Aspekte ist es wichtig für Menschen mit ADHS, sich ein stabiles soziales Umfeld aufzubauen, mit wichtigen Freundschaften, die hoffentlich für viele Jahre erhalten bleiben.

Freundschaften zwischen Menschen mit und ohne ADHS sind generell ebenso heterogen wie alle zwischenmenschliche Beziehungen. Allerdings gibt es vor allem in der Kennenlernphase häufig vorkommende ungünstige Verhaltensmuster, die hier kurz aufgezeigt werden sollen:

- Menschen mit ADHS sind oft sehr begeisterungsfähig, lernen sie einen neuen Menschen kennen, konzentrieren sie sich auf positive Seiten und Gemeinsamkeiten und blenden aus, was weniger gut passen könnte – in manchen Fällen kommt es dazu, das Gegenüber zu idealisieren und den Kontakt sehr intensiv ausbauen zu wollen
- diese Begeisterung stößt nicht immer auf das gleiche Maß an Zustimmung oder es kann sogar als unangemessen empfunden werden, so dass die erhoffte neue Freundschaft schon beendet wird, bevor sie richtig wachsen konnte
- wer oftmals enttäuscht worden ist, neigt häufig dazu, bei neuen Kontakten früh klären zu wollen, wie es weitergehen soll – auch das kann das frisch kennengelernte Gegenüber irritieren oder überfordern, so dass es mit Rückzug darauf reagiert
- am besten wäre, weder zu viel Elan noch zu schnellen Klärungsbedarf einzubringen und einen neuen Kontakt sich langsam entwickeln zu lassen – hierfür ist hilfreich, wenn es einem Betroffenen mit ADHS gelingt, das eigene Verhalten gegenüber der Außenwelt (auch hin-

sichtlich Mimik, Gestik und Aussagen) bewusster zu kontrollieren und die eigenen Gefühle gezielter zu regulieren

Wenn es gelungen ist, eine neue und stabile Freundschaft aufzubauen, wäre zu überlegen, ob das Thema ADHS angesprochen werden sollte, um möglicherweise Irritationen vorzubeugen. Das gilt übrigens nicht nur für neue Freundschaften, sondern auch für bestehende. Auch hier sind möglicherweise bereits Irritationen entstanden und möglicherweise wäre es für die Zukunft hilfreich, wenn der bestehende Freundeskreis – oder zumindest die guten und engen Freunde – das manchmal unkonventionelle Verhalten besser „einsortieren" könnte. Was eine länger bestehende Freundschaft oftmals strapazieren kann, sind folgende Verhaltensweisen:

- Wenn zwei oder drei Freunde oder Bekannte zusammenstehen und sich über ein Thema unterhalten, kann es passieren, dass jemand mit ADHS hineinplatzt und das Gespräch an sich reißt, ohne darauf zu achten, ob sich andere damit wie abgewürgt fühlen oder nicht.
- Ist jemand mit ADHS im Redefluss drin, findet er so schnell nicht mehr hinaus … so kommt man von Hölzchen auf Stöckchen, vom Hundertsten ins Tausendste … leider ist die Wahrnehmung für Außenreize dabei eingeschränkt, so dass derjenige, der stört, nicht merkt, wenn sich rundherum die Mienen verfinstern oder andere Anzeichen von Verärgerung aufkommen – es wird einfach munter weitergeplappert, während die Umgebung schon genervt ist.
- Wer über die eigene Person oder das eigene Erleben so munter rausplaudert, übergeht oft die Bedürfnisse des Gegenübers. Wenn ein Freund beispielsweise einen schlechten Tag hatte und anfängt darüber zu erzählen, kann es sein, dass jemand mit ADHS einhakt à la „Ach, das kenne ich gut, erst neulich habe ich …" und dann das Gespräch fortführt, so dass der Freund mit seinem Problem völlig außer Acht gerät und sich (zu Recht!) nicht wahrgenommen fühlt.
- Auch das passiert: Man vergisst wichtige Details aus dem Leben eines Freundes. Beispielsweise könnte es sein, dass der langjährige Freund von seiner Schwester erzählt (von der er schon öfter erzählt hatte) und

dann unterbrochen wird mit „Ach, du hast eine Schwester?". Bei so viel Unaufmerksamkeit oder Vergesslichkeit hat der Freund natürlich den Eindruck, als ob man sich nicht besonders für ihn und sein Leben interessiere.

- Ähnlich auch folgende Situation: Das letzte Treffen mit dem besten Freund war so wunderbar, man hat sich herzlich verabschiedet und man selbst hat versprochen, sich zu melden, um sich vielleicht zu einem Konzertbesuch in zwei oder drei Wochen zu verabreden. Aber nach dem Sprichwort „aus den Augen, aus dem Sinn" kann es leicht passieren, dass jemand mit ADHS im Alltagstrubel dann wochen- oder monatelang nicht mehr daran denkt und sich nicht mehr meldet – für den Freund, der wochenlang auf eine Nachricht wartet, sieht das schnell nach Desinteresse an der Beziehung aus.
- Was oft auch für Unverständnis sorgt, ist die Schwierigkeit von Menschen mit ADHS, zu einer Meinung oder zu einer Entscheidung zu kommen und dann auch dabei zu bleiben. Weil es ihnen schwerfällt, Prioritäten zu setzen, kann es passieren, dass sie auf eine Idee oder einen Vorschlag ganz begeistert reagieren, äußert jemand später eine ganz andere Idee und kann das gut begründen, dann finden sie das ebenfalls toll und wechseln ganz schnell die Meinung. Das kann auch noch weitere Male passieren. Am Ende weiß der Freundeskreis gar nicht, wo man eigentlich steht und was man eigentlich will. Und das Problem ist: Der Betreffende weiß es oft selbst nicht. Am liebsten hätte er alles, auch damit am Ende alle glücklich sind. Da aber alles nicht geht und irgendeine Entscheidung her muss, fällt es ihm schwer, sich festzulegen. Für Außenstehende wirken die Menschen dann wie ein Fähnchen im Wind, ständig wechseln sie die Richtung. Wenn sie sich irgendwann festlegen und gehen in diese Richtung mit, sind sie am Ende oft gar nicht glücklich mit der Entscheidung, weil sie sich das alles ganz anders vorgestellt hatten.
- Ein typisches Beispiel, wie Impulsivität oder Unbedachtheit für Irritationen oder sogar Kränkungen sorgt: Man ist in einer größeren Runde, die Stimmung ist gut, da kann es vorkommen, dass jemand

mit ADHS plötzlich einen unpassenden Spruch raushaut, den außer ihm niemand lustig findet. Es kann auch sein, dass man seinen (Ehe-) Partner oder eine andere nahestehende Person vor der Gruppe auf die Schippe nimmt, weil man es selbst humorvoll findet – für den Partner oder die Person ist das aber zutiefst kränkend und verletzend, wenn jemand Scherze auf seine Kosten macht und das auch noch vor anderen. Auch der eine oder andere aus der Gruppe wird das nicht lustig finden, sondern wird eher unangenehm berührt sein über dieses hemmungslose und peinlichkeitsbefreite Verhalten. Und mancher Partner reagiert irgendwann mit Scham darauf, wenn sein ADHS-Partner schnell die Kontrolle verliert, im Ärger laut wird und andere beleidigt oder wieder eingeschnappt davonläuft.

- Umgekehrt ist oft festzustellen, dass jemand, der eben noch munter das Gegenüber durch den Kakao gezogen hat, superempfindlich reagiert, wenn er selbst zum Gegenstand einer Witzelei wird. Plötzlich ist man sehr sensibel, leicht gekränkt und in manchen Fällen reicht die Reaktion bis zu einer explosiven Gegenreaktion oder einem trotzigen Abhauen (wobei dieses Abhauen auch wichtig ist, um das erhitzte Gemüt wieder herabzukühlen).

- Die erhöhte Empfindlichkeit kann dazu führen, dass man sich leicht ausgegrenzt oder abgelehnt fühlt und misstrauisch wird. Wer beispielsweise eine Nachricht in eine Gruppe schreibt und nicht bald eine Antwort erhält, neigt dazu, das an der eigenen Person festzumachen (à la: „keiner mag mich"). Dabei ist der Grund für das Nicht-gleich-Antworten möglicherweise einfach nur, dass die anderen mit ihren Alltagsaufgaben beschäftigt sind und noch keine Zeit hatten zu antworten. Wer dann aus Gekränktsein auf eine fehlende Antwort eine blöde Nachricht hinterherschickt, wird sich mit einem so emotional getriggerten Verhalten nicht viel Freunde machen. Für solche Fälle ist es wirklich wichtig, nicht immer alles gleich persönlich zu nehmen.

- Menschen mit ADHS neigen zu einem extremen Denkmuster, es ist ein Schwarz-Weiß-Denken, fast ganz ohne Grauabstufungen dazwischen. Für sie gibt es oft nur ein Entweder-Oder, entweder der Tag ist supertoll oder er ist superschlecht, entweder sind sie superglücklich oder superunglücklich. Oft neigen sie auch zu einem Messen mit zweierlei Maß: für das Gegenüber wird ein anderer Maßstab angelegt als für einen selbst, sich selbst gegenüber ist man großzügiger, wo man ansonsten jedes Wort auf die Goldwaage legt. Auch das ist eine Eigenschaft, die in zwischenmenschlichen Beziehungen störend wirkt, weil zwei Maßstäbe ungerecht sind.

Damit soll nicht gesagt sein, dass sämtliche Menschen mit ADHS immer so ticken und reagieren. Die einzelnen Verhaltensmuster hängen immer vom Schweregrad ab, aber auch von den individuellen Gegebenheiten und der jeweiligen Situation. Es gibt zahlreiche Menschen mit ADHS, die mit ihrem sozialen Umfeld gut klarkommen und wo ihre Eigenheiten vielleicht als ein wenig schräg oder exzentrisch, aber noch im akzeptablen Rahmen betrachtet werden. Solange es läuft, gibt es wenig Grund, das soziale Umfeld auf den Kopf zu stellen und alles verändern zu wollen. Falls es jedoch immer wieder zu Schwierigkeiten kommt, wäre zu überlegen, ob man nicht den einen oder anderen einweiht, über die Details zu ADHS informiert und um Verständnis bittet.

Nicht zuletzt liegt es ja auch an einem selbst, sich bestimmte Verhaltensmuster durch Selbstbeobachtung bewusst zu machen und zu versuchen, die eingefahrenen Verhaltensmuster durch eine Verhaltensänderung zu verdrängen. Mehr dazu aber im hier gleich folgenden Abschnitt mit den Tipps fürs eigene Coping ...

Tipps für ein individuelles Coping-Strategie-Paket

ADHS und die daraus resultierenden Probleme sind sehr individuell, daher ist es schwierig, Tipps zu geben, die für alle Menschen mit ADHS passen. Sehr viele Menschen mit ADHS nutzen nach ihrer Diagnose eine therapeutische Behandlung, so dass sie hier bereits eine gute Hilfestellung erhalten. Zudem kann man für sich selbst verschiedene Tipps und Lösungsansätze ausprobieren und daraus ein eigenes Coping-Strategien-Paket zusammenschnüren. Die meisten finden mit der Zeit für sich heraus, was ihnen hilft und was weniger gut hilft, sich besser zu organisieren, sich besser zu regulieren und so im Alltag zurechtzukommen.

Grundsätzlich ist wichtig zu akzeptieren, dass eine ADHS nicht weggeht, sondern ein Leben lang bleibt, weil die neurologischen Vorgänge im Gehirn rund um die Steuerung der Botenstoffe nun einmal so angelegt sind, wie sie sind. Das Ziel sollte daher sein, sich selbst so gut aufzubauen und zu stärken, dass man weniger von der ADHS gesteuert wird, sondern dass man lernt, die ADHS besser zu steuern. Glücklicherweise ist das Gehirn ja bis zu einem gewissen Grad in der Lage, sich auf Veränderungen einzulassen – der Fachbegriff dafür lautet „Neuroplastizität".

Meist geht es bei den Strategien für einen Alltag mit ADHS um folgende Themen:

- sich selbst zielorientiert zu organisieren, ob bei der Arbeit oder privat
- die Zeitdauer für Tätigkeiten gut einschätzen und auch einhalten zu können, sich nicht „verzetteln" und pünktlich zu später folgenden Terminen kommen
- sich selbst im sozialen Umfeld oder in Beziehungen (privat oder beruflich) so zu steuern, dass man nicht „aneckt" oder durch allzu unaufmerksames oder impulsives Gesprächsverhalten stört
- darauf achten, ob man „oppositionelles Verhalten" an den Tag legen könnte und versuchen sich hier abzubremsen
- problematische Gewohnheiten (zu viel Internet und Medien, andauernde Handynutzung, zu viel Essen, ein Dasein als Workaholic etc.) so gut es geht reduzieren
- bei risikoreichem Verhalten (Suchtmittel, Verhalten im Straßenverkehr, riskante Sportarten u.ä.) anfangen, mehr auf eine mögliche Gefährdung zu achten und vorsichtiger zu sein
- die eigenen Finanzen trotz Impulsivität gut im Griff zu haben
- und für Eltern gilt noch: für die Erziehung der eigenen Kinder sich die eigenen Schwächen eingestehen und daran arbeiten, um ein besseres Vorbild zu sein

Tipps und Hinweise rund um Coping-Strategien

Der Begriff Coping kommt (wie so viele andere Begriffe auch) aus dem Englischen und bedeutet „mit etwas zurechtkommen" oder „etwas überwinden", eigentlich ist eine Coping-Strategie eine Strategie zur Bewältigung von Krisen oder Problemen. Eigentlich ist das auch keine neue Sache, denn schon seit Jahrtausenden schaffen es Menschen, in einer Krise (sei es Krankheit, Tod, Trauer o.ä.) eine Möglichkeit zu entwickeln, wie sie mit dieser Krise umgehen oder aus ihr rauskommen können. Ein anderer Begriff aus der Fachwelt wäre die Adaption: Man passt sich an, um das Beste aus einer Situation zu machen.

Nun hat jemand mit ADHS aber nicht nur eine Krise bewältigen müssen, sondern das Leben scheint durch die Unaufmerksamkeit schon seit der Kindheit eine Abfolge von Krisen gewesen zu sein. Das kostet natürlich Kraft, sich immer wieder anzupassen. Manchmal hat dieses häufige Reagieren auf Krisen bei jemand mit ADHS dazu geführt, dass statt einer hilfreichen Adaption an die Situation eine schädliche Maladaption entwickelt wurde. Wenn es beispielsweise gut gewesen wäre zu lernen, die eigenen Impulse besser zu kontrollieren, wurde statt dieser durchaus anstrengenden Strategie angefangen, schwierigen sozialen Situationen einfach aus dem Weg zu gehen.

Eine solche Maladaption oder Fehlanpassung kann auf Dauer aber zu anderen psychischen Belastungen führen oder in ein Suchtverhalten oder zu anderen Problemen. Daher ist es wichtig zu schauen, ob eine Strategie wirklich hilfreich ist oder womöglich doch eher schädlich. Das könnte beispielsweise sein, wenn der Aufwand für eine Strategie viel zu viel Energie und Kraft kostet, so dass diese für einen anderen Lebensbereich dann fehlt. Im Zweifelsfall und bei richtigen psychischen Störungen braucht es ausgebildete Therapeuten, die hier die nötige Unterstützung leisten können.

Wer jedoch keine massiven Probleme durch ADHS hat und sich daher ohne Therapeuten auf eine Veränderung einlassen will, kann es mit folgenden Schritten versuchen:

Selbstbeobachtung und Selbsterkenntnis

Im ersten Schritt wäre wichtig, sich gründlich über ADHS und die vielen Facetten zu informieren. Im nächsten Schritt ist es hilfreich, sich selbst daraufhin zu beobachten und sich beispielsweise zu fragen:

- Wann und wie zeigt sich bei mir eine Unaufmerksamkeit? Gibt es besondere Situationen, in denen das regelmäßig vorkommt?
- Leide ich (bzw. leidet mein Umfeld) unter einer Hypo- oder Hyperaktivität? Oder könnte zu viel Impulsivität ein Problem sein?
- Gibt es womöglich bereits ernsthafte komorbide Störungen, die ebenfalls zu behandeln wären?
- Wie wirkt sich ADHS auf das Arbeitsleben oder auf das Privatleben aus und was müsste geändert werden, damit es hier besser läuft? Wie lassen sich diese Ziele kurz und knackig formulieren?

Eine solche „Bestandsaufnahme" über mehrere Tage oder (noch besser) über mehrere Wochen hilft schon einmal, grundlegende Probleme festzuhalten. Für diesen Schritt kann es hilfreich sein, ein Tagebuch zu führen (oder auch eine App zu nutzen), um hier relevante Gedanken oder Verhaltensweisen zu notieren. Mit der Zeit könnten sich aus diesen einzelnen Episoden bestimmte Muster herauskristallisieren, die es dann erleichtern, Gegenstrategien zu entwickeln. Wichtig ist, sich auch Zwischenergebnisse zu notieren, damit sich diese im Nachhinein nochmal vergleichen lassen.

Auf dieser Grundlage werden dann die einzelnen Ziele und die dazu passenden Coping-Strategien festgelegt. Beispielsweise könnte man sich Ziele setzen für den Haushalt oder das Zeitmanagement und schauen, welche Tipps hier jeweils passen könnten. Und natürlich ist es auch hilfreich, sich Tipps zu weiteren Ressourcen und zur Resilienz anzuschauen.

Als Hinweis zum Setzen eigener Ziele

Bei manchen Zielen lässt sich klar sagen, ob oder wann sie erreicht sind, bei anderen ist das schwieriger. Wird beispielsweise als Ziel genommen, sich in der Berufsschule oder im Studium in allen Fächern wenigstens leicht zu verbessern, so lässt sich nach ein paar Monaten überprüfen, ob es geklappt hat oder nicht. Wird beispielsweise als Ziel gesetzt, die Hausarbeit besser in den Griff zu bekommen, so lässt sich das anhand von Vorher- und Nachher-Fotos auch noch gut belegen. Soll das Ziel sein, pünktlicher zu werden und sich weniger zu verspäten? Auch das lässt sich überprüfen, indem man aufschreibt, wie oft man vorher und wie oft man nachher unpünktlich war. Oder man schreibt die insgesamt verspäteten Minuten auf. Ist das Ziel, für mehr Stressabbau zu sorgen, so lässt sich das ebenfalls überprüfen, indem man festhält, wie oft und wie lange man beim Sport war, oder auch, an wie vielen Abenden man eine Meditation etc. gemacht hat.

Schwierig ist es jedoch, Ziele zu überprüfen, die weniger gut messbar sind, zum Beispiel Ziele, die mit sozialen Kontakten zu tun haben. Hier müsste man sich überlegen, wie das Ziel zu formulieren wäre, damit ein Fortschritt feststellbar oder überprüfbar ist. Wer für sich formuliert, man wolle mehr mit dem (Ehe-)Partner machen oder mit Freunden, wird so ein vage formuliertes Ziel nicht konkret erfüllen können. Da ist es schon besser zu einer Formulierung zu greifen wie zum Beispiel, „(mindestens) zwei Sonntage im Monat mit dem (Ehe-)Partner etwas allein unternehmen" oder „(mindestens) zwei Mal im Monat einen Abend mit einem Freund oder in einem Freundeskreis verbringen". Je genauer Sie die Ziele formulieren, desto besser können Sie überprüfen, wie erfolgreich Sie am Ende waren.

Welche Punkte aus den letzten Abschnitten könnte ich für mein eigenes Coping-Strategie-Paket verwenden? Was müsste/sollte ich bei mir verbessern und welche Ziele will ich mir dafür setzen?

____

____

____

____

____

Umgang mit negativen Glaubenssätzen, Blockaden und Ängsten

Bevor es mit der Arbeit an sich selbst losgeht, braucht es bei manchen Menschen mit ADHS noch etwas Vorarbeit: nämlich dann, wenn sie aufgrund jahrelanger Kritik das Gefühl haben, nicht gut genug zu sein und nichts zustande zu bringen. Wer mit solchen Gedanken an die erhoffte Änderung drangeht, wird vermutlich keinen Erfolg haben. Denn mit vielen negativen Gedanken steht man sich ziemlich selbst im Weg.

Es gibt einige Menschen mit ADHS, die mit verschiedenen negativen Glaubenssätzen und inneren Überzeugungen, Blockaden oder Ängsten zu kämpfen haben. Man glaubt ganz fest daran, dass einem nichts gelingen wird, man fühlt sich blockiert hinsichtlich einer beruflichen Karriere, man fühlt sich blockiert bei anderen Erfolgen, man fühlt sich entsprechend auch blockiert beim Geldverdienen. Während man das wöchentliche Meeting als Routineaufgabe noch einigermaßen übersteht, steht die Angst im Raum, demnächst einen Vortrag vor Führungskräften halten zu müssen. Vielleicht steht eine Prüfung an, vor der man sich überfordert fühlt und wie gelähmt gar nichts macht. Oder umgekehrt: Man stürzt sich mit einem so extrem perfektionistischen Anspruch in die Prüfungsvorbereitung, dass alles andere in Vergessenheit gerät und das nächste Chaos schon vor der Tür steht. Und egal, was zuvor alles passiert ist: Es wird als Beweis dafür herangezogen, dass es in der Zukunft ganz bestimmt nicht besser werden wird.

Die eigenen Stärken und Ressourcen (wieder)finden

Bei Problemen dieser Art gilt es, sich zunächst auf die eigenen Stärken und Fähigkeiten zu besinnen. Das schlechte Selbstwertgefühl hat in vielen Fällen zu einer Art von Selbstverzwergung geführt, man macht sich eigentlich kleiner als man tatsächlich ist. Ist das bereits zu einem deutlichen psychischen Problem geworden, wäre professionelle therapeutische Hilfe der beste Weg, um aus diesem Sich-selbst-klein-Machen herauszukommen. Angesichts der Wartelisten bei professionellen Psychotherapeuten wäre es vielleicht hilfreich, nicht noch monatelang zu warten und zu hoffen, dass sich allein etwas verändert, sondern in der Zwischenzeit schon mal anzufangen, sich auf die eigenen Denkmuster zu konzentrieren und sich zu überlegen:

- Was sind meine Stärken und Fähigkeiten, in welchen Arbeits- oder Lebensbereichen bin ich wirklich gut? (Wetten, dass es irgendwo eine ganz besondere Eigenschaft gibt, die aber viel zu oft wie unter einer Tarnkappe versteckt bleibt?)
- Was habe ich bereits im Leben geschafft, wo konnte ich Erfolge erzielen? (Und wenn es „nur" ein Haupt- oder Realschulabschluss ist oder eine Auszeichnung für ein Ehrenamt, aber das ist doch schon mal was!)
- Was gibt mir Mut und Zuversicht? (Es muss ja keine große Sache sein, es reicht ja, auf eine mögliche Lösung eines aktuellen kleineren Problems zu hoffen und daraus die Zuversicht abzuleiten, dass nach dem ersten kleineren Problem auch das nächste folgende Problem gelöst werden kann.)
- Was könnte ein hilfreicher Glaubenssatz für mich persönlich sein? (Je nach jeweiliger Situation kann das etwas in der Art sein von „Ich bin gut so wie ich bin", „Ich schaffe es, meine eigenen inneren Kräfte aufzuwecken" oder sogar „Ich darf auch Fehler machen" oder ähnliche Aussagen.)

Wichtig ist, hier nicht nur auf eine flüchtige Erkenntnis zu setzen, sondern sich wirklich intensiv gedanklich auf die positiven Erfahrungen zu konzentrieren. Vielleicht fällt einem am Anfang erstmal gar nichts ein, vielleicht ganz viele Dinge auf einmal. Am besten ist dann, sich immer wieder auf diese eigenen Stärken zu besinnen und aufzuschreiben, was davon wichtig ist. Mit der Zeit kristallisieren sich mehrere Kernpunkte heraus, die man zu positiven Glaubenssätzen (auch Affirmationen genannt) formulieren kann. Und diese ruft man sich im Alltag immer wieder in Erinnerung. So bildet sich in der eigenen Denkweise (auch Mindset genannt) nach und nach eine neue Spur, wie die Rillen auf einer Schallplatte, und mit dieser neuen Denkweise verbessert sich auch die Einstellung zum eigenen Selbst.

Mit dieser neuen Einstellung wird es auch leichter, die Hindernisse im Leben mit mehr Optimismus und Zuversicht anzugehen. Wenn es einen (Ehe-)Partner oder andere soziale Ressourcen gibt, die einen in dieser Änderung der Denkweise unterstützen, wäre das natürlich enorm hilfreich und wertvoll. Ebenso unterstützend kann es sein, auf Ressourcen außerhalb zurückzugreifen, sich also beispielsweise einer Selbsthilfegruppe für ADHS anzuschließen – einfach mal im Internet schauen, was es in der Nähe gibt.

Das eigene Coping-Strategie-Paket entwickeln

Darüber hinaus ist ebenso wichtig, die für sich selbst entwickelten Coping-Strategien in den Alltag einzubauen, um die gesetzten Ziele zu erreichen. Je nach Ziel würde man die Tipps zum konzentrierteren Arbeiten oder zum Zeitmanagement oder zu einem besseren Umgang mit dem sozialen Umfeld ausprobieren. Was in welcher Reihenfolge an Angriff genommen wird, hängt von den eigenen Prioritäten ab: wo drückt der Schuh am meisten, wo ist der Leidensdruck am größten? Wenn jedoch die eine Aufgabe zu groß erscheint, kann es hilfreich sein, mit einer kleineren Aufgabe anzufangen und nach diesem ersten Erfolg an die größere Aufgabe zu gehen.

Wichtig ist dabei, die eigenen Erwartungen und Möglichkeiten realistisch einzuschätzen. Eine schlechte Gewohnheit lässt sich nicht in drei Tagen ändern, das braucht eher einen Zeitraum von zwei bis drei Monaten – sofern täglich genutzt oder geübt. Geht es um die exekutiven Funktionen wie das Arbeitsgedächtnis etc., so helfen möglicherweise zusätzliche kognitive Trainingsprogramme oder Apps, beispielsweise mit Gedächtnisübungen oder zur Impulskontrolle.

Nach ein paar Tagen könnte man eine erste Zwischenbilanz ziehen und schauen, welche Tipps gut passen und welche Tipps für den eigenen Lebensalltag weniger gut geeignet sind. Nach dieser Zwischenanalyse wird die jeweilige Coping-Strategie im Bedarfsfall genauer angepasst und vielleicht eine passendere Variante entwickelt.

Coping-Strategien planen und überprüfen:

- Ziele festlegen und Prioritäten setzen
- Coping-Strategien überlegen und einsetzen
- motiviert und mit Zuversicht dranbleiben
- nach einer Weile den Erfolg überprüfen
- ist ein Ziel erreicht, ein neues Ziel auswählen
- gegebenenfalls die Prioritäten neu setzen
- neue Strategien auswählen
- und so weiter

Tipps für die eigene Organisation

Durch ihre Unaufmerksamkeit und die Offenheit für Ablenkung und neue Reize haben Menschen mit ADHS große Probleme beim Strukturieren und Ordnungschaffen. Wenn die Gedanken und Impulse im Hirn herumwirbeln, ist man beim Aufräumen nicht „bei der Sache". Das Wichtigste ist daher, nicht nur in die Gedanken eine Ordnung zu bringen, sondern vor allem in die verschiedenen Räume oder Arbeitsbereiche. Sich selbst besser sortieren und steuern zu können – das ist eine große Aufgabe bei der eigenen Organisation.

Wichtiges von Unwichtigem unterscheiden lernen

Ein typisches Merkmal von ADHS ist, dass es schwerfällt, wichtige von unwichtigen Dingen oder Vorgängen zu unterscheiden: oft scheint alles gleich wichtig zu sein. Falls auch Sie dazu neigen, alles aufzubewahren (weil es noch wichtig ist oder wieder wichtig sein könnte), werden Sie Schwierigkeiten haben, in ein solches

Um das zu tun, was Ihnen wirklich wichtig ist, müssen Sie zunächst einmal wissen, was Ihnen wirklich wichtig ist.
Edward Hallowell

Sammelsurium eine Ordnung reinzukriegen. Ein wichtiger Schritt zu einer besseren Strukturierung besteht darin, die wichtigen von den unwichtigen Dingen besser unterscheiden zu können. Dazu lassen sich folgende Kriterien nutzen:

Bedeutung:

Hier ist die Frage: Welche Bedeutung hat das Ding oder diese Aufgabe für meine Ziele oder mein Leben? (Ist es „nur" ein Erinnerungsstück an die Familie oder Kindheit? Dann könnte es aus nostalgischen Gründen noch lange bedeutsam sein. Sind es Unterlagen, die für eine Weiterbildung oder für eine Behörde gebraucht werden? Dann ist es definitiv noch wichtig. Sind es Unterlagen zu einem Projekt, das schon längst erledigt ist? Dann könnte es doch weg, oder nicht?)

Ziele und Prioritäten:

Hier könnte die Frage sein: Gehört dieses Ding oder diese Aufgabe zu den aktuell relevanten Zielen und Prioritäten? (Wer eine wichtige berufliche Weiterbildung schaffen will, für die in den nächsten Wochen noch viel zu lernen ist, wird bzw. sollte dieses Ziel höher priorisieren als einen Kurs für ein Hobby, der in einem halben Jahr nochmals angeboten wird.)

Konsequenzen/Folgen:

Hier stellt sich die Frage: Was passiert, wenn das Ding weggeworfen wird oder die Aufgabe nicht erledigt wird? (Wenn es keine negativen Konsequenzen nach sich zieht: dann ab in die Tonne! Wenn ein Verbummeln jedoch zu negativen Konsequenzen führt, ist es natürlich wichtig, sich darum zu kümmern! Als profanes Beispiel: Eine Glückwunschkarte kann man, nachdem man sich dafür bedankt hat, auch wegwerfen, eine Rechnung oder einen Bußgeldbescheid jedoch nicht, das führt nämlich erst zu Mahngebühren und später zu weiteren Konsequenzen.)

Wer sich darin übt, das Wichtige vom Unwichtigen zu unterscheiden, dem fällt es am Ende auch leichter, entsprechend kluge Entscheidungen zu treffen und Prioritäten zu setzen für die passende Reihenfolge von Erledigungen.

Ordnung im Alltagskram

Eine weitere typische Aufgabe ist, mehr Ordnung in den „Alltagskram" zu bekommen. Womöglich haben auch Sie schon ganz oft den Schlüssel oder Geldbeutel verlegt, im Wäscheberg das eine T-Shirt gesucht oder andere Dinge, die Sie jetzt gerade bräuchten und von denen Sie nicht mehr wissen, wann Sie diese das letzte Mal in der Hand gehabt und wohin Sie diese dann gelegt haben. Ursache dafür ist ein schwaches Arbeitsgedächtnis in Verbindung mit zu viel Unaufmerksamkeit: dann fällt es einem schwer, sich zu merken, wo was abgelegt worden ist. Hier hilft nur, sich gewisse Routinen anzugewöhnen und sich strikt daran zu halten:

- lebenswichtige Dinge wie Schlüssel oder Geldbeutel direkt hinter der Eingangstür platzieren, dort wo man auch anhält, um Jacke und Schuhe auszuziehen, kommen diese Sache an ein Schlüsselbrett, auf das Regal oder in die Schublade einer Garderobe – nur wenn alles seinen festen Platz hat und wirklich immer und ohne Ausnahme dort abgelegt wird, hört die Sucherei danach auf
- ähnliche Routinen braucht es für andere wichtige Dinge wie das Handy- oder Laptop-Kabel oder was sonst noch leicht verlegt wird: auch hier gilt, dass jedes Ding seinen festen Platz haben muss und dass diese Ordnung wirklich penibel eingehalten wird
- bei anderen Dingen wie Schals, Schmuck und Accessoires, Bücher oder die Fernsehzeitschrift mitsamt Fernbedienung usw. gilt ebenfalls, ihnen einen festen Platz zuzuweisen und diese Dinge dann auch stets dort zu deponieren

Und die anderen im Haushalt?

Ein Problem kann sein, wenn ein Mensch mit ADHS nicht allein lebt, sondern weitere Mitbewohner hat: Wenn sich nicht alle an die gleiche Ord-

nung halten, räumt der eine Lebenspartner einen Schal in eine Schublade
an der Garderobe und der andere im Schlafzimmer in den Kleiderschrank –
und schon geht die Sucherei wieder los!

Hier hilft nur, wenn alle ein gemeinsames Ordnungssystem entwickeln,
notfalls muss man mit Listen arbeiten, auf denen die Gegenstände mit dem
jeweiligen Aufbewahrungsort in einer Tabelle sind, zum Beispiel „Schals ->
alle Schals im Flurschrank 3. Schublade von oben" oder „Fernsehzeitschrift
-> im Wohnzimmer, Regalwand am Fenster, auf dem Regalbrett über den
DVDs" oder ähnlich. Möglicherweise hilft auch, an Regalen oder Schub-
laden einen schmalen Hinweiszettel oder ein beschriftetes Klebeband an-
zubringen.

Organisation von Erledigungen und Terminen

Das schwache Arbeitsgedächtnis und die unaufmerksame Art sorgen häufig
auch für eine weitere Schwachstelle, nämlich das Vergessen von Erledigungen und Terminen – aber auch dagegen lässt sich etwas tun:

- Termine gehören in einen Terminkalender: Wenn Sie noch einen
  klassischen Kalender auf Papier bevorzugen, können Sie alle Termine
  dort eintragen, am besten auf einen kleinen Haftnotizzettel schreiben,
  der leicht entfernt und auf ein anderes Datum geklebt werden kann,
  falls sich der Termin verschiebt.
- praktischer dürften jedoch Kalender-Apps sein, idealerweise auf dem
  Computer und nochmal synchronisiert auf dem Handy, die mit einer
  Alarmfunktion vorher an den Termin erinnern – hier muss man nur
  aufpassen, dass man nicht (weil man gerade konzentriert mitten in
  einer anderen Arbeit steckt) den Alarm quittiert und dann doch
  weiterarbeitet und den Termin vergisst …
- ganz wichtige Termine (zum Beispiel ein Termin bei einem Facharzt,
  auf den man schon wochenlang wartet) sollte man doppelt und drei-
  fach an wichtigen Stellen hinterlegen, beispielsweise an der Küchentür, am Spiegel der Garderobe oder wo immer ein solcher Hinweis in
  den Blick fällt

- ähnlich ist es mit Erledigungen: Um an diese zu erinnern, könnte man sie entweder bei den Terminen im Kalender führen oder man führt das separat oder man macht es doppelt, im Kalender und nochmal extra … hilfreich wäre zudem, alle Erledigungen auf eine einzelne Erledigungsliste zu schreiben (damit man alle im Überblick hat), auf besonders dringende oder wichtige Erledigungen könnte man zusätzlich aufmerksam machen mit einem Erinnerungszettel an einer Tür, einem Spiegel oder einem ähnlichen Platz

Ordnung im Papierkram

Die Post kommt an, wird geöffnet und beiseitegelegt. Es ist eine Rechnung, die noch bezahlt werden muss. Und dann geht die Rechnung im Alltagstrubel unter und plötzlich trudelt eine Mahnung ein. War die nicht doch schon bezahlt? Wo sind eigentlich die Kontoauszüge? So oder ähnlich dürften es vielen Menschen mit ADHS aus eigener Erfahrung kennen. Für den eigenen Alltag ist es auch enorm wichtig, sich für wichtige Lebensbereiche ein Ablagesystem zu schaffen.

Ein Ablagesystem schaffen

Um in den Unterlagen die nötige Ordnung zu halten, braucht es ein System für die Eingangspost und für Kopien der Ausgangspost, damit wichtige Dokumente schnell auffindbar sind. Je nach persönlicher Neigung bevorzugen manche Ordner, wo die gelochten Unterlagen eingeheftet werden, da diese durch Trennblätter noch weiter untergliedert werden können. Andere mögen es lieber, die aktuellen Unterlagen in Ablagefächer oder Hängeregister einzusortieren, weil hier nicht erst abgelocht werden muss. Für welches Ablagesystem Sie sich entscheiden, meist reichen für den Privatbereich folgende Kategorien:

- Wohnen (von der Miete bis zu Heiz- und weiteren Nebenkosten)
- Finanzen und Anschaffungen (für Bankunterlagen, Rechnungen, Quittungen und ggf. auch Garantiekarten – da Bedienungsanleitungen oft sehr umfangreich sind, empfiehlt sich für diese die Aufbewahrung in einem bedruckten Faltkarton oder einer Archivbox)

- Versicherungen (von der Haftpflicht- über Hausrat- und/oder Berufsunfähigkeits- bis zu weiteren Versicherungen)
- Gesundheit (für die eigene Dokumentation der wichtigen Diagnosen, Therapien, ggf. Zuzahlungen etc.)
- Mobilität und Freizeit (mit Unterlagen für Vereinsmitgliedschaften, Auto, Urlaube und ähnliches)
- in einem Haushalt mit Kind(ern) würden deren Unterlagen in einer eigenen Kategorie gesammelt werden

Ein Bearbeitungssystem entwickeln

Eingehende Post sollte man gleich öffnen und schauen, um was es geht. Im Idealfall würde man alles sofort bearbeiten und dann in die Ablage geben, aber meist ist im Alltag nicht die Zeit dafür, die muss man sich für später reservieren. Gut wäre es, sich einen festen Wochentag für Büroarbeit einzuplanen. Alle Briefe und anderen Büroerledigungen, die bis dahin anfallen, würden gesammelt und dann „in einem Aufwasch" erledigt – am besten so, dass man den Vorgang anfängt, bearbeitet und am Ende gleich ablegt. Und so wird dann eine Sache nach der anderen abgearbeitet. Und in der nächsten Woche ebenso. Auf diese Weise sollte man eigentlich immer auf dem Laufenden sein.

Für das Bearbeitungssystem ist es hilfreich, wenn ein gut strukturierter Arbeitsplatz vorhanden ist. Angefangen vom Ablagesystem bis zum Büromaterial wie Stifte, Haftklebezettel, Locher, Hefter, Umschläge Briefmarken etc. sollte alles griffbereit sein, denn wenn man aufstehen muss, um etwas zu holen, läuft man Gefahr, dass man etwas sieht, was man nur schnell aufräumen will, dort fällt einem etwas anderes ins Auge und so weiter – und plötzlich sind die anderen Erledigungen vergessen, weil man wieder so abgelenkt war ...

Wer sich das Ablage- und Bearbeitungssystem ganz neu einrichtet, wird vermutlich aus der Vergangenheit noch stapelweise unsortierte Unterlagen haben. Oft scheint der Berg an Arbeit kaum überwindbar und die Erledigungen fallen der „Aufschieberitis" zum Opfer, während vielleicht schon Mahnungen ins Haus flattern, was einem dann wieder ein schlechtes Gefühl gibt, was dann zum Vertagen der Aufgaben führt. Hier hilft nur, sich einen Plan aufzustellen, zum Beispiel: jeden zweiten Abend ein bis zwei Stunden an die Arbeit gehen (und sich überlegen, womit man sich belohnen könnte, wenn man endlich durch den Riesenberg an Arbeit durch ist). Zunächst werden die Aufgaben nach Dringlichkeit und Wichtigkeit vorsortiert und dann in der entsprechenden Reihenfolge tapfer abgearbeitet. Mehr dazu bei den Tipps zum konzentrierten Arbeiten ...

Auch für die digitale Ordnung sorgen

Früher, als alles noch per Post kam, war das Ordnunghalten einfacher: Da hatte man etwas in der Hand, da war etwas deutlich sichtbar vorhanden. Inzwischen kommen nicht mehr alle Rechnungen oder Anschreiben per Post, immer häufiger flattert das alles in ein elektronisches Postfach. Oder man bekommt eine Benachrichtigung, dass im Kundenportal des Unternehmens eine Nachricht abzurufen ist (was noch lästiger ist, weil es noch mehr Arbeitsschritte bedeutet und dann oft auch die Frage, wo eigentlich die Kundennummer und das Passwort zu diesem Kundenportal geblieben ist?).

Leider geht im elektronischen Postfach alles noch schneller unter als in der Papierwelt, so jedenfalls meine persönliche Erfahrung. Je mehr Mails pro Tag ins Postfach flattern, desto schneller geraten sie außer Sichtweite und damit auch schnell in Vergessenheit. Hier sind unterschiedliche Strategien denkbar:

- wer ein Blatt Papier braucht, damit man es in die Hand nehmen, erledigen und von A nach B sortieren kann, wird am besten bei der altmodischen Papierwelt bleiben und sich alle wichtigen Unterlagen ausdrucken, um sie zu erledigen und dann ins Ablagesystem zu geben
- ansonsten hilft es bereits, nicht gleich den ganzen Vorgang auszudrucken, sondern einfach eine Erinnerung an diese Erledigung auf einen Zettel zu schreiben oder als Erinnerung in einer App zu hinterlegen – wichtig ist, sich immer wieder Erinnerungen zu setzen, damit diese Dinge im Alltag nicht gleich wieder untergehen

- wenn viele Erledigungen zusammenkommen, sind einzelne Zettel irgendwann zu unübersichtlich, hier helfen To-do-Listen – und wenn dort erledigte Aufgaben nicht einfach entfernt, sondern durchgestrichen stehen bleiben, wenn am Ende zu sehen ist, wie viel schon abgearbeitet ist, dann gibt das einen Extraschub Motivation für weitere Erledigungen!

Apropos Motivation: wer es schafft, sich kontinuierlich durch diese lästigen Büroarbeiten durchzuwühlen, darf sich am Ende auch gern eine kleine Belohnung gönnen – vielleicht hilft es ja, sich ein individuelles Belohnungssystem zu entwickeln? Mehr dazu später im Abschnitt zu den eigenen Ressourcen …

Und noch an ein Wegwerfsystem denken

Mit der Zeit wird das Ablagesystem ziemlich umfangreich werden. Hier ist es ratsam, alle paar Jahre im Ablagesystem auszumisten. Alles, was fürs Finanzamt oder für andere Behörden noch gebraucht wird, bleibt natürlich. Auch Unterlagen für Rente und Versicherungen, Garantiekarten mit der dazugehörigen Rechnung oder ähnliches sollte man aufbewahren, solange die Versicherung besteht oder das Gerät zur Garantie noch existiert. Danach kann das im Normalfall aber weg. Und dann findet sich in den Unterlagen ganz bestimmt noch viel mehr, was schon älter ist und inzwischen nicht mehr aufbewahrt werden muss. Also weg damit. Das erledigt zu haben, gibt einem ein gutes Gefühl.

Das Wegwerfsystem sollte sich aber nicht nur auf die Papierwelt beschränken, auch bei digitalen Unterlagen oder bei Fotos sollte man nach einiger Zeit ans Ausmisten denken. Die Festplatten bieten inzwischen zwar jede Menge Speicherkapazität, aber unter vielen tausend Dateien geht auch schnell der Überblick verloren zwischen den Dateien oder Fotos, die wirklich wichtig sind, und denen, die völlig unnütz sind.

Auch diese Arbeit ist lästig und macht keinen Spaß, aber wer sich hin und wieder Zeit nimmt fürs Löschen oder Wegwerfen, kann sich über das Gefühl freuen, am Ende einen besseren Überblick zu haben.

Welche Punkte aus den letzten Abschnitten könnte ich für mein eigenes Coping-Strategie-Paket verwenden? Welche Tipps könnten mir helfen bei der eigenen Organisation?

Tipps für die Konzentration auf wichtige Aufgaben

Aufgaben zu erledigen scheitert nicht immer daran, dass es schwerfällt zu entscheiden, was wichtiger und was weniger wichtig ist (siehe im Abschnitt Tipps für die eigene Organisation, welche Kriterien man hier anlegen könnte). Häufig steht man vor dem Problem, dass viele Aufgaben gleichzeitig wichtig sind und zu erledigen wären. Oft weiß man gar nicht, wo man anfangen soll, es fehlt eine strukturierte Vorgehensweise oder Handlungsplanung. Hier hilft es, im ersten Schritt die Aufgaben zu priorisieren und im nächsten Schritt eine größere Aufgabe in Teilaufgaben zu untergliedern.

Aufgaben priorisieren

Für das Priorisieren von Aufgaben gibt es unterschiedliche Methoden, am bekanntesten dürfte die Eisenhower-Methode sein. Hierfür wird eine Matrix aus diesen Elementen gebildet:

A-Aufgaben: Diese Aufgaben sind für Ihr Ziel (bzw. eines Ihrer Ziele) wichtig und auch dringend – entweder weil es inzwischen dringend geworden ist (was aber mit einem guten Zeitmanagement vermieden werden kann) oder weil es nicht vorhersehbar war und bereits als dringend auf den Tisch kam. A-Aufgaben sollten Sie also gleich in Angriff nehmen und erledigen. Als Beispiel: Eine Bewerbung auf eine interessante Stelle schreiben.

Die Eisenhower-Matrix

<table>
<tr><td></td><td>dringend</td><td>nicht dringend</td></tr>
<tr><td>wichtig</td><td>A-Aufgabe</td><td>B-Aufgabe</td></tr>
<tr><td>nicht wichtig</td><td>C-Aufgabe</td><td>D-Aufgabe</td></tr>
</table>

B-Aufgaben: Diese Aufgaben sind für Ihr Ziel (bzw. für eines Ihrer Ziele) wichtig, aber es ist (noch) nicht dringend, daher kann das später erledigt werden. Entweder geht es um einmalige Aufgaben, die irgendwann zu erledigen sind, es können aber auch regelmäßigere Routinetätigkeiten sein. Als Beispiel: Einen Termin beim Arzt ausmachen für eine jährliche oder regelmäßigere Gesundheitskontrolle.

C-Aufgaben: Diese Aufgaben sind für Ihr Ziel (bzw. für eines Ihrer Ziele) nicht wichtig, aber es müsste bald erledigt werden, daher wäre hilfreich, wenn Sie diese Aufgabe an jemanden delegieren könnten (vielleicht Ihr Ehe-/Partner oder ein guter Freund). Als Beispiel: Es braucht ein Geschenk für einen Geburtstag in der Verwandtschaft.

D-Aufgaben: Diese Aufgaben sind für Ihr Ziel (bzw. für eines Ihrer Ziele) nicht wichtig und es ist auch nicht dringend das zu erledigen, daher kann es eigentlich weg (bzw. in die „Ablage P wie Papierkorb"). Als Beispiel für wenig wichtige Arbeiten: Die Wolle fürs Stricken nach Farben anordnen oder in der Heimwerker-Werkstatt die Werkzeuge nach ihrer Größe sortieren.

Machen Sie sich nun eine To-do-Liste aller aktuell anliegenden Aufgaben und markieren Sie die einzelnen Aufgaben mit einem Buchstaben von A bis D. Mit dieser Einteilung fällt es Ihnen leichter zu entscheiden, was Sie zuerst und was Sie später erledigen.

Wenn Sie an einer Wand am Schreibtisch noch Platz haben, können Sie sich vier A4-Blätter als Matrix zusammenkleben und anpinnen. Mit kleinen Haftnotizzetteln können Sie dann die aktuellen Aufgaben kategorisieren. Und wenn eine erledigt ist, wird einfach der Zettel entfernt.

Natürlich können Sie auch einen Kalender, ein Notizbuch oder eine App fürs Priorisieren von Aufgaben nutzen.

Salami-Taktik

Stehen Sie vor einer sehr großen Aufgabe oder einem sehr umfangreichen Projekt, besteht oft die Gefahr, die Arbeit daran immer wieder aufzuschieben. Damit das nicht passiert, ist es am besten, 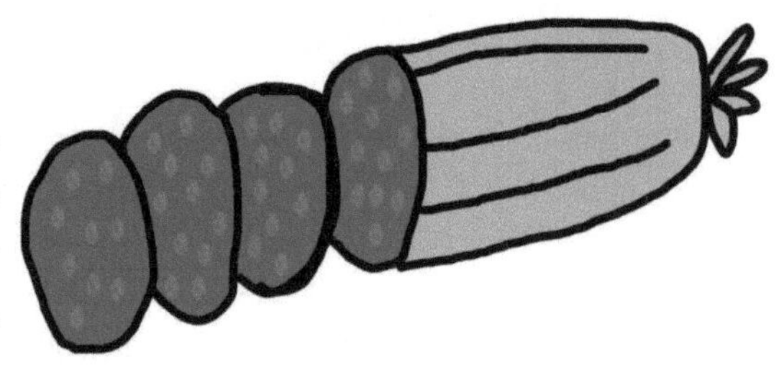 das große Projekt in Teiletappen oder Zwischenschritte aufzugliedern. Nun wird festgelegt, in welcher Reihenfolge die einzelnen Teilaufgaben abzuarbeiten wären. Prüfen Sie, ob die geplante Zeit realistisch ist und planen Sie lieber noch einen Zeitpuffer ein. Steht Ihr Plan fest, können Sie alles Schritt für Schritt angehen und sich über jede erreichte Teiletappe freuen.

Auf diese Weise können Sie auch Aufgaben in Angriff nehmen, die auf den ersten Blick sehr knifflig und komplex erscheinen. Wenn Sie das Ganze in seine Einzelteile zergliedern, sieht alles schon viel leichter aus und die Gefahr einer „Aufschieberitis" sollte damit vermindert sein.

Konzentriert arbeiten mit der 25+5-Technik (Pomodoro-Technik)

25 Minuten arbeiten, dann 5 Minuten pausieren – so lässt sich diese Technik zusammenfassen. Entwickelt wurde sie von Francesco Cirillo als Pomodoro-Technik (wörtlich: Tomaten-Technik) mit Hilfe eines mechanischen Küchenweckers (auch unter dem Begriff Eieruhr bekannt), der bei ihm zufälligerweise die Form einer Tomate hatte. Das Prinzip dahinter ist, sich je-

weils 25 Minuten einer Aufgabe zu widmen, dann jeweils 5 Minuten Pause einzulegen.

Aber zuerst nimmt man sich fünf Minuten Zeit, um die aktuellen Aufgaben zu planen: Was steht an und muss dringend erledigt werden? Wie viel Zeit dürfte eine Aufgabe dauern? Hier wäre wichtig, aufgrund bisheriger Erfahrungswerte den Zeitaufwand möglichst realistisch einzuschätzen. Womöglich braucht man für eine Aufgabe 2 x 25 Minuten (das wären dann 2 „Pomodori") und für die nächste Aufgabe dann 4 x 25 Minuten (also 4 „Pomodori"). Oder es gibt Aufgaben, die in ganz kurzer Zeit erledigt sind (wie zum Beispiel eine Überweisung machen, einen Termin beim Arzt machen u.ä.), dann kann man mehrere Aufgaben mit kurzer Dauer zu einem Pomodori zusammenfassen. Eine gaaaaaaanz lange Aufgabe (wie zum Beispiel ein Buch schreiben) würde in mehrere Abschnitte aufgeteilt und dann würden diese Abschnitte in Pomodori unterteilt werden. Am Ende wird dieser Aufgabenplan dann schriftlich festgehalten.

Ist die grobe Planung beendet, sollten mögliche Störungen (E-Mails, Handy, Social Media etc.) ausgeschaltet werden, dann geht es an die Arbeit. Die Vorgehensweise besteht aus diesen Schritten:

- die Aufgabe schriftlich notieren
- einen Kurzzeitwecker/Küchenwecker auf 25 Minuten einstellen
- konzentriert die Aufgabe bearbeiten, bis der Wecker klingelt (sollte in dieser Zeit ein Gedanke an eine andere Aufgabe aufkommen, so einfach nur drei bis vier Stichworte auf einen Extrazettel notieren und dann diesen Zettel beiseite schieben und sich später darum kümmern)
- eine Pause von fünf Minuten machen
- danach wieder an die Arbeit gehen und nach 4 mal 25 Minuten dann eine längere Pause von 15 bis 20 Minuten machen

Diese Technik kann auch sehr vorteilhaft sein, wenn man vor einer großen Aufgabe zurückscheut, denn auf diese Weise wird die große Aufgabe zeitlich heruntergebrochen: 25 Minuten, das geht doch! (Und das dann so oft, bis die Aufgabe erledigt ist, denn jede Sitzung ist immer wieder ein Neubeginn).

Im Alltag wird natürlich kaum jemand den ganzen Tag in Pomodori-Einheiten arbeiten können, im Beruf warten ja noch Kunden oder Kollegen auf Rückmeldungen und im Privatleben gibt es Partner oder Familienmitglieder, die etwas von einem wollen. Aber auch wenn man nur vier oder acht Pomodori schafft (das sind dann zwei oder vier Stunden), so hat man in dieser Zeit effizienter gearbeitet, als wenn man alle Aufgaben und Anfragen durcheinander bearbeitet.

Francesco Cirillo hat übrigens einen mechanischen Küchenwecker benutzt, um mit dem Aufziehen am Anfang sich selbst ein Startsignal zu geben. Diese Küchenwecker (oder Eieruhren) geben oft ein tickendes Geräusch von sich: Das könnte bei dem einen störend wirken, bei dem anderen aber eine Art von Takt vorgeben, dem leicht zu folgen ist. Ob das Geräusch passt oder nicht, muss jeder für sich selbst ausprobieren.

So oder so: am Ende werden auf dem Aufgabenplan die Pomodori durchgestrichen, die geschafft sind. Und das motiviert wiederum für die nächsten Pomodori ...

Konzentriert arbeiten mit der „Getting-Things-Done"-Methode

Diese Selbstmanagement-Methode wurde entwickelt von David Allen, um sämtliche anfallenden Tätigkeiten in nur einem Verwaltungssystem unterzubringen. Entsprechend gibt es vier Listen: Aktionslisten (mit einzelnen Aufgaben wie zum Beispiel Kontoauszüge zusammentragen, um später die Steuererklärung zu machen), Projektlisten (alles, was aus mehr als einer Aufgabe besteht, ist ein Projekt), Kalender (mit Terminen und Aufgaben für diesen Tag) und schließlich eine Warten-auf-Liste (alles, was jemand anderes erledigt und/oder wo man auf eine Rückmeldung wartet). Die einzelnen Schritte bestehen dann aus:

- **Sammeln** von allen neu eingetroffenen (per Mail, Briefpost, Telefonnotizen etc.) Informationen/Erledigungen.
- **Verarbeiten** der Informationen: Worum geht es hier? Ist das innerhalb von zwei Minuten erledigt? (Falls ja, direkt erledigen; falls nein, als

Aufgabe oder Projekt vermerken.) Kann das delegiert werden? (Falls ja, dann delegieren.) Alles andere gehört in den nächsten Schritt, das Organisieren.

- **Organisieren:** nach dem Verarbeiten des Informationseingangs geht es um das, was als nächstes passieren muss. Einzelne Aufgaben werden entweder in Aktionslisten oder im Kalender eintragen. Sind es mehr als zwei Aufgaben, wird ein Projekt angelegt. Hinzu kommt der Kalender sowie noch Kategorien für *Warten auf* und *Vielleicht/ Irgendwann*. Die Inhalte dieser Kategorie werden wöchentlich kontrolliert. Schließlich gibt es noch das Referenzmaterial (bei der Buchung für ein Hotel wären das beispielsweise die Prospekte o.ä.)
- **Durchsehen:** Listen und Kalender werden einmal (oder auch mehrmals) pro Tag durchgesehen, einmal pro Woche wird alles nochmal kontrolliert (und bereits erledigte Projekte werden aus dem System genommen).
- **Erledigen:** Je nachdem, welche Aufgaben oder nächsten Schritte im Kalender oder einer anderen Liste an dringlichster Stelle stehen, werden diese abgearbeitet und erledigt.

Wer gern mit Papier arbeitet, kann sich ein A5-Ringbuch mit einzelnen Trennblättern anlegen. Es gibt aber auch zahlreiche Software-Lösungen auf dem Markt, die den Vorteil bieten, auch geräteübergreifend verfügbar zu sein oder den Kalender auf dem Handy damit verknüpfen zu können.

Wichtige Aufgaben mit Kanban im Blick behalten

Wer keine Lust hat, sich mit irgendwelchen ausgefeilteren Methoden zu beschäftigen, kann sich einfach eine Art von Kanban-Tafel oder Kanban-Board anlegen. Kanban wurde eigentlich in der Industrie entwickelt, damit alle benötigten Teile in ausreichender Menge dort sind, wo sie benötigt werden. Die prinzipielle Arbeitsweise wurde aber auch auf weitere Branchen und Projektanforderungen übertragen.

Eigentlich reicht es, sich auf einem großen Blatt mehrere Spalten anzulegen und beispielsweise mit Haftnotizen die einzelnen Aufgaben auf die verschiedenen Spalten zu kleben. Ganz links ist die To-do-Spalte mit all den Aufgaben, die noch nicht angefangen sind.

In der Mitte gibt es den Bereich für „Work in Progress", also das, was gerade in den unterschiedlichen Phasen der Bearbeitung ist. Dieser Bereich kann durch weitere (Zwischen)Spalten individuell noch weiter untergliedert werden, beispielsweise könnte man noch Startphase, Rückmeldung oder Finalisierung einfügen oder sich eine ganz andere Unterteilung entwickeln.

Und in der Spalte rechts ist der Platz für die erledigten Projekte – es ist dann immer ein schönes Gefühl, wenn man einen Haftzettel vom mittleren Bereich in die rechte Spalte umsortieren kann.

Projektübersicht mit Kanban

ToDo	in Arbeit			komplett erledigt!
	Startphase	Rückmeldung?	Finalisierung	

Wichtig: Konzentrationsräuber und Zeitfresser ausschalten

Wer kennt das nicht: Man arbeitet konzentriert an einer Aufgabe und plötzlich ruft jemand an und fragt nach einer Mail, also will man nur kurz die Mail rausschicken, da sieht man im Eingangsfach weitere Mails, die ebenfalls in weniger als zwei Minuten beantwortet wären ... ganz schnell kommt man wieder vom Hundertsten ins Tausendste und wenn man erst einmal aus einem Gedankengang herausgerissen ist, kostet es doppelt Mühe und Zeit, wieder hineinzufinden.

Die ständige Erreichbarkeit dabei ist fatal. Wem die eigene Reizkontrolle schwerfällt (und das dürfte bei vielen Menschen mit ADHS der Fall sein), sollte die bei der Arbeit störenden Reize ausschalten, und zwar buchstäblich: Überlegen Sie, ob Sie nicht eine „stille Stunde" einrichten können, in der Sie das Telefon stumm- oder ausschalten und ebenso alle Programme und Apps (E-Mails, Messenger, Social Media etc.). Könnte es sein, dass jemand durch die Tür ins Zimmer kommt? Dann besten noch ein „Bitte nicht stören"-Schild außen an die Tür hängen.

Wer zudem ablenkbar ist durch Geräusche, beispielsweise aus dem Raum nebenan oder durch Straßenlärm von draußen: Holen Sie sich Ohrstöpsel oder einen schallschützenden Kopfhörer und blenden Sie damit die Außengeräusche aus.

Richten Sie zudem Ihren Schreibtisch so ein, dass Sie weniger abgelenkt sind. Für ein konzentriertes Arbeiten sollte der Blick nicht aus dem Fenster auf eine belebte Straße gehen, sondern eher auf die Wand, wo nicht viel hängen sollte, was ablenken kann. Auf dem Schreibtisch sollten auch keine Aufgabenzettel oder Terminerinnerungen herumliegen, das lenkt ebenfalls ab. Am besten ist eine absolut minimalistische Arbeitsumgebung, nur mit den Unterlagen, die für das aktuelle Projekt benötigt werden. Ein möglichst reizarmer Arbeitsplatz hilft, konzentrierter bei einer Aufgabe zu bleiben.

Die äußere Reizüberflutung ist aber nur die eine Seite der Medaille: Falls es durch ablenkende Gedanken zu inneren Reizen kommt, legen Sie einfach ein paar leere Notizzettel neben hin. Wenn Ihnen in den Sinn kommt, dass Sie diese oder jene Erledigung noch nicht gemacht haben, fangen Sie erst gar nicht an, sich näher damit zu beschäftigen, sondern Sie notieren auf einem Zettel das Stichwort für diese Erledigung und schieben den Zettel dann auf einen Platz, wo er nicht mehr in den Blick fällt. Das ist in wenigen Sekunden erledigt, danach widmen Sie sich wieder voll und ganz der eigentlichen Aufgabe.

Weitere Tipps fürs Abarbeiten

Sich nicht verzetteln

Aufpassen, dass man sich bei einer Aufgabe nicht durch Nebensächlichkeiten verzettelt oder sich mit unwichtigen Dingen beschäftigt hält, nur um das Gefühl zu haben, ziemlich beschäftigt zu sein. Stattdessen gilt es, die wesentlichen Dinge im Blick zu behalten und auf die großen Ziele hinzuarbeiten.

Von einfach zu schwer oder von schwer zu einfach?

Bei einer Reihe von Aufgaben, die alle gleich wichtig und dringend sind, steht man oft vor der Frage, ob man zuerst die schweren und dann die einfachen Aufgaben machen sollte oder umgekehrt. Das hängt von der individuellen Neigung zur Prokrastination und von der Motivation ab.

Wer Aufgaben gern verschiebt, könnte sich austricksen, indem zuerst eine leichte Aufgabe gemacht wird – wenn man dann im Arbeitsmodus drin ist, fällt es vielleicht leichter, gleich weiterzumachen und zur schwereren Aufgabe zu gehen.

Wer jedoch schnell erschöpft ist, dem fehlt dann vielleicht die Kraft und Ausdauer. Da wäre es vielleicht besser, erst die schwerere Aufgabe zu erledigen und dann mit dem „Hurra, geschafft!"-Gefühl die leichtere Aufgabe hinterher zu schieben. Einfach mal ausprobieren, wie es für einen selbst am besten passt.

To-do-Listen, Checklisten & Co.

Durch ein schwaches Arbeitsgedächtnis gerät einiges schnell in Vergessenheit, hier ist ratsam, möglichst viel schriftlich zu notieren oder andere Hilfsmittel zu nutzen (wobei man dann wiederum aufpassen muss, nicht in einer Zettelflut unterzugehen).

Viele Menschen mit ADHS laufen Gefahr, beim Arbeiten abgelenkt zu sein und dadurch fehlerhaft zu arbeiten oder sogar einzelne Arbeitsschritte zu überspringen. Hier hilft nur, das Ergebnis am Ende zu überprüfen. Für wiederkehrende Aufgaben kann es ratsam sein, sich eine Checkliste anzulegen, um nach Arbeitsabschnitten die Arbeitsqualität zu kontrollieren.

Stressfaktoren vermeiden

Es gibt Faktoren, die zusätzlichen Stress bedeuten, wie beispielsweise eine hektische oder lärmige Umgebung oder auch Hunger, Müdigkeit, zu viel Zeitdruck etc. Diese Faktoren stören das konzentrierte Arbeiten und sollten daher so gut es geht vermieden werden.

Auch mal im Stehen (oder Gehen) arbeiten

Immer nur im Sitzen zu arbeiten, schadet dem Körper und zugleich auch dem Geist. Ein gut eingerichteter Arbeitsplatz sollte die Möglichkeit bieten, zumindest einige Arbeiten im Stehen zu erledigen. Kleiner Trick: Da es fast nur noch schnurlose Telefone gibt, könnte man beim Telefonieren auch ein paar Schritte hin- und herlaufen – solange man dabei nicht außer Atem gerät, wird das am anderen Ende der Leitung vermutlich nicht auffallen. Einigen Menschen hilft es in Bewegung tatsächlich, ihre Gedanken dabei etwas zu sortieren.

Lästige Aufgaben in einem Roboter-Modus erledigen

Oftmals steht man vor einer Aufgabe, auf die man wirklich überhaupt keine Lust hat, die einem lästig oder sogar richtig unangenehm ist. Da hilft nur eines: Nicht so viel an die Unlust denken, sondern sich vorstellen, man wäre ein völlig leidenschaftsloser Roboter, der seine Arbeit ganz mechanisch und ohne nachzudenken abarbeitet. Ist eine Aufgabe erledigt, geht es im Roboter-Modus stur an die nächste. Und wenn es endlich geschafft ist, darf man sich dann auch etwas gönnen, das einem Spaß macht.

Wichtig auch: Die eigenen Erledigungen nochmals kontrollieren

Wer ADHS hat, ist oft unaufmerksam, während er eine Aufgabe bearbeitet. So schleichen sich (Flüchtigkeits-)Fehler ein oder man vergisst einen Teil der Aufgabe zu erledigen, so dass die Aufgabe nur teilweise erfüllt ist. In der Regel weiß ein Menschen mit ADHS sehr wohl, was er zu tun hat oder wie er es zu tun hat, es ist also nicht die Frage von Wissen oder Nichtwissen, sondern von gedanklicher Selbstorganisation und Sich-selbst-kontrollieren – oder auch nicht. Aus diesem Grund wäre ein ganz wichtiger Tipp, die eigenen Erledigungen am Ende nochmals zu kontrollieren.

Tipps fürs Zeitmanagement

Das für Menschen mit ADHS typische „Verzetteln" dürfte zum großen Teil auch auf ein Zeitmanagement mit mangelnder Selbstkontrolle zurückzuführen sein – typisch wäre, dass man unkonzentriert ist und länger braucht, bis man „in einer Aufgabe drin" ist. Und wenn man dann drin ist, verzettelt man sich mit Zeiten und Terminen ...

Die Zeit nicht vergessen

Eine Besonderheit bei ADHS ist ja diese gewisse „Zeitblindheit". Als Betroffener mit ADHS lebt man stark im Hier und Jetzt und merkt nicht, wie schnell die Zeit vergeht und dass der Termin beim Arzt oder Kunden bereits in einer Stunde ist, dabei braucht man für die Fahrt schon 45 Minuten und man muss ja schnell noch etwas vorbereiten oder sucht plötzlich den Geldbeutel oder den Schlüssel. Eine wichtige Strategie wäre daher,

a) alle wichtigen Unterlagen und Erledigungen für den nächsten Termin schon parat haben, bevor eine weitere Arbeit begonnen wird

b) sich eine Zeitspanne festlegen und einen Wecker oder Alarm dafür einstellen – natürlich so, dass man genug Reservezeit hat für die letzten Vorbereitungen und für die Fahrt und vielleicht auch noch genug Reservezeit, falls man den Bus verpasst oder mit dem Auto vorher noch

214

schnell zur nächsten Tanke muss, weil man nicht mehr daran gedacht hat, dass der Tank schon fast leer ist.

Das mit dem Alarmsetzen hilft nicht nur, wenn ein Folgetermin ansteht, sondern auch für eigene Folgearbeiten. Bevor man sich am Bildschirm auf der Suche nach einem neuen Urlaubsziel verzettelt, stellt man sich den Alarm auf 30 Minuten, um dann anschließend endlich an die Hausarbeit zu gehen (oder an etwas anderes, was man nur ungern erledigt).

Wer sich öfter am Schreibtisch vertrödelt, kann sich auch visuelle Erinnerungen setzen, beispielsweise Klebepunkte in grellen Farben an verschiedenen Stellen anbringen und immer, wenn der Blick auf einen Klebepunkt fällt, erinnert man sich daran, dass man eigentlich die Zeit nicht vergessen wollte.

Die eigenen Zeiten kennen für Hochs und Tiefs

Ein weiterer wichtiger Punkt wäre, den eigenen Biorhythmus zu kennen: Gehört man zum Typ Lerche und ist morgens früh auf und fit? Oder ist man eher eine Nachteule, die spät ins Bett geht, morgens überhaupt nicht fit ist und erst zum Nachmittag hin richtig auf Touren kommt?

Zugegeben: Bei den meisten Arbeiten ist nicht immer möglich, diese zu selbstbestimmten Zeiten zu erledigen; manchmal ist ein Meeting schon morgens um acht, manchmal erst am späten Nachmittag. Dennoch gilt: Lerchen sollten sich wichtige Arbeiten in die Morgenstunden legen, die Nachteulen sollten morgens eher Routinearbeiten erledigen und erst zum Nachmittag hin, wenn sie „auf Betriebstemperatur kommen", an die wichtigeren Arbeiten gehen.

Realistische (!) Zeitpläne erstellen

Ob Lerche oder Nachteule: viele Menschen mit ADHS neigen dazu, Zeitpläne zu erstellen, die sehr idealistisch und wenig realistisch sind. Man denkt, man könne eine Aufgabe in drei Tagen erledigen, übersieht aber dabei, dass in diesen drei Tagen bereits fünf wichtige Termine im Kalender sind. Außerdem war man viel zu optimistisch, was den Zeitaufwand fürs Informieren und Recherchieren angeht. Und dann darf man auch nicht vergessen, dass es (mit Pausen dazwischen) vielleicht vier oder fünf Stunden sind, in denen man wirklich konzentriert arbeiten kann, nach ein bis zwei Stunden flacht die Konzentration wieder ab.

Da hilft nur eines: die eigene Zeit sehr viel vernünftiger einplanen, erstmal einen gründlichen Blick in den Kalender werfen und sich dann auch nicht zu viel für einen Arbeitstag vornehmen. Das gilt übrigens nicht nur für den Beruf, sondern auch für Privatkram wie Hausarbeiten: Auch dort wird man keinen Berg an Wäsche in fünf Minuten weggebügelt haben, das braucht nun einmal seine Zeit!

Die „Regelmäßig-Pausen-Machen"-Strategie

Einerseits fällt es Menschen mit ADHS schwer sich zu fokussieren – und dann können sie stundenlang in einem Hyperfokus an einer Aufgabe verweilen. Natürlich geht es in diesem Hyperfokus supergut voran – aber auf Kosten der Konzentration für andere Aufgaben. Daher wäre klug und vernünftig, auch für eine Pausen-Strategie zu sorgen. Im Idealfall (Ausnahmen gibt es natürlich) würde man alle 30 Minuten für 5 Minuten pausieren oder alle 60 Minuten dann 10 Minuten lang.

In dieser Zeit sollte man auch nicht den Nachrichteneingang checken und Antworten schreiben (denn dann ist es ja keine Pause), sondern stattdessen in die Küche gehen und etwas zu trinken holen oder (je nach räumlicher Umgebung) vielleicht mal das Fenster öffnen und bewusst tief ein- und ausatmen. Noch besser wäre eine Bewegungspause, also auch recken und strecken und ein paar gymnastische Übungen einbauen oder auch mal kurz raus vor die Tür gehen oder im Treppenhaus die Treppe rauf und runter gehen, um den Kreislauf in Schwung zu bringen. Falls das nicht geht, dann zumindest gedanklich eine Pause einlegen und zum Beispiel an den letzten Urlaub oder ein anderes angenehmes Ereignis zurückdenken.

So kann unser konzentriertes Denken wenigstens symbolisch ein wenig in der Denk-Hängematte liegen, bevor es zurück an die Arbeit geht ...

Raus aus der Perfektionismusfalle oder: Passt das Pareto-Prinzip?

Das Paretoprinzip stammt von dem Wirtschaftswissenschaftler Vilfredo Pareto und besagt, dass oftmals mit 20 Prozent des gesamten Aufwands ein Ergebnis von 80 Prozent erreicht werden kann, während oftmals ein weiterer Aufwand von 80 Prozent nötig wird, um die letzten noch fehlenden 20 Prozent zu erreichen.

Während einige Menschen mit ADHS bei unliebsamen Aufgaben unaufmerksam sind und sich daher Fehler einschleichen, kann es in anderen Fällen passieren, dass man sich bis zum Perfektionismus in eine Aufgabe hineinkniet. Wer jedoch in einer Perfektionismusfalle gefangen ist, arbeitet oft nicht mehr effizient, sondern eher ineffizient. Daher wäre die Frage, ob die jeweilige Aufgabe wirklich zu 100 Prozent erfüllt sein muss oder ob 80 Prozent nicht auch schon ausreichen.

Aber Achtung: Die Anwendung dieser Regel sollte natürlich wirklich der Aufgabe angemessen sein! Der Gedanke, dass ein Chirurg, ein IT-Programmierer oder ein Busfahrer nur 80 Prozent ihrer Aufgabe erfüllen und die letzten 20 Prozent unerledigt lassen, dürfte eher erschreckend sein!

Gegenmaßnahmen zur Prokrastination

Häufig haben Menschen mit ADHS auch ein Problem mit dem Zeitmanagement, weil sie zu tief in der Prokrastination oder Aufschieberitis feststecken. Gegen diese Prokrastination könnten folgende Strategien helfen:

- Bei der Zeitplanung lieber auf Nummer Sicher gehen und die doppelte Zeit einplanen … wenn am Ende weniger Zeit gebraucht wird, dann ist das doch schön und motiviert fürs nächste Mal!
- Um es nochmals zu wiederholen: wer vor einer Aufgabe verzagt, weil sie so groß ist, sollte sie in kleinere Aufgaben unterteilen, diese priorisieren und in der richtigen Reihenfolge auf eine To-do-Liste setzen – und dann mit dem ersten Punkt anfangen und danach direkt zum zweiten Punkt übergehen usw.
- Mit dem Starten nicht warten, bis man in der richtigen Stimmung ist oder gute Laune hat, dann kann das ewig dauern – stattdessen einen Startzeitpunkt festsetzen und dann (wie bei der 25+5-Technik) sich selbst das Signal zum Start geben.
- Sich zwischendurch auch eine Pause oder kurze Erholung gönnen – aber sich dann auch wieder berappeln und an die Arbeit zurückbeordern.

- Wenn es zwischendurch zäh oder schwierig wird, könnte man die möglichen Folgen einer Nicht-Erledigung bedenken – was wäre, wenn die Arbeit nicht erledigt würde und wäre es nicht besser, das jetzt doch durchzuziehen?
- Ein ebenso gutes Mittel gegen einen Durchhänger: Überlegen Sie sich vorher eine Belohnung für das Erledigen der Aufgabe und wenn der Durchhänger kommt, denken Sie an die Belohnung und geben Sie sich damit einen Motivationsschub!

Welche Punkte aus den letzten Abschnitten könnte ich für mein eigenes Coping-Strategie-Paket verwenden? Welche Tipps könnten mir beim Zeitmanagement und beim Durcharbeiten helfen?

Tipps für die Finanzen

Der eine oder andere kennt vielleicht den Spruch „am Ende des Geldes ist noch so viel Monat" übrig. Gerade Menschen mit ADHS und hoher Impulsivität neigen dazu, ihr Geld für Dinge auszugeben, die eigentlich nicht wichtig und nicht nötig sind.

Lieber mit Bargeld zahlen statt das Konto zu überziehen

Vor allem durch das bargeldlose Zahlen via Karte oder Handy wird häufig gar nicht so bewusst, wie schnell das Geld vom Konto fließt. Wer mit Bargeld zahlt und die Scheine oder Münzen überreicht, hat noch einen visuellen Eindruck vom Geldfluss, der beim bargeldlosen Zahlen fehlt.

Wem das Geld gerade so davonläuft, der kommt nicht nur in Gefahr, ständig das Konto zu überziehen, sondern oft wird versucht, das dann fehlende Geld durch Ratenzahlungen oder Kredite auszugleichen.

Am Ende besteht die Gefahr, tief in eine Schuldenspirale hineinzugeraten, aus der man nur schwer wieder herausfindet. Eine Lösung könnte sein, auf die altbewährte und fast schon vergessene Strategie der sogenannten „Umschlagmethode" zurückzugreifen.

Der eine oder andere mag über Eltern oder Großeltern noch davon gehört haben, wie unsere (Ur-)Großmütter vor vielen Jahrzehnten ihr Haushaltsgeld verwaltet haben. Das war in der Zeit, als die Männer ihr Geld noch in Lohntüten bekamen. (Übrigens, noch nebenbei bemerkt: Oft mussten die Frauen ihre Männer abpassen, wenn sie zum Feierabend aus der Fabrik kamen, damit sie nicht mit der vollen Lohntüte in der nächsten Kneipe versackt sind. Die Frauen nahmen das Bargeld lieber vorher mit nach Hause und ließen dem Mann nur paar Groschen für sein Bier. Oder sie nahmen das Geld mitsamt dem Mann mit nach Hause.)

Irgendwann ab den 1950ern oder 1960ern war es üblich geworden, auf der Bank ein Konto zu haben, also wurde das Geld in der Regel vom Arbeitgeber auf das Konto überwiesen. Oft genug wurde aber nach der Zahlung von Fixkosten wie Miete, Strom etc. am Monatsanfang der Rest abgeholt und immer noch nach der Umschlagmethode zu Hause verwaltet.

So funktioniert die Umschlagmethode

Diese Methode sieht so aus, das Geld für wichtige Lebensbereiche aufzuteilen und in Briefumschlägen irgendwo versteckt aufzubewahren. Am wichtigsten war früher natürlich, genug Geld für Lebensmittel und ähnliche Einkäufe zur Verfügung zu haben, das war dann der dickste Umschlag.

Wenn Kinder im Haus waren und aus der Kleider- oder Schuhgröße rauswuchsen oder wenn man selbst neue Kleidung oder Schuhe benötigte, wurde das Geld dafür in einem separaten Umschlag gesammelt. Dann gab es oft noch einen weiteren Umschlag für Fahrtkosten, den Friseur oder für die Freizeit, mit Ausflügen an den Sonntagen oder vielleicht auch für einen

Urlaub am Meer oder in den Bergen. Und schließlich wurde auch immer etwas Geld in einen Umschlag getan, in dem etwas für Notfälle zurückgelegt bzw. für größere Ausgaben gespart wurde (zum Beispiel falls der Kühlschrank oder der Herd kaputtgeht und ersetzt werden muss).

Wer die Verwaltung des Haushaltsgelds richtig gründlich machen wollte, hat zusätzlich noch ein Haushaltsbuch geführt, in dem die ganzen Einnahmen und Ausgaben aufgeführt wurden. So hatte man am Monatsende einen guten Überblick, wohin das Geld so gewandert ist. Diese Methode ist aus dem kollektiven Gedächtnis ziemlich verschwunden, aber vielleicht wäre es auch für die Menschen mit ADHS hilfreich, die feststellen, dass sie etwas leichtfertig mit ihrem monatlichen Budget umgehen. Die Methode mal für ein paar Monate ausprobieren, schadet jedenfalls nicht und stellt sich vielleicht sogar als recht nützlich heraus.

Weitere Tipps zum Umgang mit den Finanzen:

- Einkäufe möglichst bar bezahlen statt mit Karte oder Smartphone-App – so wird besser sichtbar, wie viel vom abgehobenen Geld schon ausgegeben ist!
- Wer etwas online kaufen will, legt es zunächst nur in den Warenkorb, um erst noch eine Nacht „drüber zu schlafen", verbindlich bestellt wird erst am nächsten Tag – so gewinnt man etwas Zeit, um den Kauf nochmals zu überdenken.
- In unseriösen Online-Shops werden Kunden gezielt unter Druck gesetzt durch Mitteilungen à la „Nur noch drei Stück auf Lager, gleich bestellen, sonst ausverkauft" oder ähnliches – Verbraucherschützer warnen davor, denn häufig stimmen diese Angaben nicht und werden nur gemacht, um Kaufdruck zu erzeugen!
- Auch wenn es mühsam ist, aber es hilft, eine Art Haushaltsbuch zu führen, um sich bewusst zu machen, wo das monatliche Geld so hinfließt – wenn einem deutlich wird, was bei den Finanzen nicht gut läuft, kann man ja Gegenstrategien entwickeln, damit es in Zukunft besser läuft!

Welche Punkte aus den letzten Abschnitten könnte ich für mein eigenes Coping-Strategie-Paket verwenden? Welche Tipps aus dem Abschnitt Finanzen könnten mir helfen?

Tipps für den Haushalt

Ob ein Mensch mit ADHS allein lebt oder in einer Partnerschaft oder Familie: In vielen Fällen hapert es am Ordnunghalten zu Hause.

Wer ADHS hat und allein lebt oder sogar alleinerziehend mit Kind(ern) lebt, ist ständig allein gefordert und schnell auch überfordert mit der Führung eines ordentlichen Haushalts. Gerade bei den Alltagsroutinen tritt die Verzetteltheit und Desorganisation schnell zutage. Die betroffene Person muss auch alleine damit klarkommen, aber meistens fühlt man sich ja selbst nicht wohl, entwickelt ein Gefühl von Scham und Schuld.

Wer ADHS hat und in einer Partnerschaft (mit oder ohne Kind) lebt, muss zwar (theoretisch) nur die Hälfte der Arbeit erledigen, aber auch damit kann jemand mit ADHS schnell überfordert sein – was dann wiederum zu Konflikten in der Beziehung führen kann. Auch hier riskiert man Gefühle zu erleben wie Scham und Schuld, die das eigene Wohlbefinden und ebenso die Beziehung beeinträchtigen können.

So gesehen wäre es doch klug, sich ein besseres Gefühl für Ordnung und Haushaltsorganisation anzutrainieren. Es geht auch darum, die Ordnung im eigenen Zuhause als Basis für das Wohlbefinden zu betrachten und hier möglichst viel Routine und Struktur reinzubringen.

Angefangen mit Essensplänen und Einkaufslisten ...

Oftmals hilft es, verschiedene Orga-Pläne zu führen, beispielsweise einen Essensplan, auf dem von Montag bis Sonntag die jeweiligen Mahlzeiten eingetragen werden. Ein solcher Plan ist nicht nur fürs Einkaufen hilfreich, sondern man hat zugleich einen Überblick, ob man womöglich (um es mal übertrieben darzustellen) jeden Tag nur Tiefkühlpizza aufbackt und ob man vielleicht auch mehr Mahlzeiten aus frischen Lebensmitteln in den Essensplan einbauen könnte.

Wer oft herumrätselt, was auf dem Essensplan stehen könnte, kann sich eine Rezeptideenliste erstellen und dort nach Anregungen schauen. Bei einer Familie könnten auch größere Kinder in die Essenplanung einbezogen werden: Mal gibt es etwas, was sie gern mögen, mal gibt es etwas, was gesund ist oder was die Erwachsenen gern mögen.

Falls es passt, kann der Essensplan zu einer Einkaufsliste erweitert werden, auf dem noch die Dinge aufgeschrieben werden, die nicht fürs Kochen benötigt werden (zum Beispiel die Lebensmittel zwischen den Mahlzeiten oder Putz- und Hygieneartikel oder ähnliche Einkäufe).

... bis zu Haushalts-Wochenplänen und Ergänzungslisten

Zum Essensplan und zur Einkaufsliste sind dann für die verschiedenen Bereiche des Haushalts auch noch weitere Pläne empfehlenswert – auch dieser Abschnitt zu einem Wochenplan richtet sich speziell an diejenigen, denen es an Planung und Struktur noch fehlt …

- **Ordnung:**

  Generell ist wichtig eine Ordnung zu entwickeln und diese auch einzuhalten (und Dinge nicht schnell irgendwo ablegen, sondern genau dort ablegen, wo sie hingehören) – und falls doch mehr liegenbleibt, macht man sich auf dem Haushalts-Wochenplan noch einen weiteren Eintrag: fürs Aufräumen.

- **Sauberkeit:**

  In Küche und Bad (inklusive Toilette) sollte es allein schon aus hygienischen Gründen stets richtig sauber sein, in den anderen Räumen müssen die Abstände fürs Saubermachen und Putzen nicht ganz so eng sein (je nachdem, ob Kinder oder ein Hund oder andere Haustiere für zusätzlichen Schmutz sorgen).

- **In der Küche:**

  Die Aufgaben auf dem Wochenplan hier reichen von den Einkäufen und der Vorratshaltung über das tägliche Zubereiten der Mahlzeiten bis zur Aufgabe, das Geschirr nach den Mahlzeiten entweder in den Geschirrspüler zu stellen oder direkt zu spülen und gleich zurückzustellen – selbstverständlich gehört es beim Geschirrspüler dazu, diesen bedarfsgerecht anzuschalten und wieder auszuräumen.

- **Die Wäsche:**

  Wäsche waschen, trocknen und falls nötig auch bügeln (übrigens liebe ich Textilien, die pflegeleicht oder bügelfrei sind), anschließend wieder in den Schrank räumen, wo die Sachen jeweils hingehören.

- **Und was vielleicht noch dazugehört:**

  Wer Zimmer- oder Balkonpflanzen hat, sollte auch das Gießen auf dem Wochenplan berücksichtigen. Gibt es zudem Kinder oder Haustiere im Haushalt? Dann kommen natürlich weitere Aufgabenbereiche hinzu, die auf die Tagesordnung oder den Wochenplan müssen. Und am Ende auch nicht vergessen: Papier- und Glasabfall, Kunststoffmüll und Restmüll rausbringen.

Lebt man für sich allein, kann man für sich einen Haushalts-Wochenplan ausarbeiten, den man nach und nach abarbeitet. Beispielsweise könnte man Montag die Wäsche waschen und aufhängen, dazwischen alle Pflanzen gießen, am Dienstag bügeln, am Mittwoch überall aufräumen, am Donnerstag putzen und staubsaugen, am Freitag den Großeinkauf und vielleicht noch restliche Aufgaben erledigen. Dann hat man pro Tag nur ein bis zwei Stunden Arbeit am Abend, aber dafür ist dann auch ein großer Teil schon geschafft. Natürlich muss man dazwischen auch noch jeden Tag in der Küche aktiv sein und bei Bedarf auch noch im Bad, aber bis auf Kleinigkeiten hat man bis zum Samstag alles erledigt, hurra, das Wochenende kann kommen!

Lebt man in einer Gemeinschaft, ist zwar mehr zu tun (es gibt schon mal deutlich mehr zu waschen und zu bügeln), aber im Idealfall wird die anfallende Arbeit ja auch geteilt. Am einfachsten wäre, wenn jeder den Aufgabenbereich bekommt, der ihm oder ihr gut von der Hand geht, so mag der eine vielleicht lieber die Küchenarbeit, der andere fühlt sich fitter im Hinblick auf Wäsche oder Bad putzen. Wenn hier eine klare Aufteilung nicht klappt, wird abgewechselt: Der eine kümmert sich in der einen Woche um den Küchenkram, der andere macht dann die Wäsche und das Bad und in der nächsten Woche ist es wieder umgekehrt und die anderen Aufgaben teilt man ähnlich unter sich auf. In einer Familie mit größeren Kindern sollten diese ebenfalls eigene Aufgaben zugeteilt bekommen.

Häufig führt ein unterschiedliches Arbeitstempo zu Diskussionen: Während ein eher hypoaktiver Partner alles recht langsam und bedächtig erledigt, aber dafür auch versucht, alles gründlich zu machen und deshalb für das Badputzen vielleicht zwei volle Stunden braucht (die er natürlich auch gern angerechnet hätte), könnte es bei einem Partner vom eher hyperaktiven Typ passieren, dass er schon nach 15 Minuten fertig ist, aber das Werk sieht dann auch aus nach „Husch, husch, die Waldfee".

In beiden Fällen ist wichtig, Kompromisse zu finden: der langsamere und gründlichere Partner möchte seinen Anteil an der Arbeit ebenso wertgeschätzt wissen wie der schnellere und oberflächlichere Partner. Vielleicht hilft es, die Aufgaben in der Beziehung nicht nach dem Faktor der benötigten Arbeitszeit zu verteilen, sondern einen anderen Maßstab heranziehen oder ein Punktesystem nach eigenen Kriterien zu entwickeln, um damit einen Ausgleich zu finden. Wenn es nicht klappt mit den ganzen Detailarbeiten (zum Beispiel wird im Bad zwar das Waschbecken gesäubert, aber nicht an die Armaturen oder an das WC gedacht), kann man den Aufgabenbereich „Bad putzen" (wie bei der Salamitaktik) nochmal in die einzelnen Unteraufgaben unterteilen. Am besten ist dann, eine Liste zum Abhaken zu erstellen, auszudrucken und an der Tür zu befestigen, so dass jeder selbst kontrollieren kann, ob tatsächlich alles erledigt ist.

Über die Wochenpläne hinaus ist noch zu planen, wann seltenere Arbeiten wie das Fensterputzen oder im Keller aufräumen auf der Tagesordnung stehen. Beim Großreinemachen zweimal im Jahr (auch bekannt als Frühjahrs- und Herbstputz) kommen noch grundlegende Arbeiten hinzu wie Vorhänge waschen oder (Sofa-)Polster reinigen oder auch das gründliche Großreinemachen in Küchen- und anderen Schränken.

Hin und wieder sollte man auch den Vorratsschrank durchforsten nach Lebensmitteln, die bald ablaufen und vorher verbraucht werden sollten. Grundsätzlich sollte man immer etwas Vorrat haben an haltbaren Lebensmitteln wie Nudeln, Reis, Hülsenfrüchte, Nüsse, Gewürze sowie Konserven. In einer Tiefkühltruhe lassen sich ebenfalls Vorräte lagern, die aber auch irgendwann ablaufen. Am besten legt man sich eine Liste von individuell beliebten und benötigten Lebensmitteln an und kontrolliert regelmäßig, was nachzukaufen ist.

Tipps für gute Beziehungen

Ob mit dem (Ehe-)Partner, mit Familienangehörigen, mit engen Freunden oder Kollegen: Viele Menschen mit ADHS haben aufgrund ihrer Unaufmerksamkeit, die ja oft noch gepaart ist mit innerer Unruhe oder Impulsivität, häufig auch Probleme mit ihrem sozialen Umfeld. Ich kenne das selbst nur zu gut: Man versucht sich auf etwas zu konzentrieren oder man ist mit etwas beschäftigt und gedanklich schon weiter, man jongliert mit mehreren Bällen gleichzeitig und dann kommt jemand ums Eck und stellt eine Frage. Das ist an sich völlig harmlos, aber wenn man gerade unter Stress ist, dann reicht das, um in die Luft zu gehen. Für den anderen ist das völlig unverständlich, es war doch nur eine harmlose Frage.

Und so kann es passieren, dass eigentlich gute Beziehungen in eine Schieflage kommen. Bevor eine Beziehung ganz zugrundegeht, wäre es an der Zeit, an sich selbst zu arbeiten:

Sich selbst beobachten

Grundsätzlich ist wichtig sich einzugestehen, dass niemand perfekt ist, man selbst auch nicht, und dass man bereit sein sollte, über seine Fehler und Schwächen nachzudenken und zu versuchen, sich zu verbessern. Das fällt vielen Menschen schwer, denn sich einzugestehen, dass man an sich arbeiten müsste, hätte ja unangenehme Konsequenzen: nämlich in Form von harter Arbeit an sich selbst.

Da fällt es dann leichter, mit dem Finger auf andere zu zeigen: Wenn es Probleme gibt, dann liegt es nicht an einem selbst (man muss also nicht an sich selbst arbeiten), sondern es liegt am anderen, der ist schuld (und man selbst ist dann aus der Verantwortung fein raus).

- Hier könnte helfen, ein Selbstbeobachtungs-Tagebuch zu führen: Immer wenn Sie mit jemandem aneinander geraten, schreiben Sie sich auf, warum Sie mit wem in einen Streit geraten sind. Wenn Sie nach einiger Zeit dieses Tagebuch wieder durchlesen, könnten Sie möglicherweise einige Muster erkennen und über diese Muster nachdenken.

Um die Beziehung zu den Mitmenschen verbessern zu wollen, hilft es nicht, sich selbst auf ein hohes Ross zu setzen und zu erwarten, dass die anderen die Beziehung verbessern – es liegt auch an einem selbst, sich einmal selbst kritisch bzw. selbstkritisch zu hinterfragen und zu überlegen, ob es an Ihnen Eigenschaften gibt, die häufiger zu Konflikten führen und welche Tipps (beispielsweise beim Thema Organisation oder Stressabbau) helfen könnten, an diesen Eigenschaften zu arbeiten.

Versuchen das eigene impulsive Aufbrausen abzubremsen

Relativ häufig dürften Konflikte daraus entstehen, dass eine Partei viel zu aufbrausend reagiert und die andere Partei sich dadurch ungerechtfertigt angegriffen fühlt. Wer sich angegriffen fühlt, kann sich entweder gekränkt zurückziehen oder empört in einen Gegenangriff gehen.

Wenn das ein- oder zweimal passiert, so dürfte das einer guten Beziehung nicht allzu sehr schaden. Wenn sich der Partner aber immer wieder durch überschießende Emotionen angegriffen fühlt, könnte er irgendwann in einen ständigen Rückzug gehen und gar nichts mehr sagen (was dann oft als Frieden fehlinterpretiert wird) oder zwischen den Parteien eskaliert es regelmäßig, so dass irgendwann zum ständigen Streitpunkt wird, wer denn jetzt schon wieder angefangen hat.

- Der erste Schritt wäre, solche Situationen zu beobachten; ideal wäre, wenn man das alles aus einer Außenperspektive betrachten könnte. Was ist passiert, was war der Auslöser? Wie reagiert die eine Partei? Wie reagiert der andere darauf? Wie entwickelt sich dieser Streit weiter? Es ist wichtig, nicht nur dem anderen eine Schuld in die Schuhe schieben zu wollen, sondern es braucht auch die Fähigkeit, sich selbst kritisch zu betrachten. Wer diese Fähigkeit nicht hat, sollte anfangen sie einzuüben. Nicht jeder ist perfekt, jeder hat seine guten und seine schlechten Seiten und man sollte sich beide Seiten vor Augen führen.
- Wer erkannt hat, bei welchen Anlässen es immer wieder zu Streit kommt, kann versuchen, sich für diese Anlässe gezielt „umzuprogrammieren", beispielsweise mit den Tipps zur Impulskontrolle

oder mit einem „Wenn-Dann-Plan" (zu finden im Abschnitt über die eigenen Ressourcen). Vielleicht liegt es aber auch an Stress durch Zeitdruck, Schlafmangel oder Überlastung? Dann wäre es ebenfalls wichtig, sich in dieser Hinsicht zu stärken (im Abschnitt über die eigenen Ressourcen gibt es auch Tipps zur Entspannung und zum Stressabbau), um dann auch künftig etwas gelassener zu reagieren.

An dieser Stelle noch als Hinweis: Wem es schwerfällt, mit stark hochkochenden Gefühlen umzugehen, weil es frühere negative Erfahrungen oder traumatische Erlebnisse gibt, sollte sich eventuell professionelle Hilfe holen, um zu lernen, mit solchen emotionalen Auslösern besser umgehen zu können.

Versuchen besser zu kommunizieren

Wie sich eine Beziehung gestaltet, hängt oft auch von der Art und Weise der Kommunikation ab. Kommunikation gelingt dann, wenn man sich gut versteht.

Das fängt schon beim wörtlichen Sich-verstehen-Können an: Wenn der eine etwas sagt, der andere nicht richtig zuhört und ganz anders reagiert als erwartet, ist der nächste Konflikt bereits in Sicht. Gute Kommunikation heißt daher vor allem, zumindest bei wichtigen Gesprächen ein konzentrierter Zuhörer zu sein und mitzudenken und vielleicht auch Rückfragen zu stellen, um inhaltliche Unklarheiten klären zu können.

Das Verstehen betrifft aber auch das übertragene Sich-verstehen-Können: Wenn Sie belastet sind, durch ADHS, durch Stress und Zeitdruck, durch Ärger und so weiter, und der andere weiß das alles gar nicht, dann wird er wenig verständnisvoll reagieren, wenn es in der Kommunikation nicht gut läuft. Wenn Sie jedoch erklären, warum Sie gerade so gereizt reagiert haben und dass es Ihnen leidtut, dann werden Sie eher Verständnis dafür bekommen, dann ist eher ein Verstehen möglich. Für eine enge Beziehung ist es wichtig, dem anderen gegenüber offen zu sein, über Probleme zu reden, Wünsche zu äußern und – ganz wichtig! – auch Kritik anzunehmen.

Gute Kommunikation heißt auch, sich in die Lage des anderen hineinzuversetzen. Das gilt aber nicht nur für Ihr Gegenüber, sondern auch für Sie selbst: Erwarten Sie nicht nur, dass man Sie versteht, sondern versuchen Sie ebenso nachzuempfinden, was Ihr Gegenüber denkt oder fühlt, um zu verstehen, was in ihm oder in ihr vorgeht.

Gute Kommunikation heißt auch zu unterscheiden, wem man was bei welcher Gelegenheit sagt. So wäre es beispielsweise sehr irritierend, wenn Sie bei der nächsten Small-Talk-Runde auf einer Party oder in der Pause einer Konferenz erzählen, dass Sie ADHS haben. Die meisten Gesprächspartner in einem solchen Umfeld werden damit nicht viel anfangen können. Hingegen sollte Ihr engeres Umfeld durchaus über ADHS und die möglichen Symptome informiert sein, auch damit die Menschen in Ihrer Umgebung besser verstehen, wieso manchmal Reaktionen kommen, die für das Gegenüber irritierend sind.

Aber klar ist auch: Sie können zwar eine Gebrauchsanleitung zu ADHS geben, aber Sie sollten die Diagnose nicht als Ausrede einsetzen, um fortan alle Schwächen damit zu entschuldigen – jeder Mensch (ob mit oder ohne ADHS) sollte fähig sein, sich selbst die eigenen Schwächen eingestehen und dann auch bereit sein, an diesen Schwächen zu arbeiten ;-))).

Neckereien und Witzeleien nicht überdosieren

Impulsive und hyperaktive Menschen mit ADHS neigen in einer Gruppe oft dazu, alle mit ihrem Witz und ihrem Charme zu unterhalten. Häufig sind sie auch fähig zur Selbstironie und nehmen sich selbst auf die Schippe oder spielen die Rolle eines Gruppen-Clowns oder -Kaspers. Das ist wundervoll, denn wie ein altes Sprichwort sagt: Lachen ist gesund. Und wer dazu noch andere zum Lachen bringt, bekommt auch viele Sympathiepunkte.

Durch diese positiven Erfahrungen neigen einige aber dazu, in diesem Gruppengeschehen über die Stränge zu schlagen und sich auf Kosten anderer zu produzieren. In ihrem Eifer merken sie oft gar nicht, dass einige ihrer Bemerkungen für empfindlichere Gemüter verletzend sein können. Werden sie darauf angesprochen, kommt oft nur „Aber das war doch ein Witz!".

Dass andere diesen Witz jetzt nicht so witzig fanden, liegt außerhalb ihrer Vorstellungskraft. Umgekehrt reagieren Menschen mit ADHS aber teilweise empfindlich, wenn jemand auf ihre Kosten zu Witzeleien neigt. Dieses Dilemma lässt sich eigentlich nur auflösen, indem man

a) die Witzeleien auf Kosten anderer an die Empfindlichkeit des Gegenübers anpasst (es gibt ja auch Gruppen, in denen robustere Menschen sind, denen derbere Witze nichts ausmachen, dann darf man sich aber auch nicht wundern, wenn diese auch mal austeilen)

b) wer andere gern neckt oder über sie witzelt, sollte selbst nicht hyperempfindlich sein und Witzeleien über die eigene Person mit Gelassenheit und Humor nehmen … merke: Wer austeilen kann, muss auch einstecken können!

Auch wichtig: Anderen Wertschätzung zeigen

Wie bereits gesagt neigen viele Menschen mit ADHS zu einem Denken in Extremen, einem Schwarz-Weiß-Denken: entweder ist alles supergut oder superschlecht, es bleibt kaum Platz dazwischen. Das mag auch der Grund sein für impulsiv ausgeteilte Schuldzuweisungen. Aber: niemand ist immer an allem schuld und niemand ist immer im Recht. Es gibt auch Abstufungen dazwischen und die sollte man bewusst in den Blick nehmen.

Haben Sie sich nach Ihrer Diagnose einmal eine Weile selbst beobachtet? Haben Sie festgestellt, wo Ihre ADHS-Schwächen liegen? Haben Sie sich einmal in die Lage Ihres Gegenübers versetzt? Dann haben Sie vielleicht einen Eindruck davon, dass eine partnerschaftliche, familiäre, freundschaftliche oder auch kollegiale Beziehung gar nicht so einfach ist.

Im Gegenteil: Je nach individueller Symptomatik und Schweregrad kann eine Beziehung zu einem Menschen mit ADHS durchaus anstrengend sein. Wer sich das bewusst macht, entwickelt vielleicht auch ein Gefühl der Wertschätzung für diejenigen, die einem trotz Vergesslichkeit, Verzetteltheit, Chaos, Ungeduld und Explosionsgefahr stets zur Seite stehen. Wichtig wäre, ihnen diese Wertschätzung zu zeigen.

Denn: fair zu sein, ist wichtig für eine gute Beziehung. Nehmen Sie Ihre Gefühle wahr, aber vergegenwärtigen Sie sich auch, wie sich Ihr Gegenüber fühlen könnte, und versuchen Sie, Ihre Gefühle nicht an anderen abzureagieren. Wem es gelingt, in dieser Hinsicht an sich selbst zu arbeiten, dem wird es auch gelingen, Beziehungen besser zu gestalten.

Tipps für die eigenen Ressourcen und Resilienz

ADHS und die daraus resultierenden Probleme sind sehr individuell, daher ist es schwierig, Tipps zu geben, die als Coping-Strategie für alle Menschen mit ADHS passen. Die meisten finden mit der Zeit heraus, was ihnen ganz individuell hilft und was weniger gut hilft, im Alltag zurechtzukommen. Hier sind noch weitere handfeste Tipps, die beitragen können zur Selbstregulation und Impulskontrolle, zur Konzentrationssteigerung sowie zur Stressbewältigung:

Wichtig: Rituale schaffen und pflegen

Das Gehirn profitiert davon, wenn es feste Abläufe und Routinen gibt, da braucht es schon mal keine Kraft oder Konzentration dafür aufzubringen. Daher ist es schon einmal günstig, mit möglichst vielen Routinen in den Tag zu starten, angefangen vom Aufwachen und Aufstehen, über die Erledigungen im Bad, am Frühstückstisch und so weiter. Wenn alles wie am Schnürchen läuft, können wir gut in den Tag starten. Wehe, wenn es schon morgens hakt und klemmt. Und deshalb hilft es, sich schon für den Morgen mehrere Routinen und Rituale zu schaffen.

Feste Rituale können auch den Tag über wie Ruhe-Inseln wirken. Um 10 Uhr noch eine Tasse Tee oder Kaffee, ein Ritual zum Mittagessen oder danach eine weitere Tasse Kaffee und dann wieder durchstarten. Oder so etwas in der Art.

Und auch für abends kann es hilfreich sein, seine Gewohnheiten und Rituale zu pflegen. Es muss ja nicht jeden Abend stur der gleiche Ablauf sein, ein wenig Abwechslung darf auch mal sein. Meistens reicht es ja auch, vor dem Schlafengehen bestimmte Rituale zu pflegen, vielleicht entspannende Musik hören und den Tag nochmal im Rückblick betrachten, vielleicht meditieren und an gar nichts denken … da kann jeder selbst schauen, was am besten passt.

Ein Positiv-Tagebuch führen

Für die eigenen Ressourcen kann es hilfreich sein, ein Positiv-Tagebuch zu führen und möglichst jeden Tag (Ausnahmen dürfen natürlich sein) aufzuschreiben, was am jeweiligen Tag gut gelaufen ist, welche Stärken oder Erfolge zu spüren waren. Wer das über einen längeren Zeitraum macht, wird ein besseres Gefühl für die eigenen Fähigkeiten bekommen und damit langfristig auch sein Selbstwertgefühl verbessern.

Auf eigene Ressourcen achten und auch mal Nein sagen

Ob es an einer mangelnden Reizkontrolle liegt? Jedenfalls gibt es viele Menschen mit ADHS, die um einen Gefallen gebeten werden und dann spontan Ja sagen, obwohl sie eigentlich noch ganz viele Aufgaben und Erledigungen vor sich herschieben. Hinterher fragen sie sich dann oft, warum sie schon wieder Ja gesagt haben, obwohl es eigentlich zu viel ist.

Hier ist zu empfehlen, sich erst einmal einen Zeitpuffer zum Nachdenken zu verschaffen. Bei der nächsten Anfrage also nicht spontan Ja sagen, sondern antworten: „Ich muss schauen, ob ich das schaffe, ich sage dann morgen Bescheid". Und dann eine Nacht drüber schlafen und überlegen, ob man wirklich Ja sagen will oder ob ein Nein dieses Mal nicht besser wäre.

Tipps zum Entscheidungen treffen

Apropos Entscheidungen treffen: Wissenschaftler schätzen, dass der Mensch heute rund 20.000 Entscheidungen jeden Tag trifft, die meisten sind eher belangloser Art wie die Wahl der Kleidung oder des Brotbelags beim Frühstück.

Und doch steht man auch immer wieder vor Entscheidungen, die für einen bedeutsam sind. Zum Beispiel, ob man auf dem Job bleiben oder zu einem neuen Job-Angebot wechseln soll. Je größer dabei die Auswahl, desto schwerer fällt die Entscheidung zumeist. Wer noch jünger ist, entscheidet oft noch spontaner und risikobereiter; mit zunehmendem Alter trifft man Entscheidungen eher vorsichtig und abwägend. Manchmal kommt man aus dem vielen Abwägen gar nicht mehr heraus und fällt ins andauernde Grübeln (auch genannt „Paralyse durch Analyse", engl. analysis paralysis).

Die Ursachen für die Entscheidungsschwäche sind recht unterschiedlich; vielleicht ist es die Angst vor einer Veränderung, womöglich ist es die Angst, sich für A entschieden und damit B für immer verloren zu haben. Das kann wie lähmend wirken, was einen wiederum unter Entscheidungsstress setzt. Oder man geht der Entscheidung ganz aus dem Weg und verprellt womöglich jemanden damit. Vielleicht wäre es leichter, eine Entscheidung zu treffen, wenn man auf einen dieser Tricks zurückgreift:

- Ein Klassiker der Entscheidungshilfe wäre, sich zu notieren, was dafür und was dagegen spricht (eine Pro- und Contra-Liste) oder auch sich vor Augen zu führen, was im günstigsten und im ungünstigsten Fall passiert, wenn Sie sich für A oder B entscheiden, und was passiert, wenn Sie sich gar nicht entscheiden.
- Eine Mindmap oder Gedankenkarte erstellen: Einfach die zentrale Frage in die Mitte schreiben und umkringeln. Dann die verschiedenen Möglichkeiten (vielleicht gibt es neben A und B auch noch C und D) als Linien oder Äste von der zentralen Frage abzweigen

lassen, bei dem Beispiel mit den mehreren Job-Angeboten würden hier die einzelnen Angebote genannt. Diese werden wiederum umkringelt und dann zweigen von hier die einzelnen Gedanken und Gefühle ab zu den jeweiligen Vor- oder Nachteilen oder auch zu positiven und auch möglichen negativen Folgen der jeweiligen Entscheidung. Dieser Entscheidungsfindungsprozess kann sich auch über mehrere Stunden oder Tage erstrecken; wenn einem später noch etwas einfällt, kann man es ergänzen. Am Ende zeigt einem die Karte recht übersichtlich die einzelnen Vor- und Nachteile, so dass es dann leichter fällt, die Entscheidung zu treffen.

- Gedankenkarten zu entwickeln dauert zu lange, es soll schneller gehen? Dann bei einer A- oder B-Entscheidungsfrage am besten die berühmte Münze werfen. Diese Methode ist ja ziemlich bekannt. Weniger bekannt ist dieser Trick dabei: Legen Sie Kopf und Zahl für Ihre Entscheidung fest. Werfen Sie die Münze und wenn Sie das Ergebnis sehen, horchen Sie sofort in sich hinein: Sind Sie mit dem Ergebnis zufrieden? Dann soll es so sein. Sind Sie über das Ergebnis unglücklich? Dann machen Sie es anders.

- Abends vor dem Einschlafen ein Glas mit Wasser füllen. Die eine Hälfte direkt trinken, in mehreren Schlucken und sich währenddessen die Entscheidung vor Augen führen. Direkt nach dem Aufwachen dann die zweite Hälfte des Glases trinken und darauf achten, welche Antwort einem ganz spontan in den Sinn kommt. Manchmal hilft tatsächlich das Unterbewusstsein bei der Entscheidungsfindung.

- Auch eine Möglichkeit: binden Sie Ihr Umfeld in die Entscheidung ein. Informieren Sie Ihr Umfeld, dass Sie für sich eine Entscheidung treffen wollen, unsicher sind und deshalb einen Selbst-Test machen, Ihr Umfeld solle sich bitte nicht wundern und losdiskutieren. Dann erzählen Sie eine Woche lang allen zuerst von der Variante A, und zwar so, als ob Sie sich bereits fest entschlossen hätten. Danach erzählen Sie allen eine Woche lang von der Variante B, und zwar ebenfalls so, als ob der Entschluss feststünde. Während Sie erzählen, merken Sie innerlich, welche Erzählung sich gut und stimmig anfühlt und welche sich weniger gut passt. Auch bei dieser Methode wird Sie Ihr Unterbewusstsein gut leiten.

Tipps zur Impulskontrolle

Menschen mit ADHS fällt es meist schwer, ihre Impulse zu regulieren. Das Handy klingelt oder vibriert? Schnell rausholen und draufschauen, um die Neugierde zu befriedigen. Nach einem stressigen Arbeitstag fällt einem beim Einkaufen dieser superleckere Schokoriegel ins Auge? Ab damit in den Einkaufswagen, auch wenn das gar nicht auf dem Einkaufszettel steht.

Zwei Menschen unterhalten sich über ein Thema, das einen stark bewegt? Da kann man mit der eigenen Meinung dazu kaum lange hinterm Berg halten. Zu Hause ist es gerade hektisch und jemand aus der Familie kommt zur unpassenden Zeit mit einer lästigen Frage oder man fühlt sich kritisiert? Das führt dann im Sekundenbruchteil zu einer (hoffentlich nur kleinen) Explosion.

Ähnlich bei der Suche im Internet oder beim abendlichen Fernsehen, wo jeder Klick im Browser oder auf der Fernbedienung zu weiteren frischen Impulsen führt: Man findet kein Ende, weil irgendwelche Neurotransmitter im Gehirn wie wild Pingpong spielen. Diese mangelnde Impulskontrolle lässt sich meist verbessern, hier gibt es ganz unterschiedliche Strategien, die in den nächsten Abschnitten gezeigt werden …

Statt dem Impuls zu folgen, einen alternativen Weg wählen

Wer sich ein wenig beobachtet, wird schnell die individuellen Muster fürs eigene impulsgesteuerte Handeln entdecken. Wer bei jedem Anlass zum Handy greift, kann sich angewöhnen, nur bei jedem zweiten Vibrieren oder Klingeln zu schauen und dann erst das vorherige Signal sichten. Und später schaut man nur bei jedem dritten Vibrieren oder Klingeln.

So kann man lernen, sich und seine Impulse besser zu steuern. Ähnlich mit Snacks: wenn der Impuls kommt, jetzt einen Schokoriegel zu vertilgen, greift man stattdessen zu einem Apfel. Und wenn man sich in einer blöden Situation wiederfindet, versucht man sich das Explodieren zu verkneifen –

beispielsweise mit der nächsten Methode, bei der darum geht, bis zehn zu zählen ...

Statt dem Impuls zu folgen, bis zehn zählen

Wer merkt, dass gerade ein Impuls dabei ist, die Steuerung zu übernehmen, kann mit etwas Übung ziemlich schnell gegensteuern: einfach durchatmen und ganz langsam bis zehn zählen, dann lässt sich dieser Impuls verzögern, abmildern oder sogar ganz beiseiteschieben. Bis zehn zählen hilft übrigens auch, um unerwünschte Gedanken in den Hintergrund zu befördern. Vielleicht wollen sie später wieder in den Vordergrund drängeln, dann einfach wieder bis zehn zählen.

Wenn-Dann-Pläne erstellen zur Selbstregulation

Die Methode der „Wenn-Dann-Pläne" wird bei Kindern mit ADHS schon länger recht erfolgreich eingesetzt. Diese Wenn-Dann-Pläne mit einer Zielsetzung und Durchführung sind maßgeschneidert zu einer Situation, die öfter schiefgeht und für die es eine Lösung braucht. Zunächst überlegt man mögliche Situationen und prägt sich dazu eine Handlung ein, die zum gewünschten Ziel führt. Am besten ist, sich dieses Wenn-Dann so intensiv einzuprägen, dass die Handlung im gesetzten Fall wie automatisiert abläuft.

- Wer beispielsweise morgens immer wieder zu spät kommt, weil er in der Eile noch den Schlüssel oder Geldbeutel sucht, könnte sich festlegen: „Wenn ich abends ins Bett gehen will, dann richte ich noch schnell den Schlüssel und den Geldbeutel, damit ich das morgens nicht suchen muss."
- Wer im Haushalt Probleme hat mit häufig fehlenden Lebensmittelvorräten könnte festlegen: „Wenn ich etwas aus dem Vorratsschrank oder aus dem Kühlschrank hole, dann schreibe ich das auf den Zettel, der außen an der Tür hängt", gefolgt von: „Und wenn es Samstag ist, dann nehme ich diese Zettel und kaufe das alles wieder ein."
- Wer Probleme mit der Impulskontrolle hat, könnte sich einen Automatismus überlegen wie: „Wenn ich merke, dass ich anfange mich wieder über meinen Chef/meinen Partner aufzuregen, dann halte ich

sofort inne, atme innerlich tief ein und aus und zähle mindestens bis fünf (oder besser bis zehn), bevor ich etwas dazu sage.“

Am besten nutzt man diese Methode zunächst für zwei oder drei knifflige Situationen – sobald diese festgelegten Handlungsweisen zu einem festen Automatismus geworden sind, könnte man sich weitere knifflige Situationen überlegen, für die ebenfalls ein Wenn-Dann-Plan hilfreich wäre.

Sich ein Token- oder Belohnungs-System entwickeln

Ein „token“ ist im Englischen eine Wertmarke und steht für das Prinzip, für eine erledigte Aufgabe eine kleine Belohnung als einen Token zu vergeben, um nach einer vorher festgelegten Anzahl von erforderlichen Wertmarken am Ende eine größere Belohnung zu erreichen. Dieses Prinzip wird bei Kindern erfolgreich eingesetzt, beispielsweise würde in der Schule für eine gut erledigte Aufgabe ein Sticker oder ein Stempel ins Heft gemacht oder auch ein kleiner Gegenstand wie Spielchips oder eine Spielfigur vergeben. Wenn die vorher festgelegte Anzahl erreicht ist (zum Beispiel 10 oder 20 Token), gibt es eine attraktive Belohnung oder eine kleine Auszeichnung dafür.

Dieses Prinzip kann ein Erwachsene natürlich auch für sich aufgreifen. Vielleicht nimmt man ein Blatt Papier mit 10 oder 20 Feldern, in die jeweils ein deutlich sichtbares Häkchen gesetzt wird, oder auch Chips oder Karten zum Sammeln als Token. Für jede rechtzeitig erledigte Aufgabe (oder etwas anderes, was den inneren Schweinehund stark fordert, wie zum Beispiel als Sofaheld zum Sport zu gehen) gibt es ein Häkchen oder einen Token und sobald die erforderliche Anzahl erreicht ist, darf man sich etwas gönnen, vielleicht ein Abend im Kino oder ein Konzertbesuch.

Natürlich sollte man dabei so vernünftig sein, dass einem die Belohnung nicht in den Schoß fällt, sondern dass man sich dafür tatsächlich anstrengen und ins Zeug legen muss. Wenn einem die Aufgaben zu leicht fallen, wenn man sich gar nicht anstrengen muss, fehlt der Aspekt, dass die Token ein echtes Gefühl von Belohnung auslösen. Wenn man sich hingegen richtig ins Zeug gelegt und deshalb die Belohnung geschafft hat, kann man stolz auf sich sein – was sich wiederum positiv fürs Selbstwertgefühl auswirkt.

Die Konzentration stärken

Es gibt auch Übungen, um die Konzentration zu stärken: sehr viele sind online im Internet oder in Apps zu finden, es gibt aber auch einige, die ganz ohne Technik funktionieren:

- eine Minute lang die Augen schließen und sich auf die Geräusche konzentrieren, die zu hören sind
- bei einer Fernseh- oder Radiosendung zuhören und anfangen zu zählen, wie oft ein kleines Wort wie zum Beispiel „und" oder „mit" oder „ohne" gesagt wird … wer darin schon geübt ist, kann die Übung noch ausbauen, indem er alle diese Wörter zählt
- sich bequem auf einen Stuhl/in einen Sessel setzen und den Blick fünf Minuten lang (eventuell einen Alarmruf einstellen) auf einen Gegenstand oder eine bestimmte Stelle im Raum richten – dabei (wie bei einer Meditation) möglichst an nichts denken und einströmende Gedanken so gut es geht wieder beiseiteschieben
- zu Hause oder bei Freunden einen Vorgang oder ein Ereignis rückwärts erzählen, beispielsweise damit beginnen, dass man von der Arbeit ins Haus/in die Wohnung gekommen ist, dann wird erzählt, wie man nach der Bus- oder Autofahrt am Haus angekommen ist, dann wie die Fahrt verlaufen ist, dann wie man zu dieser Fahrt aufgebrochen ist und so weiter …
- auch möglich: einen Satz rückwärts aufschreiben, und zwar Buchstabe für Buchstabe … in diesem Fall sähe das so aus: :sua os sad ehäs llaF meseid ni …
- und schließlich noch: viel lesen und dabei auch einzelne Abschnitte laut vorlesen – dabei ist es ganz egal, ob ein Sachbuch oder einen Roman, es braucht in jedem Fall ein Mindestmaß an Konzentration!

Für Stressabbau und Entspannung sorgen

Grundsätzlich ist es hilfreich für Menschen mit ADHS, den Stresslevel möglichst niedrig halten zu können. Dafür ist es hilfreich

a) identifizieren, was Anspannung und Stress auslöst und versuchen, diese „Stressoren" möglichst zu vermeiden

b) identifizieren, was zur Entspannung beiträgt und die Batterien auflädt – und versuchen diese Situationen möglichst oft zu nutzen

Gerade bei Punkt b) gibt es eine Bandbreite an Möglichkeiten, von Sport oder gezielten Entspannungstechniken bis zum Ausüben eines Hobbys, das einem viel Freude macht. In den folgenden Abschnitten finden Sie einen kurzen Überblick über das, was alles helfen könnte …

Sport und Bewegung allgemein

Wer durch ADHS eine starke innere Unruhe spürt, wird oft schon instinktiv angefangen haben, diese Unruhe durch Sport und Bewegung abzubauen.

- ideal sind Ausdauersportarten wie Laufen oder Radfahren,
- aber auch jede andere Sportart, die Spaß macht und zur Entspannung beiträgt, hilft dabei, den Stresslevel zu reduzieren.
- wer gar keine Zeit oder keine Lust hat rauszugehen und Sport zu treiben, kann ja zumindest in den eigenen vier Wänden ein Fitnessprogramm absolvieren
- oder gelegentlich einen Spaziergang an der frischen Luft unternehmen – vor allem ein neuer Hype soll nahezu heilsam wirken: das Waldbaden (oder japanisch Shinrin-Yoku).
- Und: wer dazu neigt, zu impulsiv zu schnell zu explodieren, könnte sich einen Boxsack zulegen – wer sich regelmäßig daran austobt, wird vielleicht weniger oft gegenüber dem Umfeld explodieren.

Ein Nickerchen oder Power-Napping

Wem nicht ausreichend Zeit bleibt, um zwei Stunden lang zu laufen oder aufs Rad zu steigen, der könnte sich bei passender Gelegenheit bequem hinlegen, vielleicht auch noch leicht zudecken und dabei etwas eindösen.

Bei einem Nickerchen (auch Power-Napping genannt) ist jedoch wichtig, höchstens 20 Minuten zu dösen, danach geht das Gehirn in eine tiefere Schlafphase hinein und wer aus dieser tieferen Schlafphase zu bald aufwacht, bleibt in einer Schlafträgheit hängen und wird nicht mehr richtig fit. Eine kürzere Leichtschlafphase von nur 20 Minuten hilft jedoch, die Konzentration aufzufrischen.

Autogenes Training oder progressive Muskelentspannung

- Autogenes Training wurde entwickelt als eine Art von Selbsthypnose. Hier richtet man die Aufmerksamkeit auf innere Empfindungen, beispielsweise ruhig zu atmen und dabei den eigenen Körper als behaglich schwer oder voller Wärme zu spüren. Wer regelmäßig übt, kann damit den Stress abbauen sowie die Selbstregulation und das Wohlbefinden verbessern. Autogenes Training wird oft auch eingesetzt bei Schlafstörungen oder Muskelverspannungen.
- Bei der Progressiven Muskelentspannung (abgekürzt PME) werden einzelne Muskelgruppen nacheinander bewusst angespannt, die Spannung wird für einige Sekunden gehalten, danach werden die Muskeln wieder entspannt. Der Wechsel von Anspannung und Entspannung trägt ebenfalls dazu bei, Stress abzubauen und die Körperwahrnehmung zu verbessern.

Yoga, Qi Gong oder Tai Chi

- Yoga mit seiner Vielzahl an Übungen (Asanas) ist relativ gut bekannt als eine Methode zur Entspannung und inneren Ruhe.
- Weniger bekannt ist Qi Gong, das mit seinen Übungen in Form von sanften und langsamen Bewegungsabläufen mögliche Blockaden lösen und den Energiefluss wieder anregen kann und auf diese Weise auch zur Entspannung und damit zum Stressabbau beiträgt.
- Während die Bewegungsabläufe bei Qi Gong als einzelne Übungen ganz unterschiedlich kombiniert werden können, geht es bei Tai Chi (auch bekannt als Taiji oder als Tai Chi Chuan bzw. T'ai Chi Ch'üan) um eine genaue Abfolge von Bewegungen, wie bei einer Choreografie. Diese Bewegungen in der richtigen Reihenfolge umzusetzen, erfordert ein gewisses Maß an Konzentration, was dazu beiträgt, die äußeren Reize auszublenden, um sich innerlich auf die Übungen zu konzentrieren. Auf diese Weise entspannt sich nicht nur der Körper, sondern auch der Geist.

Musische oder andere künstlerisch-kreative Betätigungen

Auch dem Musizieren wird eine positive Wirkung nachgesagt. So wurden in der Studie AMsel („Audio- und Neuroplastizität des musikalischen Lernens") Schüler mit und ohne Musikunterricht über längere Zeit begleitet und untersucht. Wie sich zeigte, konnten sich die Kinder, die ein Instrument spielten, hinsichtlich ihrer Impulsivität verbessern.

Es muss aber nicht notwendigerweise die Musik sein, um den Stresslevel und das Gehirn positiv zu beeinflussen. Auch ein Buch zu lesen, kann zum Stressabbau beitragen, ebenso gibt es Menschen, die ihren Stresspegel reduzieren, indem sie malen, töpfern, handarbeiten, heimwerken oder eine andere Form kreativer oder künstlerischer Gestaltung für sich nutzen. Probieren Sie doch einfach aus, was Ihnen beim Entspannen helfen könnte.

Auch das kann helfen: In guter Gesellschaft sein

Manche Menschen mit ADHS können entspannen und Stress abbauen, wenn sie für sich allein sind und sich nicht auf andere Menschen konzentrieren müssen. Andere hingegen blühen in der Gesellschaft anderer Menschen geradezu auf. Falls Sie zu diesem Entspannungstypus gehören, empfiehlt sich natürlich, erholsame Stunden im Kreis netter Mitmenschen zu verbringen!

Spiele zur Konzentration oder zur Entspannung

Nicht nur gute Gesellschaft kann zum Wohlbefinden beitragen, auch Spiele bieten die Möglichkeit. Es gibt zahlreiche Möglichkeiten zu spielen, von traditionellen Brett- oder Kartenspielen über Strategiespiele bis zu Rollenspielen. Natürlich gibt es auch Spiele, mit denen sich das Gedächtnis oder die Konzentration trainieren lässt, wie beispielsweise Memory oder auch ein Puzzle mit etlichen Teilen.

In den letzten Jahren sind auch sogenannte Fidget- oder Pop-it-Spiele auf den Markt gekommen, bei denen die Hände beschäftigt sind, was wiederum gut passt für hyperaktive Menschen, die ständig etwas zu tun haben müssen. Insgesamt ist die Bandbreite an möglichen Spielen unglaublich groß, am besten schaut jeder selbst, was individuell passt.

Meditationen und Achtsamkeitsübungen

Meditationen helfen, den lärmenden und hektischen Alltag ein Stück hinter sich zu lassen und in eine innere Ruhe hineinzufinden. Das mag am Anfang nicht auf Anhieb funktionieren, aber das Gehirn lässt sich trainieren und je öfter man übt, desto besser klappt es dann auch. Wem es völlig fremd ist, könnte sich einer Meditationsgruppe anschließen, aber vielen könnte bereits helfen, eines der Videos mit einer Anleitung im Internet zu nutzen.

Aus der Meditationspraxis haben sich auch Achtsamkeitsübungen entwickelt. Wie bei der Meditation geht es darum, Wahrnehmungen und auch Gedanken und Gefühle bewusst zu empfinden, jedoch ohne zu bewerten, ob das gut oder schlecht sein könnte. Es geht einfach nur um die reine Wahrnehmung, ähnlich wie bei der Meditation wird der Atmung besondere Aufmerksamkeit geschenkt, um das Bewusstsein für den eigenen Atemfluss zu schärfen – es gibt aber auch andere Übungen wie zum Beispiel die folgende:

Die 5-4-3-2-1-Übung

Bei dieser Achtsamkeitsübung geht es darum, die Wahrnehmung auf verschiedene Sinne zu richten, also das Sehen (von Gegenständen oder Menschen oder auch von Farben oder Formen), das Fühlen (vielleicht von kühler Luft oder weicher Kleidung auf der Haut), das Hören (von Vögeln oder Autos), das Riechen (von Lebensmitteln oder Blumen) und das Schmecken im Mund. Die Übung geht wie folgt:

- Fünf Sachen in Gedanken beschreiben, die gerade zu sehen sind.
- Vier Sachen in Gedanken beschreiben, die gerade zu fühlen sind.
- Drei Sachen in Gedanken beschreiben, die gerade zu hören sind.
- Zwei Sachen in Gedanken beschreiben, die gerade zu riechen sind.
- Eine Sache in Gedanken beschreiben, die gerade zu schmecken ist.

Resilienz stärken – auch mit einem „Reframing" des „Mindset"

Resilienz ist eine Bezeichnung für die psychische Widerstandsfähigkeit: Je stabiler wir auf Krisen reagieren und sie durch die Nutzung unserer Ressourcen bewältigen, desto höher ist auch unsere Resilienz. Umgekehrt:

Je weniger stabil wir reagieren, desto vulnerabler sind wir.

Da ADHS bei Erwachsenen im medizinischen Sinne nicht heilbar ist, dürfte es für viele ein Lebensthema sein, sich immer wieder selbst zu beobachten, mögliche Folgen der ADHS zu erkennen und diese durch passende Coping-Strategien auszubremsen oder gegenzulenken.

Für jeden Menschen, aber insbesondere für Menschen mit ADHS ist zudem eine gesunde Lebensweise von großer Bedeutung, es ist unglaublich wichtig, auf gesunde Ernährung, genug Bewegung zum Ausgleich und auch auf regelmäßigen Schlaf zu achten

Eine weitere Möglichkeit die Resilienz zu stärken, besteht im „Reframing". Das englische „frame" heißt Rahmen, „reframe" meint also, diesen Rahmen neu zu setzen bzw. umzudeuten. Es gilt, den Blickwinkel zu erweitern und eine Sache aus einer ganz anderen Perspektive zu betrachten. Und das ist dann eng verknüpft mit dem Begriff des „Mindset", also der Art und Weise oder Denkweise, wie wir Dinge deuten und interpretieren.

Wer zum Beispiel eine Brille mit dunkelgrauen Gläsern trägt, wird die bunten Farben gar nicht richtig wahrnehmen, sondern die Welt in Grautönen sehen. Greift man zu einer Brille mit einem hellen warmen Gelbton, wird die Welt gleich viel sonniger aussehen. Wer viel Arbeit und Stress hat, kann sich bedauern, weil er so viel aushalten muss. Das raubt dann noch die letzte Energie. Derjenige oder diejenige kann aber auch die Arbeit und den Stress umdeuten und mit einem anderen Mindset als beflügelnd empfinden. Wie Studien zeigen, kann das tatsächlich funktionieren.

- Einer Gruppe von Frauen, die einen Putzjob machen sollten, wurde gesagt, den Job als eine Art von Fitnessprogramm zu sehen. Das hat funktioniert, die Frauen sind mit einer ganz anderen Haltung an die Arbeit gegangen, als wäre es ein Fitnesstraining.
- In einer anderen Studie wurden Büroangestellte in zwei Gruppen eingeteilt: Die eine Gruppe bekam einen Vortrag, wie schädlich Stress für die Gesundheit wäre, die andere Gruppe bekam einen Vortrag, dass Stress förderlich für den Energielevel sei. Raten Sie mal, welche Auswirkungen das jeweilige Mindset, die jeweilige Denk- und Sichtweise auf die Teilnehmer in den beiden Gruppen hatte?

Richtig. Diejenigen, die gehört hatten, Stress macht krank, wurden krank. Die anderen waren mit viel Eifer bei der Sache.

Nun ist es oft so, dass wir nicht allein über unsere Denk- und Sichtweise bestimmen. Es liegt auch an unserem Umfeld oder an dem, was wir über Medien wahrnehmen. Wenn sich im Umfeld oder über Medien viele zu Wort melden und sagen, dass sie ihre Arbeit mögen, dann färbt das ab. Wenn es jedoch zu viele Stimmen gibt, die sagen, dass ihre Arbeit sie krank macht, dann färbt das ebenfalls ab.

Wichtig ist, sich diese Prozesse bewusst zu machen und zu versuchen, für sich selbst den richtigen Weg zu finden und in diese Richtung zu lenken. Natürlich ist es so, dass man Stress nicht über Jahre hinweg umdeuten kann, irgendwann gibt es die Quittung dafür, wenn es jahrelang Stress ohne jegliche Erholungsphasen gibt. Es kommt (wie so oft im Leben) auf das richtige Maß an. An sich jedoch ist Stress nicht schlimm, er kann ja tatsächlich beflügelnd wirken. Nur auf Dauer ist es halt nicht gut. Und es ist auch nicht gut, wenn Stress kompensiert wird durch Alkohol oder andere Drogen – besser wären Meditationen oder Achtsamkeitsübungen.

Aber dennoch bleibt es dabei: Man kann viel durch ein „Reframing" oder eine andere „Mindset"-Denkweise verändern, indem man sich nicht auf die negativen, sondern auf die positiven Seiten konzentriert und die Chancen in den Blick nimmt. Das ist auch wichtig für das eigene Selbstwertgefühl. Wir Menschen mit ADHS sind zwar nicht perfekt – aber die anderen Menschen sind es ja auch nicht! Hand aufs Herz: kennen Sie einen Menschen, der wirklich in allen Punkten perfekt ist? Ich kenne keinen. Und deshalb ist es in Ordnung, wenn ich es auch nicht bin.

Wichtig ist ebenfalls, nicht alles zu oberflächlich, aber auch nicht alles zu perfektionistisch zu betrachten. Die richtige Mischung macht's. Wenn Sie das Gefühl haben, in irgendeinem Lebensbereich mal wieder nicht gut genug gewesen zu sein, dann halten Sie sich vor Augen, dass es genug andere Bereiche gibt, in denen Sie gut sind. Gönnen Sie sich immer wieder etwas Selbstlob. Klopfen Sie sich selbst auf die Schulter. Seien Sie stolz auf das, was Sie erreicht haben. Und versuchen Sie, in Krisen möglichst gelassen zu bleiben und in Nachhinein daraus zu lernen, wo oder wie Sie sich noch verbessern können.

Letzten Endes ist das Ziel, nicht von der eigenen ADHS gesteuert zu werden, sondern das Ziel ist umgekehrt, die ADHS-Symptome besser zu kontrollieren und möglichst gut auszugleichen.

Welche Punkte aus den letzten Abschnitten könnte ich für mein eigenes Coping-Strategie-Paket verwenden? Welche Tipps rund um Ressourcen und Resilienz will ich für mich übernehmen?

Als Ergänzung: Tipps für Partner, Familie & Freunde

In den vorigen Abschnitten ging es um die Frage, vor welchen Herausforderungen Menschen mit ADHS stehen hinsichtlich Partnerschaft, Familie und dem weiteren sozialen Umfeld und was sie tun können, um möglichen Konflikten hier vorzubeugen.

Umgekehrt ist aber auch wichtig, was Familie und Freunde tun können, um jemand mit ADHS zu unterstützen – sozusagen eine Art Gebrauchsanweisung für ein Leben oder eine Freundschaft mit einem Menschen mit ADHS.

Sie sind nicht allein!

Bevor es zu den Tipps geht, ist wichtig, sich vor Augen zu führen: Als Partner oder Freund eines Menschen mit ADHS sind Sie nicht allein, sondern es gibt ganz viele Menschen, die konfrontiert sind mit dieser Mischung aus Unordnung und Unzuverlässigkeit, Unruhe und Unbeständigkeit, Leichtfertigkeit und Selbstüberschätzung und das manchmal noch in Verbindung mit hoher Risikobereitschaft.

Auch wenn es kränkend ist, wenn man sich selbst missachtet oder sogar vor den Kopf gestoßen fühlt, aber vielleicht hilft es, sich folgende Tatsache bewusst zu machen (Achtung, die Zahlen sind einfach nur grobe Schätzungen): Bei einem Anteil von vielleicht 4 oder 5 Prozent von Menschen mit ADHS in unserer Gesellschaft dürfte es hier im Land mehr als 3 Millionen Menschen mit ADHS geben. Sehr viele davon haben eher leichte Symptome und wissen vermutlich selbst nichts von ihrer ADHS. Vermutlich haben nur diejenigen eine Diagnose, die stärker betroffen sind. Vielleicht sind das 20 Prozent von allen Betroffenen, dann wären das immerhin noch mehr als eine halbe Million Menschen, bei denen ADHS stärker ausgeprägt ist. Und zu jedem Menschen mit ADHS gibt es oft genug einen Partner, dazu noch Familie, Freunde, Kollegen etc., die in ihrem Alltag konfrontiert sind mit den Folgen der Unaufmerksamkeit und vielleicht auch mit Impulsivität und Hyperaktivität. Wenn Sie sich also schwertun mit „Ihrem" Menschen mit ADHS, so können Sie sicher sein: Sie sind nicht allein!

Zu den negativen Seiten gibt es aber auch viele positive!

ADHS soll dabei nicht als Ausrede oder Entschuldigung für unaufmerksame oder unbedachte Verhaltensweisen dienen, es ist nur die Erklärung für dieses „Etwas-anders-Getaktetsein". Die Unaufmerksamkeit, oft gepaart mit Impulsivität und einem hohen Maß an innerer Unruhe, sorgt häufig für Beziehungsprobleme. Ob in einer Partnerschaft, in einer Familie, unter Freunden oder am Arbeitsplatz: Durch ihre ungewöhnliche Art ecken Menschen mit ADHS leicht an, sie fügen sich nicht besonders gut in eine Gemeinschaft ein, oft verstoßen sie gegen Hierarchien und Konventionen, sie reagieren häufig sehr empfindlich auf Kritik und neigen schnell zu Gefühlsausbrüchen. Auf viele Menschen können diese Eigenarten durchaus befremdend wirken.

Auf der anderen Seite kann eine berufliche oder auch private Beziehung zu einem Menschen mit ADHS auch ungewöhnlich bereichernd und inspirierend sein, gemeinsame Aktivitäten können oft einen ungeahnten Verlauf nehmen, sie sind immer für eine Überraschung gut, wenn es gut läuft, kann man viel Charme erleben, Freude und Begeisterungsfähigkeit, kreative und verrückte Ideen und so weiter.

Allgemeingültige Tipps? Eigentlich nur schwer möglich.

Da die Verhaltensweisen bei ADHS sehr individuell sind, ist es schwierig, Tipps zu geben, die in allen Fällen passen. Generell gilt: ADHS und die Auswirkungen davon sind in unserer Gesellschaft noch nicht sehr bekannt, Menschen mit ADHS werden in ihren Verhaltensweisen daher oft abgewertet und stigmatisiert, beispielsweise durch das Vorurteil, eine Unaufmerksamkeit sei eine Folge schlechter Erziehung oder schlechter Disziplin – das ist aber so nicht richtig: Die Forschung hat gezeigt, dass einige Botenstoffe im Gehirn nicht ausreichend vorhanden sind, was wiederum die Fähigkeit zur Selbstregulation einschränkt.

Es bringt also nichts, dem Gegenüber eine faule Ausrede zu unterstellen oder ihn als Träumer oder Zappelphilipp abzustempeln. Viel besser wäre, sich zu informieren (oder sich von fachlich versierten Leuten informieren zu lassen) und zu schauen, wie man mit diesen Eigenschaften und Verhaltensmustern im Alltag umgehen kann, wie sich die daraus entstehenden Probleme eindämmen lassen. Daher die Empfehlung

- Menschen mit ADHS sollten nicht als krank oder krankhaft stigmatisiert werden! ADHS ist keine Krankheit, die gekommen ist und wieder weggeht, es ist stattdessen eine neurologische Besonderheit. Ähnlich wie beim Körperbau: Manche Menschen haben sehr schmale Füße, andere haben breitere Füße, trotzdem käme keiner auf die Idee, dass alle Menschen gleich geformte Schuhe anziehen müssen.
- In einer Diskussion oder in einem Streit sollte unpassendes Verhalten nicht der ADHS zugeschrieben werden durch herabsetzende Bemerkungen à la „aha, unser unaufmerksamer/vergesslicher/ streitsüchtiger/hippeliger ADHS-ler" – damit wird man zu schnell in eine Schublade gesteckt, aus der man ja eigentlich rauskommen will.
- Häufig fallen Menschen mit ADHS unangenehm auf durch eine unpassende Reaktion oder Antwort oder auch eine seltsame Verhaltensweise, die teilweise als grenzüberschreitend empfunden wird. Diese Phänomene sollten nicht als Unhöflichkeit oder Respektlosigkeit betrachtet werden, sondern als Symptom des „Etwas-anders-Getaktetseins". Möglicherweise hilft es, in einem Einzelgespräch das Verhalten anzusprechen und mit wertungsfreien Ich-Botschaften aufzuzeigen, wie ein solches Verhalten auf Sie wirkt.
- Falls Sie diese Ich-Botschaften noch nicht kennen: Anders als bei Du-Botschaften (bei denen es oft um Schuldzuweisungen oder Vorwürfe geht), stehen bei Ich-Botschaften die eigenen Empfindungen im Vordergrund. Die Formulierung folgt oft dem Schema Ich + Sachaussage was beobachtet wurde + das eigene Empfinden dabei + Wunsch fürs weitere Handeln. Statt eines vorwurfsvollen „Du meldest dich nie!" ist es besser, sachlicher und konstruktiver zu sein: „Ich merke, dass du in letzter Zeit viel seltener anrufst, das schmerzt mich und daher würde ich mir wünschen, dass du öfter mal anrufst."
- Ein häufiger Anlass für Missverständnisse ist die Impulsivität: Menschen mit ADHS regen sich schnell auf, werden dann laut und lärmig, was dann dazu führt, dass Außenstehende sie als aggressiv

empfinden. Hier hilft es genau hinzuschauen und zu unterscheiden, ob jemand nur impulsiv reagiert oder ob es tatsächlich ein aggressives und feindseliges Verhalten ist.

- Aber nicht nur eine aggressiv wirkende Impulsivität kann irritieren, auch durch eine aufgekratzt-lustige Ausgelassenheit können irritierende Situationen entstehen – beispielsweise wenn in einer vergnüglichen Runde jemand mit ADHS zum aufgedrehten Spaßvogel oder Kasper mutiert, der sich auf Kosten anderer Leute lustig macht, ohne zu bedenken, dass diese sich dabei vor den Kopf gestoßen fühlen könnten. Wenn Menschen mit ADHS blitzschnell hochdrehen und nicht an die Gefühle oder möglichen Reaktionen der anderen denken, ist das ein Teil der Impulsivität. Auch hier wäre hilfreich, wenn engere Freunde über ADHS informiert sind und helfen können, die Hochtourigkeit etwas einzufangen – wobei ein Mensch mit ADHS sich in einer solchen Stimmung ungern zurechtweisen lässt, daher braucht es dann eine gehörige Portion Fingerspitzengefühl, damit daraus kein Streit entsteht.

Tipps für eher lockere Freundschaften

- Sie haben verabredet, gemeinsam etwas zu tun? Oder Sie haben sich zu einem bestimmten Zeitpunkt verabredet und müssen warten? Das kann vorkommen, wenn sich jemand mit ADHS (mal wieder) verzettelt. In diesem Fall sind Vorwürfe wenig hilfreich (wer ADHS hat, wurde sein Leben lang mit Vorwürfen traktiert), stattdessen wäre besser zu besprechen, wie man diese Situation beim nächsten Mal vermeiden kann – beispielsweise indem man vor der Verabredung nochmal anruft, um zu schauen, ob es pünktlich klappen wird oder ob es zu einer Verspätung kommen könnte.
- Machen Sie sich bewusst, dass jemand mit ADHS oft auch unkonventionelle Seiten hat, die irritierend oder unangenehm sein können – bevor Sie sich aus dieser Freundschaft zurückziehen, sollten Sie denjenigen darauf ansprechen, welche Verhaltensmuster unangenehm oder störend sind und ob derjenige nicht bereit wäre, an

sich zu arbeiten und sich dieses Verhalten abzugewöhnen.

- Möglicherweise trifft man sich in einem Freundeskreis, man lacht und albert miteinander herum und derjenige mit ADHS fängt an mit Witzeleien auf Kosten anderer Menschen, obwohl diese verärgert reagieren. Dieses Verhalten kann sowohl der Impulsivität geschuldet sein als auch der Tatsache, dass Menschen mit ADHS zwar meist mitfühlend und sensibel für ihre Mitmenschen sind, aber in einer „hochtourigen" Stimmung diese Sensibilität verloren geht: sie nehmen dann den Ärger ihrer Mitmenschen und die Signale dafür (beispielsweise eine Mimik wie Stirnrunzeln oder zusammengepresste Lippen) nicht wahr und scherzen munter weiter, obwohl ihre Äußerungen durchaus kränkend sein können, aber das bekommen sie selbst gar nicht richtig mit. In einem solchen Fall ist es eminent wichtig, den Betreffenden darauf anzusprechen, möglicherweise nicht direkt in dieser Situation, aber im Anschluss daran.
- Es kann aber auch umgekehrt sein, dass sich jemand zurückzieht. Möglicherweise trifft man sich in einem Freundeskreis, man lacht und albert laut miteinander herum oder das Gespräch zerfasert in mehrere Einzelgespräche, so dass ein Stimmengewirr entsteht. In so einem Fall wäre möglich, dass jemandem mit ADHS das alles zu viel wird und er oder sie sich zurückzieht. Eine solche Verhaltensweise sollten Sie nicht persönlich nehmen, das ist einfach nur ein instinktives Zurückweichen bei einer Reizüberflutung.

Tipps für engere Beziehungen

- In einer Beziehung ist es wichtig, dass sich beide Parteien darin wohlfühlen. Es bringt nichts, wenn einer das Gefühl hat, immer nur zurückstecken zu müssen. Deshalb: Machen Sie sich Ihre eigenen Interessen und auch Ziele bewusst und verfolgen Sie diese entschlossen, aber dabei auch gütig, wohlwollend und zugetan gegenüber „Ihrem" Menschen mit ADHS.
- Für entferntere Angehörige oder Freunde ist es vielleicht weniger relevant, aber als Partner, enger Familienangehöriger, enger Freund

o.ä. wäre wichtig, zu einem ruhigen Zeitpunkt und in einer sachlichen Art und Weise gewisse Regeln aufzustellen, angefangen bei der Verteilung von Aufgaben bis zu Regeln für das Verhalten in der Beziehung. Diese Regeln sollten schriftlich festgehalten, von allen Beteiligten unterschrieben werden und griffbereit sein, um in einer Diskussion auf die festgelegten Regeln verweisen zu können.

- Wenn deutlich wird, dass vereinbarte Aufgaben nicht oder nur teilweise erfüllt werden, hilft es nichts, mit Vorwürfen zu kommen – besser wäre mit dem Wörtchen „schade" das Bedauern deutlich zu machen und dass man hoffe, es werde dann noch klappen mit der Erledigung. Apropos Wortwahl: statt „du musst" oder „du sollst dies und das machen" wäre etwas wie „Könntest du bitte dies und das machen?" deutlich besser.

- Wenn deutlich wird, dass vereinbarte Aufgaben nicht oder nur teilweise erfüllt werden, hilft es auch nichts, wenn Sie die Aufgaben übernehmen, damit verbessert sich nichts – besser wäre, freundlich an diese Aufgabe zu erinnern und eine Vereinbarung zu treffen, bis zu welchem Zeitpunkt die Aufgabe erfüllt werden wird. Möglicherweise hilft auch, ein angenehmes Erlebnis in Aussicht zu stellen à la: Wenn Du das heute Morgen noch machen könntest, dann hätten wir heute Nachmittag die Zeit, mal wieder in den Park oder in den Wald wandern zu gehen (oder eine andere Unternehmung, die beiden guttut).

- Auch wenn es eigentlich eine Selbstverständlichkeit wäre, wenn der Partner seine Aufgaben im Haushalt (oder in einem anderen Lebensbereich) erfüllt, aber für den Partner ist es eher eine Heldentat, deshalb: Loben Sie ausdrücklich, wenn eine Aufgabe erfüllt ist! Das spornt an, die Aufgabe auch beim nächsten Mal zu erfüllen.

- Meiden Sie Vorwürfe oder Anklagen zum ADHS-Verhalten, das führt nur zu einer Abwehr oder Gegenwehr und in die nächste fruchtlose Diskussion hinein. Besser wäre, in einer ruhigen Minute ein Signal zu vereinbaren, das gegeben wird, wenn ein typisches ADHS-Verhalten zutage tritt (das könnte ein Augenzwinkern sein, eine Geste mit der

Hand oder eine Formulierung wie „mein Unruhestifter", wobei dann ganz wesentlich ist, dass es humorvoll mit einem Lächeln gesagt wird, sonst könnte es als Anklage interpretiert werden).

- In einer Gruppe mit anderen sollte jedoch kein verbales Signal genutzt werden, sonst könnte sich das Gegenüber vor Außenstehenden bloßgestellt fühlen – besser wäre, für einen solchen Fall vielleicht zu verabreden, dass Sie beispielsweise einen Hustenanfall bekommen (oder etwas ähnliches), um damit das Aufbrodeln des Partners oder Freundes wieder abzubremsen.
- Generell gilt: Kommt jemand mit ADHS unter Stress (durch Zeitdruck, Nervosität oder auch Schlafmangel), besteht immer die Gefahr, dass Emotionen aufbrodeln und die Selbstkontrolle verloren geht, daher wäre ideal, wenn sich allzu stressige Situationen vermeiden lassen.
- Um die Beziehung möglichst gut zu gestalten, ist es hilfreich, regelmäßig Gespräche über die Beziehung zu führen … am besten ist es, in einer angenehmen und entspannenden Atmosphäre (wie beispielsweise bei einem Spaziergang) über beiderseitige Interessen, Wahrnehmungen und Wünsche zur Beziehung zu sprechen und gemeinsam zu überlegen, wie man es besser machen könnte – wichtig ist dabei die Einsicht, dass die ADHS für Konflikte sorgt, und die Bereitschaft des Partners, an sich selbst zu arbeiten.
- Am Ende ist es auch hilfreich, sich in Gelassenheit und Humor zu üben – aber auch die eigenen Bedürfnisse nicht außer Acht lassen, es ist wichtig, auch für sich selbst die Batterien aufzuladen und Kraft zu tanken!

Tipps für heftige Diskussionen und Streitereien

- Wird aus einem normalen Gespräch plötzlich eine emotional aufwühlende Diskussion, ist es am besten, sich nicht aufzuregen und – wenn es für den Moment zu viel wird – eine Pause einzulegen, um das Gespräch später fortzuführen, wenn sich die Gemüter wieder beruhigt haben.

- Falls aufgrund der Impulsivität und der fehlenden Selbstkontrolle die Stimmung völlig entgleist und es zu Übergriffen oder Beleidigungen kommt, bringt es überhaupt nichts, dagegenzuhalten – in einer solchen Situation ist es am besten, direkt in eine Auszeit zu gehen.
- Menschen mit ADHS sind häufig gute Redetalente und reden oft solange auf das Gegenüber ein, bis dieser zustimmt, dass es (nur als Beispiel) jetzt nicht heller Tag ist, sondern eine helle Nacht. Lassen Sie sich nicht in etwas hineinreden, was gar nicht Ihr Ding ist. Stattdessen ist es besser, eine unfruchtbare Diskussion zu beenden mit dem Hinweis, der andere sehe das so, aber man selbst halt ganz anders und da ist es eben schwierig, auf einen gemeinsamen Nenner zu kommen.
- Falls Sie ebenfalls Schwierigkeiten haben, Ihre Impulsivität zu kontrollieren (vielleicht als jemand, der selbst ADHS hat), sollten Sie noch stärker auf ein mögliches Hochschaukeln der Emotionen achten und rechtzeitig zum Mittel der Auszeit greifen.
- Wenn es Ihnen gelingt, in einer Diskussion sachlich, gelassen und auch noch wertschätzend zu bleiben, wenn Sie NICHT versuchen, einen aufgeregten Menschen mit ADHS durch Gegenwehr oder Missachtung erziehen oder bestrafen zu wollen, dürfte Ihr Gegenüber dafür bewusst oder unbewusst dankbar sein.

Die hier genannten Tipps sind keine Allheilmittel für alle Situationen im Umgang mit Menschen mit ADHS. Aber sie könnten als grobe Leitlinien dienen. Einerseits ist es wichtig zu verstehen, warum Ihr Gegenüber teilweise etwas anders getaktet ist und manchmal anders reagiert als erwartet. Andererseits darf man sich als enger Freund oder auch als Angehöriger oder (Ehe-)Partner in einer Beziehung auch nicht selbst aufgeben oder gar durch unbedachte Äußerungen oder andere übergriffige Verhaltensweisen des anderen um den eigenen Seelenfrieden bringen lassen. In diesem Fall hilft nur, die Grenzen aufzuzeigen und zu versuchen, das in einem Gespräch zu erklären. Ob die Erklärung ankommt? Das liegt auch an Ihrem Gegenüber.

Schlusswort

Wenn ich im Rückblick auf die letzten Jahre meines Lebens schaue, wenn ich darauf schaue, wie chaotisch es war, als Mutter mit unentdeckter ADHS ein Kind mit ADHS aufzuziehen, so denke ich vor allem eines: Es wäre besser gewesen, wenn ich direkt nach der Diagnose für mein Kind mich selbst hätte testen lassen. Aber weil ich als Kind und Jugendliche völlig unauffällig im Hinblick auf ADHS war, bin ich gar nicht auf die Idee gekommen, dass ich auch betroffen sein könnte. So habe ich völlig außer Acht gelassen, dass meine eigene Funktionsfähigkeit nicht wegen Burn-out eingeschränkt sein könnte, sondern wegen ADHS. Im Nachhinein denke ich, hätte ich früher den Test gemacht, dann hätte ich früher mit meiner eigenen Therapie angefangen, dann wäre ich sicherlich in meiner Rolle als Mutter leistungsfähiger gewesen.

Hätte, hätte, Fahrradkette. Ich habe es versäumt, ich habe meinem Kind zwar immer zur Seite gestanden, aber bin dabei selbst immer nur mit angezogener Handbremse auf Vollgas gewesen – so richtig gut funktioniert hat das nicht. Jetzt weiß ich, wenn mir mein eigenes ADHS früher bewusst gewesen wäre, wenn ich früher in eine Behandlung eingestiegen wäre, dann hätte ich meine Rolle als Mutter besser erfüllen können.

Vor diesem Hintergrund möchte ich allen Eltern (nicht nur Müttern, sondern auch Vätern) eines ADHS-Kindes raten: Überlegt, von wem Euer Kind die Veranlagung für ADHS geerbt haben könnte und lasst Euch testen! Als Elternteil mit unentdecktem und daher auch unbehandeltem ADHS wird das Leben mit einem ADHS-Kind nicht leichter. Wer jedoch weiß, ob er selbst betroffen ist oder nicht und wer frühzeitig eigene Therapiemöglichkeiten ausprobiert, kann seinem Kind besser zur Seite stehen. Daher: bitte keine Scheu davor, sich selbst einmal testen zu lassen!

An dieser Stelle möchte ich meiner inzwischen bald erwachsenen Tochter danken. Auch wenn ich versucht habe, eine gute und angemessen reagierende Mutter zu sein – im Nachhinein muss ich gestehen, dass ich zu oft zu gestresst war und zu schnell auf die Palme hoch bin. Ich danke dafür, dass dennoch eine große emotionale Nähe zwischen uns vorhanden ist, ich liebe sie und ich denke manchmal, sie liebt mich auch – auch wenn die Pubertät noch nicht ganz vorbei ist und wir uns manchmal noch ziemlich zoffen.

Ich möchte aber nicht nur meinem Kind danken, sondern auch den anderen Menschen in meinem Umfeld, denen gegenüber ich manchmal zu aufbrausend war. Ich bin froh über alle Menschen in meinem Leben, die zu mir halten, auch wenn ich manchmal in meinem Chaos versinke und einiges nicht so auf die Reihe kriege, wie ich es mir wünschen würde. Danke auch an Euch!

In diesem Zusammenhang möchte ich gern nochmals eine Bitte an meine Leserschaft äußern: In der Einführung zu diesem Buch habe ich ja beschrieben, wie ich von einem gut organisierten Leben in ein chaotisches Leben gerutscht bin und dass ich mich inzwischen auch nicht mehr in der Lage fühle, den Stress der Selbständigkeit mit engen Terminvorgaben bei mehreren Projekten gleichzeitig zu bewältigen. Stattdessen möchte ich mich auf das Bücherschreiben konzentrieren, und zwar sowohl eigene Bücher als auch Übersetzungen fast vergessener schöner englischsprachiger Bücher. Ich bin aber Realist genug zu wissen, dass man vom Bücherschreiben kaum leben kann.

Daher möchte ich an dieser Stelle gern noch einmal meine Bitte äußern: Wenn mein Buch für Sie/für Dich wertvoll war, dann freue ich mich über eine zusätzliche Schenkung (eine Spende geht nicht, das kann nur ein eingetragener Verein, fürs Finanzamt müsste es eine Schenkung sein, damit das in dieser Hinsicht seine Ordnung hat).

Ob 10 oder 20 oder mehr Euro: Wenn sich hin und wieder Leserinnen und Leser finden, die mir einen Betrag ihrer Wahl zukommen lassen, wäre mir ein Stück weit geholfen. Am einfachsten wäre es mit PayPal:
Über PayPal senden an: adhs-mein-geschenk@mail.de

Ganz herzlichen Dank dafür!

Auch Ihnen alles Gute!

Liebe Leserin, lieber Leser!

Vermutlich haben Sie das Buch gelesen, weil Sie entweder selbst von ADHS betroffen sind oder weil Sie jemand kennen, auf den das gesichert zutrifft (mit Diagnose) oder auf den das möglicherweise zutreffen könnte (noch ohne Diagnose).

Was auch immer der Grund war, warum Sie dieses Buch entweder in einzelnen Abschnitten oder sogar komplett gelesen haben – ich hoffe, es hat Ihnen geholfen und ich wünsche Ihnen alles Gute!

Ihre „Katharina"

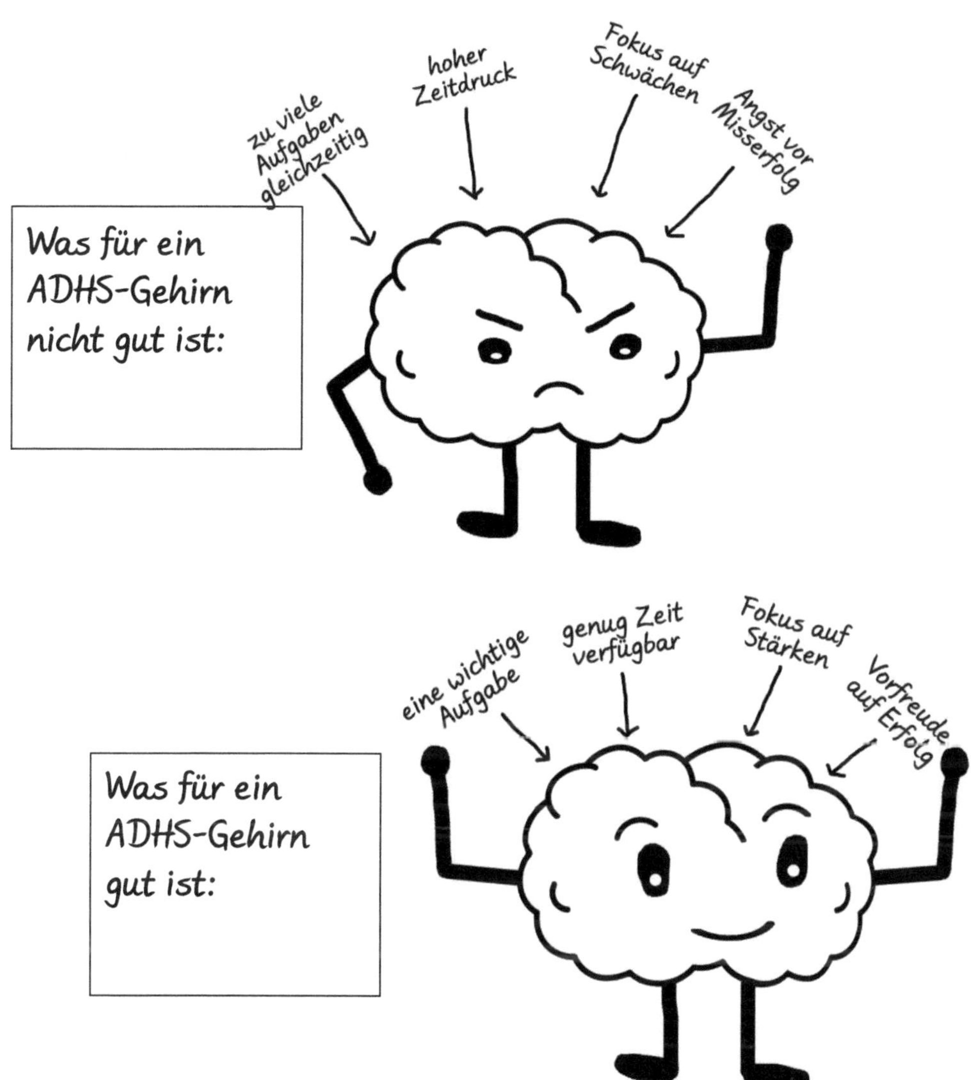

zu viele Aufgaben gleichzeitig
hoher Zeitdruck
Fokus auf Schwächen
Angst vor Misserfolg
Was für ein ADHS-Gehirn nicht gut ist:
eine wichtige Aufgabe
genug Zeit verfügbar
Fokus auf Stärken
Vorfreude auf Erfolg
Was für ein ADHS-Gehirn gut ist:

Anhang

Empfehlungen für vertiefende Infos

Caterina Gawrilow, *Lehrbuch ADHS: Modelle, Ursachen, Diagnose, Therapie*, UTB 2012 (erklärt eher ADHS bei Kindern, Titel ist in einer Neuauflage erhältlich).

Johanna Krause, Klaus-Henning Krause, *ADHS im Erwachsenenalter: Symptome, Differentialdiagnose, Therapie*, Verlag Schattauer, 2018.

Dr. Astrid Neuy-Bartmann, *ADHS – erfolgreiche Strategien für Erwachsene und Kinder*, Verlag Klett-Cotta, 2020.

www.adhs.info und www.zentrales-adhs-netz.de, hier vor allem

https://www.zentrales-adhs-netz.de/regionale-netze/

www.adhspedia.de

Index